LE « TISSU POÉTIQUE »
DE PHILIPPE JACCOTTET

 *PHILOSOPHIE ET LANGAGE*

Hélène Samson

Le « tissu poétique » de
Philippe Jaccottet

MARDAGA

TABLE DES ABRÉVIATIONS UTILISÉES
pour les références aux œuvres de Jaccottet

A la Lumière d'hiver	ALH
A partir du mot Russie	MR
Après beaucoup d'années	ABA
A travers un verger	ATV
Autriche	A
Cahier de verdure	CV
Carnets	C
Cristal et Fumée	CF
D'une Lyre à cinq cordes	LCC
Ecrits pour papier journal	EPPJ
Eléments d'un songe	ES
Et, néanmoins	EN
La Promenade sous les arbres	PSA
La Semaison	S
La Seconde Semaison	SS
L'Entretien des Muses	EDM
Libretto	L
L'Obscurité	O
Notes du ravin	NR
Nuages	N
Paysages avec figures absentes	PFA
Pensées sous les nuages	PSN
Poésie	Po
Requiem	R
Tout n'est pas dit	TNPD
Une Transaction secrète	TS

NB
Afin de respecter la typographie des citations (notamment l'emploi des italiques), nous réserverons les caractères gras pour ce que nous souhaitons souligner.

© 2004 Pierre Mardaga éditeur
Hayen, 11 - B-4140 Sprimont (Belgique)
D. 2004-0024-01

Introduction

Dans le paysage de la poésie contemporaine, Jaccottet, à côté de quelques autres, s'emploie à «réinventer» la poésie; on ne peut douter que pour lui «la poésie est la recherche et les recommencements de la poésie»[1] et que c'est cette quête qui anime sa vie et l'ensemble de l'œuvre, avec une égale rigueur et une égale honnêteté, même si les recueils de poèmes en constituent une part relativement limitée, comparée aux proses, aux carnets, aux chroniques. De fait, la poésie est si omniprésente qu'on se trouve confronté à un problème dès qu'on tente de l'isoler du reste de l'œuvre, dans la mesure où des proses comme «Paysages avec figures absentes», «Le Cerisier» ou «La Tourterelle turque» nous paraissent d'emblée poétiques. Qu'est-ce à dire? Sinon que la frontière est poreuse entre prose et poésie; d'ailleurs, certains textes affichent très tôt un métissage des formes qui rend caduc tout clivage systématique entre prose et poésie; il nous faudrait plutôt penser leurs relations régies par une bipolarité dans laquelle s'élabore l'œuvre. Car malgré des propos qui manifestent le désir de différencier prose et poésie, voire de hiérarchiser les formes, la réalité des pratiques d'écriture laisse la part belle aux textes en prose qui trouvent non seulement grâce, mais aussi place et légitimité à côté des poèmes. Les proses se poétisent ou se cristallisent en fragments poétiques, ce qui donnerait à penser que la prose n'est pas que le terreau ou le faire-valoir de la poésie. Toutefois, si l'œuvre paraît essentiellement tendue vers le pôle de la poésie, celle-ci se ressource dans la prose où elle puise son authenticité. Et de plus en plus, à l'intérieur d'un même recueil, les formes d'écriture cohabitent ou se relaient. Faut-il voir dans cette hétérogénéité acceptée, ce métissage assumé, l'aveu de la difficulté qu'il y a à se maintenir en poésie, le signe d'une déperdition de l'énergie créatrice? Certains propos de Jaccottet pourraient le faire penser. Mais notre lecture de l'œuvre nous conduit à ne pas y souscrire sans réserves, et à mettre entre parenthèses les arguments psychologiques, car il nous semble déceler une raison beaucoup plus fondamentale, de nature structurelle, qui tiendrait à la pensée du monde et aux rapports que le poète entretient avec lui.

Suspendant provisoirement les justifications de Jaccottet, nous en venons à formuler l'hypothèse que l'hétérogénéité de l'œuvre serait une implication directe de celle du monde, tel que le pense et le vit le poète. Cette pensée, sous-tendue par une dialectique du visible et de l'invisible, du limité et de l'illimité, revendique pour le poète un statut d'homme éprouvant et assumant sa finitude dans un monde dégradé, désorienté ; il reconnaît par là même une forme de transcendance gisant souvent dans le proche, en accord avec Novalis pour qui le paradis est dispersé sur la terre, ce qui assigne au poète la mission d'en rassembler les fragments épars (*PSA*, 28). La conscience de notre historicité conduit Jaccottet à penser que le monde est fait de lieux et de non-lieux, et que l'homme moderne est contraint d'assumer la part pragmatique de sa vie dans les non-lieux, sans toutefois être coupé de la possibilité de vivre autre chose. Le concept de lieu, fondamental, s'inscrit dans la pensée d'un monde hétérogène où se déroule une vie elle aussi hétérogène, telle que la modélise Eliade dans *Le Sacré et le profane*. Le lieu permet d'accéder non seulement à la perception d'une densité spatiale et temporelle conférée par la relation avec la transcendance, mais aussi à une densité d'être qui ne peut être qu'occasionnelle, et dont le poète aspire à «traduire» l'unicité. Corrélativement, on peut comprendre l'hétérogénéité des formes littéraires comme une transcription de sa manière d'être au monde, ou plutôt des variations de ses manières d'être présent au monde. Analogiquement d'ailleurs, Jaccottet considère les poèmes «comme des fêtes dans l'année verbale» (*S*, 114), fêtes auxquelles on se prépare et vers lesquelles on tend à travers les autres formes d'écriture, tout comme l'homme des sociétés dites primitives vit le quotidien dans la pensée et la préparation des célébrations rituelles. Plus que par un clivage radical, c'est bien par une loi de bipolarité que semble régie l'œuvre de Jaccottet, puisqu'il s'agit, de manière le plus souvent oblique, de tendre vers le pôle suprême qu'est la poésie.

Cette inscription du poète dans le monde constitue un point de rupture radical avec les pratiques nombrilistes de ceux qui, revendiquant une poésie exclusivement autoréférentielle, ont perdu tout contact avec la réalité. «Serviteur du Visible» (*PSA*, 131), Jaccottet réhabilite le référent qu'il accueille dans des pratiques descriptives dont la conduite et les structures témoignent d'une «lecture» du monde sensible et du souci d'en élaborer la cohérence dans et par ses textes. Mais la recherche des traces brouillées ou effacées d'un ordre perdu, en même temps qu'elle appelle la description, implique son dépassement par une poétique du descriptif. Cette poétique du descriptif s'enracine dans une réflexion qui interroge le rapport des mots et des choses. Car si les pratiques descriptives déploient les errances ou l'avancée de la compréhension du monde en assurant le maillage du visible nécessaire à cette opération, elles sont aussi l'aveu du pouvoir perdu des mots pour un poète qui aurait voulu se contenter de simplement nommer les choses, les laisser paraître (*PFA*, 75). Il faut accorder toute sa force à l'irréel, car l'idéal d'une poésie contenue dans l'acte de nomination des choses reste un horizon inaccessible parce que non conforme à notre finitude qui nous prive du pouvoir de sommation, et parce que ce serait là accomplir l'acte démiurgique par excellence, outrepassant notre mesure. Toutefois, ce pouvoir n'est pas totalement perdu, et il peut être repris, plus modestement, dans ce souci de saisir les choses «avec les mots convenables» (*TNPD*, 79) pour les soustraire au mouvement du temps et les arracher à la perte qui les menace. Il faudra alors s'essayer à produire un sémantisme neuf dans le cadre d'une théorie contextuelle qui débouche sans rupture sur des pratiques métaphoriques. En proposant une «redescription» du monde, la métaphore offre à la description la dimension poétique qui lui permet de dépasser les apparences saisies par la vue pour construire une vision du monde.

Certes, le recours aux figures n'a rien d'évident pour Jaccottet qui nourrit des relations extrêmement ambiguës avec les images. D'une part, il craint leur séduction, leur pouvoir d'égarement, et il tente de résister à leurs artifices qui risquent d'entraîner hors de la réalité. Mais, d'autre part, leur pouvoir de figurer peut aider à découvrir l'altérité des choses et à donner forme à la vision qu'on en a. Parmi les figures, plus que toute autre, celle qui se prête le mieux à cette fonction est la métaphore, dans la mesure où elle détient un pouvoir de médiation : on peut attendre d'elle qu'elle permette de concevoir et d'exprimer des relations entre le visible et l'invisible, ou qu'elle vienne suturer des réseaux disjoints, relier des lieux épars. Peu à peu, sur les ruines de la critique d'une conception substitutive et rhétorique de la métaphore se dégage l'acceptation d'une métaphore poétique, fondée sur une conception interactionnelle. En faisant interagir le thème et le phore, elle contribue à la découverte du monde, mais aussi à son avènement en permettant à la vision du poète de prendre forme. Image construite, elle dépasse la description pour proposer une redescription selon les schèmes qui règlent la relation intime du poète au monde. Si Aristote a pu écrire que la fable tragique est la *mimesis* des actions humaines, nous pourrons hasarder que la métaphore est la *mimesis* de l'espace que le poète construit pour y vivre.

Réhabilitant la dimension référentielle du langage poétique, Jaccottet ne néglige pas pour autant la valeur sensible des signes. On pourrait même dire que c'est dans la mesure où elle réhabilite le référent selon une visée heuristique et modélisante que la poésie de Jaccottet réactive la contribution sensible des signes. La poésie se veut doublement image : image conceptuelle d'une vision du monde — la métaphore y contribue largement — et image sensible — architecture phonique ou composition visuelle. Le texte peut alors s'appréhender comme un tissu discontinu et lacunaire, un lieu où s'entrecroisent des fils. La réflexion de Jaccottet sur les œuvres d'art apparaît comme un volet fondamental de sa poétique. Elles invitent à lire le poème comme esquisse de l'organisation d'un monde qui ne se donne à nous que dans la discontinuité, organisation à laquelle contribuent diverses formes de mise en espace du texte : par des effets de «vi-lisibilité»[2]. En tant que tissu, le poème exhibe des lacunes accordées à celles du monde : usure qui n'est que la métaphore du monde soumis à l'histoire, à son pouvoir de dégrader le paradis originel en univers contingent conçu pour la vie pragmatique; mais dans les blancs et les silences peut se jouer l'aventure du sens. La métaphore du texte-textile permet de dégager le statut du poète et la nature de la tâche qui lui incombe : servir le visible, c'est aussi se penser comme ravaudeur occupé à réparer les trous d'un monde lacunaire, frappé de dégradation, menacé de désintégration. Tâche modeste et fondamentale, car il y va de l'ordre du monde et de sa cohésion. Guérir les choses en les soustrayant à la disparition est la tâche d'une vie; mais une vie d'homme n'y saurait suffire. Dans cette tâche d'écriture, le texte se tisse à d'autres textes, solidaires dans le temps, ou retrouvés en des couches plus profondes, mais pas plus lointaines pour autant. Traversée par la tension entre prose et poésie, l'œuvre de Jaccottet avoue aussi son métissage à d'autres textes. A l'image d'un monde lacunaire, mais traversé de réseaux qui «tiennent» encore dans les lieux, la littérature est pensée comme un tout hétérogène et discontinu où certains textes ont la densité des lieux; de même qu'on perçoit, en certains points du monde, des vestiges d'époques lointaines mais harmonisées entre elles, ou harmonisées à la perception qu'on en a, ces textes permettent à d'autres de se ressourcer. La reconnaissance du métissage — hétérogénéité et discontinuité — comme pratique vitale pour la poésie se manifeste dans une activité de lecture aussi ouverte qu'éclectique, autant qu'on puisse en juger par les billets critiques qui témoignent d'une approche très personnelle des œuvres; elle peut même trouver son accomplissement dans la traduction d'œuvres étrangères. Par ailleurs, l'exercice du métissage s'articule à une conception du Livre qui nous conduira, *in fine*, à interroger les pratiques de Jaccottet pour prendre la mesure de sa possible contribution au Livre.

Malgré la rareté et la raréfaction des textes immédiatement — «naïvement» — identifiables comme poèmes, l'œuvre de Jaccottet nous paraît constituer dans son ensemble un art poétique, et ce, malgré une critique pourtant radicale de l'«art poétique nuisible à la poésie, dangereux en tout cas pour elle» (*SS*, 43). Dans l'explicitation de cette contestation virulente, nous pouvons lire cependant moins le déni de tout art poétique

que la critique d'une théorisation dogmatique coupée de la pratique, et l'élaboration d'un nouvel art poétique ouvert, accordé à la recherche des sources vives de la poésie, animé par la mise au jour de la poésie à l'état naissant. Pas de tout-théorique chez Jaccottet, mais des réflexions plus ou moins ponctuelles disséminées dans l'œuvre, consignées dans les carnets ou les critiques. Mais surtout, on les trouve développées dans le cours même de l'écriture, inhérentes au mouvement créateur des poèmes. Dans cette perspective, l'écriture importe autant que l'écrit, et, dans le jeu d'une écriture poétique en-train-de-se-faire, ou tentant de se raccorder à son origine, la poésie devient elle-même métapoésie. L'œuvre de Jaccottet ne peut s'appréhender que comme totalité qui dit, avec son hétérogénéité et ses diverses allures une chose unique : la recherche, les conflits, l'emprise et la déprise des choses chez un poète qui s'assume d'abord comme homme dans le monde moderne, mais refuse de sombrer dans la vie errante et inconsistante des «fantômes» qu'il critique dans «La Promenade sous les arbres». On comprend alors que la poésie ne soit possible que rarement, et plutôt à l'état de recherche que d'accomplissement.

> C'est-à-dire qu'elle est radicalement historique, dans sa situation et ses contradictions. C'est ce qu'il lui faut savoir à tout prix, à tout moment. Etre chaque fois la première. Réinventer des rapports qui ne sont pas seulement de mots, mais des sujets au monde, entre eux, à leur histoire[3].

Si les textes de Jaccottet s'efforcent de donner une figure au monde, l'économie des figures n'est peut-être que l'envers de sa présence au monde ; et il se pourrait que les paysages avec figures absentes ne soient qu'une forme d'ouverture à l'autre, et d'accueil, une invitation à se construire dans le monde en construisant le monde, à se vivre dans l'histoire en construisant son histoire... Parcours sinueux qui n'est plein que d'incertitudes.

NOTES

[1] Meschonnic, «La poésie contre la poésie», *Les Etats de la poétique*, p. 181.
[2] *Cf.* Jacques Anis, *Langue française*, n° 59.
[3] Meschonnic, *op. cit.*, p. 181.

Chapitre 1
«La poésie contre la poésie»

> Art poétique nuisible à la poésie, dangereux en tout cas pour elle. [...]
> Tout recommence toujours à partir de conditions et d'incertitudes, de difficultés nouvelles. Là est aussi l'espoir : dans l'obscurité, dans l'impossibilité. Pas moyen de renier ce point de départ qui est pourtant comme un piège d'où il semble que l'on ne puisse sortir.
>
> *S*, 42-43

Pour être diverse dans ses formes, l'œuvre de Jaccottet se reconnaît toutefois d'emblée, et globalement, comme poétique. Mais cette approche naïve est en fait problématique, car dans le détail, prose et poésie entretiennent des relations de coexistence (alternance ou métissage) qui ne sont pas toujours faciles à démêler, et dont la complexité s'accroît avec le temps ; leur compénétration brouille les frontières sans que pour autant Jaccottet renonce à distinguer la poésie, à laquelle il accorde la prééminence, d'où le regret de ne plus savoir «chanter» que rarement, par intermittences :

> Sans doute le poème en vers longs et réguliers suppose-t-il un souffle assez ample et paisible, un équilibre que j'ai perdu, ou que je ne connais plus continûment, naturellement. Solennisation des choses, des instants, accord, harmonie, bonheur. Mais comment passer de certaines notes poétiques au poème ? La voix retombe trop vite.
>
> *S*, 46-47

Cet argument a sans doute sa vérité psychologique. Mais le métissage des formes nous semble fondé sur une autre «vérité», poétique et historique, celle-là. Car, pour être vécu au plan individuel, ce mal-être en poésie s'inscrit dans la «crise de la poésie française» que Meschonnic analyse en des termes qui permettent de jeter un tout autre éclairage sur l'hétérogénéité de l'écriture : dans une poésie en crise, malade de s'enfermer «dans l'aléatoire et la combinatoire», «le métissage est vital [...] C'est sa condition historique de toujours»[1]. Et cette volonté de survie serait perceptible dans les « aventures individuelles » de poètes qui ont radicalement tourné le dos aux écoles.

Dans *Politique du rythme*, Meschonnic cite précisément Jaccottet parmi ceux qui ont fait de la prose un instrument du refus de certaines formes d'éloquence et d'académisme. A juste titre, car il manifeste des réticences à l'égard des écoles qui stérilisent la création. Ainsi, dans « Un discours à crête de flamme », il différencie les explorations provocantes de Breton et ce qui lui semble relever d'une authentique pratique personnelle : la recherche d'« états équivalents à ceux que certains mouvements poétiques très à part avaient provoqués en [lui]», et le fait que cette quête « a ouvert les portes de la poésie à des hordes piteuses de faux barbares, celles de la liberté à des hommes qui n'en étaient pas toujours dignes ; mais lui-même était à la hauteur de ce rêve contagieux » (*EDM*, 75-80).

En revanche, son aspiration à une parole juste le porte à dire son admiration pour le Claudel de *La Cantate à trois voix*. Chez les poètes de sa génération, il sait reconnaître ce qui est à la fois novateur et authentique, mais débusque toute ombre portée sur ce chant neuf par le didactisme sclérosant ou la ratiocination systématique qui risquerait de ruiner leur œuvre en l'entraînant dans la perte du sens. Ainsi, il salue la poésie de Du Bouchet, qui « a lieu dans un site escarpé, dans un air raréfié, méprisant toute incertitude, toute faiblesse, comme elle refuse l'éloquence, le commentaire et les propos quotidiens » (*EDM*, 268), mais craint que cette exigence ne l'expose au silence ou à la répétition ; et s'il reconnaît en Guillevic « notre Hésiode : ils ont en commun la rudesse et le goût de la règle », il s'alerte de le voir un temps se fourvoyer dans le matérialisme dialectique (*EDM*, 183-88).

Ebranlé par
> Les événements effrayants de l'histoire contemporaine [qui] en ruinant tant d'ouvrages et tant de vies, ruinaient plus définitivement encore toute formule prétendant expliquer le monde et le transformer au nom de cette explication,

il refuse
> de vouloir situer à tout prix la poésie, et du même coup, la vraie vie, *hors des limites*, dans le délire, l'excès, la révolte et la rupture à tout prix ; [...] si l'on renonçait à cette vue, l'accord entre poésie et politique, par exemple, serait, peut-être, moins inconcevable qu'il n'apparaît chez Leiris.

Mais il aspire à vivre en poésie :
> Au fond, je crois que ce que j'ai essayé de faire, ou ce que ma nature profonde a essayé de faire en moi, ç'a été que la poésie trouvât sa place, plus naturellement, et plus discrètement, à l'intérieur des limites de la vie, d'une vie qui risquerait peut-être, cette

fois, d'être au contraire trop sage, trop mesurée ; de même que le mystère, en fait (ou l'infini, ou l'excès), habite à l'intérieur d'un poème digne de ce nom même quand ce poème se soumet à certaines règles, à certaines conventions, donc à des limites en apparence fatales au mystère. Qu'il y ait une espèce d'infini, un reflet d'infini, dans un poème bâti avec des mots, ou dans une œuvre musicale soumise à des lois strictes, c'est là peut-être le plus grand mystère. Que l'infini puisse entrer dans le fini et, de là, rayonner.

TS, 310-312, *passim*

Contre l'asservissement, contre les fractures, Jaccottet œuvre pour la recherche d'une cohésion, d'une harmonie entre la vie et la poésie : d'un sens. Il œuvre pour une poésie «en marche», à la fois humble et exigeante, métissée d'autres pratiques et unique, non pas répétitive mais réinventée dans un mouvement qui la ramène aux sources mêmes de la poésie, au lieu de s'égarer dans les virtuosités vides d'un faire narcissique, car c'est bien contre la poésie poétisante que s'élabore celle de Jaccottet, quand il prend conscience du poids de la tradition et cherche à s'en affranchir — sans toutefois la nier — et à «rafraîchir» la poésie en explorant notamment les rapports qu'elle entretient avec la prose.

1. RÉSISTANCE À L'ÉLOQUENCE

1.1. «Cet essai entaché de grandiloquence»

S'exprimant sur son travail d'écrivain, Jaccottet a plusieurs fois souligné sa défiance à l'égard d'une éloquence qu'il juge «facile». L'évolution générale de son œuvre en témoigne, et le regard critique qu'il porte sur ses premiers essais poétiques, en particulier sur *Requiem* (1946) «cet essai entaché de grandiloquence» (*R*, 45). Les trois sections de ce long poème respectivement intitulées «Requiem», «Dies Irae» et «Gloria» donnent le ton, et comportent aussi l'aveu de trois modèles : Claudel, Eschyle, et Rilke.

Requiem inaugure l'ère du «poème-discours»; mais on est loin de ce «bref récit légèrement solennel, psalmodié à deux doigts au-dessus de la terre» (*S*, 47) auquel aspire le poète.

L'ensemble se caractérise par une disposition libre, mais avec une prédominance des rythmes d'alexandrin, une recherche d'ampleur et un lyrisme incantatoire souligné par les cellules répétitives ainsi que l'emploi d'énoncés exclamatifs et interrogatifs. Pour l'œil, le poème apparaît comme un ensemble de vers libres présentant des groupements strophiques divers, allant de la litanie de 27 vers au vers isolé. Vers libres dont toutefois la longueur ne va pas jusqu'à évoquer le verset biblique ou claudélien. Mais cette apparente liberté ne fait pas longtemps illusion au lecteur qui, d'emblée, se voit contraint de chausser les rythmes de l'alexandrin. Les séquences d'alexandrins réguliers sont en effet nombreuses, et les rythmes ménagent peu de surprises, certains vers courts n'étant que des alexandrins segmentés :

O terres de l'été !	(3/3)	→	6
La pivoine est ailleurs cueillie.	(3/3/2) ⎫	→	12
Ailleurs, vois-tu,	(2/2) ⎭		

R, 11

un cri brisé, jamais fini, pour chaque épine,	(4/4/4)	→	12
étranglé le plus beau	(3/3)		
l'enfant rire,	(3 (4?)) ⎫	→	12 ?
la vie...	(2) ⎭		

R, 18

Les écarts relatifs au modèle métrique sont timides : on note une tendance à l'allongement du vers (vers de 14 syllabes), ou une incertitude sur le compte des syllabes (10-11 ou 12-13) qui peut souvent se résorber en jouant sur le [ə]; un léger boitement du vers peut alors se produire, selon l'hésitation à prononcer ou non le [ə] — ce qui modifie l'allure rythmique —, mais aussi selon l'articulation ou plutôt la désarticulation entre le mètre et la syntaxe. Ainsi, le tercet suivant, parfaitement isométrique, se trouve-t-il altéré dans sa régularité rythmique par le contre-rejet :

> Ce n'est plus la saison de la nuit amère, et
> d'être seul : la douceur a levé ses yeux purs,
> la vallée s'est ouverte au vent dans les hauteurs.

R, 11

Malgré l'emprise métrique et rythmique de l'alexandrin, *Requiem* présente toutefois des germes d'irrégularité, qui deviendront actifs dans l'évolution prosodique des recueils suivants, et une tendance déjà sensible à pratiquer des coupes enjambantes. Mais ces décalages sensibles sont souvent estompés, voire occultés, par le lyrisme incantatoire et une syntaxe répétitive qui impriment ampleur et régularité rythmique, ce qui infléchit les décisions ponctuelles du lecteur en faveur de modèles métriques canoniques. Les tournures incantatoires, qui constituent souvent l'incipit d'une strophe ou d'un groupement de strophes, s'inscrivent dans une tradition de la déploration; mais elles révèlent aussi une tendance à la facilité contre laquelle travaillera le poète, tout comme son jeune héros de *L'Obscurité*, saisi d'«impatience [...] contre ces mots si prompts à s'enchaîner en phrases harmonieuses, en vagues d'éloquence» (*O*, 160).

La critique rétroactive de Jaccottet éclaire l'évolution d'une écriture en quête d'une éloquence sans grandiloquence : d'un ton, d'une diction, d'une articulation du discours en accord avec l'écoute du monde, bref, d'une mesure spécifique affranchie des modèles culturels stéréotypés. Sans doute la démesure de *Requiem* était-elle à la mesure de l'ébranlement vécu, mais elle n'avait pas subi le lent filtrage de l'expérience pour être calée au plus juste de l'émotion personnelle : cet accord entre mesure et vérité intérieure qu'il trouve incidemment dans «Pensée des morts», quand «l'éloquence cesse de sonner creux» :

> On dirait que rien n'a mieux inspiré Lamartine que le mouvement accéléré du temps quand on le sent fuir vers la mort ou vers la nuit [...]
> Dans ce retour mélancolique à l'enfance, au seuil de la mort, il semble se rassembler sur son centre et s'élever à son plus haut niveau [...]
>
> *SS*, 196-197

Par contraste, la découverte du haïku éclaire les fondements de sa critique du lyrisme :

> Voici une poésie à laquelle sa forme brève et stricte refuse le moindre mouvement d'éloquence comme le plus simple récit, interdit tout abandon à la fluidité musicale (qui noie, dans notre lyrisme, tant de mensonges et de faiblesses) [...]
>
> *TS*, 128

D'où l'émergence du «poème-discours», dont il esquisse les traits dans *La Promenade sous les arbres* :

> [...] je croyais avoir acquis, avec les derniers poèmes de L'Ignorant, comment dire? un ton, un rythme, un accent, une façon de maintenir le discours à mi-hauteur entre la conversation et l'éloquence.
>
> *PSA*, 142

1.2. A la recherche d'une éloquence sans grandiloquence

Nous montrerons ici comment, dans *L'Effraie* et *L'Ignorant* s'opère cette déprise de la grandiloquence. Plusieurs axes méritent une attention particulière : d'une part l'évolution et le jeu du couple métrique-syntaxe ; d'autre part, en liaison avec la quête du conversationnel, l'introduction d'un certain prosaïsme lexical et rhétorique ; enfin, des contenus poétiques largement ouverts sur le quotidien et la vie «ordinaire», qui témoignent d'un parti-pris du vivre qui est aussi le parti-pris du temps.

L'Effraie et *L'Ignorant* (1954-1958) se caractérisent par une évolution marquée de l'écriture poétique. La plus visible concerne l'organisation globale du poème : les poèmes constitués d'un seul bloc de vers sont minoritaires dans les deux recueils ; la plupart s'organisent en systèmes strophiques plus ou moins normés — et de moins en moins normés. A l'exception du poème initial, le sonnet domine au début de *L'Effraie*, et la prédominance du quatrain persiste après l'abandon du sonnet. Mais, progressivement, apparaissent des systèmes stophiques plus souples, organisés à deux niveaux, faisant alterner strophes longues et strophes courtes. Dans *L'Ignorant*, le sonnet a disparu : les organisations strophiques originales s'imposent et contribuent à donner aux poèmes plus de fluidité, une plus grande liberté d'allure, comme dans «Le Livre des morts. »

Après *Requiem*, l'usage du sonnet au début de *L'Effraie* constitue un retour à l'ordre, ou retour à la règle — «l'outil du patient» (*Po*, 126). On serait donc tenté de voir dans ce choix d'écriture une mise à l'épreuve. Mise à l'épreuve de qui, ou de quoi ? Du poète, en lutte contre sa tendance à la grandiloquence, et qui soumettrait son écriture aux règles du sonnet ; ou du modèle dont la rigidité serait ébranlée par l'émergence d'une écriture qui se cherche ? Car l'oreille détecte rapidement des dé-rè-glements, des tensions et conflits entre le mètre et la syntaxe, la prosodie des vers et celle de la phrase.

Les sonnets recourent à des mètres usuels pour cette forme (décasyllabes et alexandrins), et la règle classique du [ə] s'applique. En revanche, on hésite et souvent on trébuche dans la détermination de rythmes qui provoquent un effet de boitement inattendu pour des vers de 10 ou 12 syllabes dont les modèles prosodiques sont intériorisés et guident a priori le lecteur. Ainsi, la coupe principale à la cinquième syllabe vient-elle déséquilibrer le schéma métrique d'alexandrins comme *que les corps heureux / s'enfouissent dans leur amour* (5/7) où l'on est tenté d'appliquer la diérèse à *s'enfouissent*, et ce pour deux raisons : l'une prosodique, qui nous ramène au schème régulier de l'octosyllabe, l'autre expressive dans la mesure où la dissociation du [wi] en [uwi] creuse mimétiquement le mot et procure une sorte de jouissance à le prononcer. Ce phénomène de déplacement est d'autant plus déstabilisateur qu'il interfère avec des séquences parfaitement balancées ; en outre, il attire l'attention sur le jeu des coupes enjambantes dont l'effet d'étirement de la tonique produit une fragilisation de la matière phonique, une érosion qui n'est pas sans évoquer la manière dont Jaccottet «use» la surface des choses pour les révéler :

Je sais maintenant que je ne possède rien,	2/3/5/2 (ou 2/4/4/2)
pas même ce bel or qui est feuilles pourries,	2/4//3/3
encore moins ces jours volant d'hier à demain	2/4//3/3
à grands coups d'ailes vers une heureuse patrie.	3/3/3/3 (ou 4/2/3/3)
Elle fut avec eux, l'émigrante fanée,	3/3//3/3
la beauté faible, avec ses secrets décevants,	4/5/3

vêtue de brume. On l'aura sans doute emmenée   4/5/3
ailleurs, par ces forêts pluvieuses. Comme avant [...]   2/4/2/4 (ou 2/6/4)

Po, 28

La diction de certains vers (1, 4, 8) devient problématique, car elle met en concurrence l'accentuation induite par la structure syntaxique et l'accentuation induite par la prosodie de l'alexandrin. Dans le vers 8, le conflit entre mètre et syntaxe est irrémédiable, car l'application du modèle métrique 2/4//2/4 ruinerait la syntaxe, et par-delà le sens. Elle seule peut dicter l'accentuation 2/6/4 et fait subir sa loi au modèle métrique en bloquant la césure à l'hémistiche, qui pourtant correspond à une frontière de mots.

La tension entre la phrase et le mètre s'exerce au-delà des frontières de vers : elle concerne aussi les frontières de strophes. D'ailleurs, dans ces sonnets, les majuscules marquent les débuts de phrases, et non les débuts de vers : une indication déjà révélatrice de l'attention portée à l'intégrité de la phrase. Ainsi, l'unité se déplace du vers à la phrase, comme on peut le voir dans les tercets de notre sonnet :

je me retouve seul au seuil d'un hiver irréel
où chante le bouvreuil obstiné, seul appel
qui ne cesse pas, comme le lierre. Mais qui peut dire

quel est son sens ? Je vois ma santé se réduire,
pareille à ce feu bref au-devant du brouillard
qu'un vent glacial avive, efface... Il se fait tard.

Po, 28

La tension entre mètre et syntaxe est telle qu'on se trouve sans cesse à la limite de la désarticulation. Peut-on parler d'enjambements, de rejets ou contre-rejets ? Tout est question de hiérarchisation syntaxique. Dans la plupart des cas, la fin des vers correspond à une frontière syntaxique, mais à une frontière syntaxique du second voire du troisième niveau, interne à un constituant de la phrase. Il arrive que des phrases commencent en fin de vers ou se terminent au suivant ; qu'elles enjambent les strophes, conférant au sonnet cette fluidité si bien accordée au sentiment de dépossession qui fait l'objet d'un discours qui se résout dans les points de suspension du dernier vers. A la dépossession existentielle répond la dépossession des formes stables dont ne peut plus se soutenir le discours : fragilité, mouvance des remparts et des frontières entre la poésie avec ses lois et l'organisation du discours quotidien. Les quatrains perdent leur unité, le bloc des tercets se désorganise. La rime intérieure *bouvreuil/seuil* annonce qu'il faudra bien s'inspirer du « chant du bouvreuil obstiné », de sa modestie (il ne s'agit plus de cygne !) et de sa patience pour que le poète puisse affronter l'hiver, apprendre ou réapprendre à parler.

C'est dans cette perspective qu'il convient aussi d'examiner les rimes : plus de rimes embrassées et identiques pour les quatrains. Les rimes croisées dominent, parfois entrecoupées de rimes plates : le sens circule. Le bouclage des quatrains a volé en éclats au plan sémantique et syntaxique. Corrélativement, les rimes s'affaiblissent et tendent à disparaître : elles deviennent pauvres ou approximatives. Ici commence sans doute la quête de l'appauvri : après tant d'autres poètes, et selon une logique qui lui est propre, Jaccottet met à l'épreuve les lois de la poésie qui se sont constituées avant lui.

Comment caractériser l'évolution majeure de l'écriture qui se dessine dans *L'Ignorant* et qui conduira Jaccottet à dater de la fin de ce recueil l'approche d'un «discours à mi-hauteur entre la conversation et l'éloquence»? (*PSA*, 142)

Plusieurs facteurs, déjà à l'œuvre dans *L'Effraie*, s'affirment dans *L'Ignorant*, notamment le jeu des 12/14 syllabes, le conflit dynamique entre le vers et la phrase, et l'affaiblissement de la rime.

Si des poèmes en vers courts (6/7 syllabes) figurent dans *L'Effraie*, le jeu dominant se situe entre 12 et 14 syllabes. L'intérêt réside là encore dans la mesure sous-jacente et les rythmes d'alexandrin parfois perceptibles. Paradoxalement l'excès n'est pas démesure, mais dé-mesure, perte de la mesure donnée au profit de la recherche d'une autre mesure. Le cas de 12+2 syllabes est particulièrement intéressant, surtout quand le vers commence par un rythme d'alexandrin, avec césure à la 6ᵉ syllabe, décevant ainsi l'attente du lecteur. Citons quelques vers pris dans «Le Livre des morts» :

Ses combats les plus durs // furent légers éclairs d'oiseaux,	6//8
ses plus graves hasards // à peine une invasion de pluie ;	6//8
ses amours n'ont jamais / fait se briser que des roseaux,	6/8 ? (ou 10/4)
sa gloire inscrire au mur / bientôt ruiné un nom de suie...	6/8 ? (ou 10/4)
[...]	
une feuille après l'au//tre avec docilité descend [...]	6//8

Po, 87-89 *passim*

Quand le lecteur s'apprête à reconnaître un alexandrin, il suffit de deux syllabes pour que tout se désorganise sur un ou deux mots. En revanche, l'allongement du vers soutient l'avancée du discours. Il le soutient dans sa progression au lieu de lui imposer une marche forcée, même si parfois cette avancée hésitante est cahotique, ce que souligne la discordance du rythme par rapport au modèle sous-jacent dans : *ses amours/n'ont jamais fait/se briser/que les roseaux* (même si *ses amours/n'ont jamais//fait se briser/que les roseaux* est concevable).

De fait, les distorsions relatives à un modèle implicite prennent tout leur sens quand revient le modèle culturel de l'alexandrin dans des séquences plus ou moins longues — à moins plutôt qu'il ne s'agisse de l'inverse : moments d'équilibre ou de grâce dans un ensemble dont la cohésion semble à tout moment menacée. Dans «Le Livre des morts», on peut voir comment une séquence d'alexandrins s'effondre rythmiquement :

Ces tourbillons, ces feux et ces averses fraîches,	4/2/4/2
ces bienheureux regards, ces paroles ailées,	4/2/3/3 ; ou 6/3/3 ?
tout ce qui m'a semblé voler comme une flèche	6/2/4 ; ou 3/3/3/3 ?
à travers des cloisons à mesure emportées	3/3/3/3
vers un but plus limpide à mesure et plus haut,	3/3/3/3
c'était peut-être une bâtisse de roseaux	4/4/4
maintenant écroulée, en flammes, consumée,	3/3/2/4
la cendre dont le pauvre frottera son dos	2/4/4/2
et son crâne après le passage des armées...	3/5/4

Po, 90

Plus loin, le modèle de l'alexandrin resurgit, sous-jacent à cette séquence de 14 syllabes :

VI
Au lieu où ce beau corps descend dans la terre inconnue,
combattant ceint de cuir, ou amoureuse morte nue,
je ne peindrai qu'un arbre qui retient dans son feuillage
le murmure doré d'une lumière de passage...

Po, 91

Après ces vers de 14 syllabes qui tous marquent une pause à la sixième syllabe, mais dont les huit syllabes suivantes démentent le patron de référence, le quatrain final apparaît comme un miracle d'équilibre et de mesure, discrètement tenu par le réseau phonique :

VII
L'amandier en hiver : qui dira si ce bois
sera bientôt vêtu de feux dans les ténèbres
ou de fleurs dans le jour une nouvelle fois ?
Ainsi l'homme nourri de la terre funèbre.

Ibid., p. 92

Les séquences de 12 et 14 syllabes montrent comment Jaccottet se dégage progressivement des mesures préétablies, ou plutôt comment il fait jouer contre une compétence métrique culturellement acquise la compétence métrique «naturelle» qu'un lecteur met en œuvre quand il n'est pas influencé par un contexte immédiat rythmiquement prégnant. Les mesures maximales de 6 et 8 syllabes repérables dans les vers longs semblent donner raison à la théorie de Benoît de Cornulier[2] qui fixe à 8 syllabes cette capacité métrique maximale. Mais dans la pratique de Jaccottet, l'appel à une compétence rythmique «naturelle», qui déjoue les attentes culturellement réglées, ajoutée au métissage des mètres et des rythmes, nous semble préfigurer le métissage de la prose et de la poésie en rapprochant les rythmes poétiques de ceux, moins pré-réglés du discours ordinaire — du moins ceux d'une prose soucieuse de convoquer aussi les ressources formelles pour faire sens. Dans ce genre de discours poétique, les moments d'équilibre, rares et précaires, ne peuvent être trouvés qu'au terme d'une avancée incertaine, et ont besoin d'être portés par eux.

Par ailleurs, le relâchement de l'emprise de l'alexandrin s'accompagne d'un abandon des rimes et jeux verbaux trop appuyés. Nous pourrions ainsi opposer «Les Nouvelles du soir», dans *L'Effraie* et le «Livre des Morts», dans *L'Ignorant*. Dans «Les Nouvelles du soir», les échos de mots — en position interne ou à la rime — ont quelque chose de fabriqué, de trop voyant, même si cela s'accorde au contexte d'une scène de rue :

> [...]
> avant qu'on crie «Le Monde» à notre dernier monde
> ou «Ce Soir» au dernier beau soir qui nous confonde...
> Tu partiras [...]
> [...] Regarde l'eau, comme elle file
> par la faille entre nos deux ombres. C'est la fin,
> qui nous passe le goût de jouer au plus fin.

Po, 32-33

En revanche, dans «Le Livre des morts», en dépit d'un ton sensiblement plus soutenu, mais aussi constamment retenu, les jeux de mots sont moins visibles, moins «montés en épingle», et participent à la progression programmée par le sens des «mystères du mouvement» :

> Ame soumise aux mystères du mouvement,
> passe emportée par ton dernier regard ouvert,
> passe, âme passagère dont aucune nuit n'arrêta
> ni la passion, ni l'ascension, ni le sourire.
>
> Passe : il y a la place entre les terres et les bois,
> certains feux sont de ceux que nulle ombre ne peut réduire.
> Où le regard s'enfonce et vibre comme un fer de lance,
> l'âme pénètre et trouve obscurément sa récompense.
>
> Prends le chemin que t'indiqua le suspens de ton cœur,
> tourne avec la lumière, persévère avec les eaux,
> passe avec le passage irrésistible des oiseaux,
> éloigne-toi : il n'est de fin que l'immobile peur.

Po, 89

La répétition de *passe*, la dérivation *passe-passage-passagère*, la paronymie *passe-passion-place* constituent une trame phonique qui témoigne d'une constance de la matière mais aussi de ses modulations-déformations, une trame qui se tisse à d'autres fils comme *âme-regard* ou *feux-s'enfonce-vibre-feu...*

La rime continue de s'effacer, jusqu'à n'être plus qu'assonance lâche, souvenir de rime. Ainsi dans «La veillée funèbre» :

On ne fait pas de bruit	[i]
dans la chambre des morts :	[ɔr]
on lève la bougie	[i]
on les voit s'éloigner.	[e]
J'élève un peu la voix	[wa]
sur le seuil de la porte	[ɔrt]
et je dis quelques mots	[o]
pour éclairer la route.	[ut]
Mais ceux qui ont prié	[je]
même de sous la neige,	[ɛʒ]
l'oiseau du petit jour	[ʒur]
vient leur voix relayer.	[ɛje]

Po, 66

On passe insensiblement de la rime pauvre à l'assonance et à l'absence de rime (*voix-neige*) ou à la «fausse rime» dont Jaccottet apprécie le «charme» chez Nerval :

La mélancolie musicienne, une sorte de légèreté qui font parfois frémir; le naturel de la diction, sa souplesse, sa liberté. Une magie singulière.

SS, 188

La prise en compte de la disposition des rimes perd ici toute pertinence au profit de celle des réseaux phoniques : [ɔr]-[ɔrt]-[o]/[rut]-[ur], mais aussi [ʒur]-[nɛʒ] et [ɲe]-[je].

Plus encore, c'est à l'intérieur des vers que les mots sans rime trouvent un écho :
[vwa] (voix) : *voit; vient; leur voix; on lève; j'élève*;
[nɛʒ] (neige) : *lève; bougie; j'élève; veillée funèbre*.

Le «conflit entre la rime et la "vérité"» (*S*, 120) se résout au profit d'un jeu plus caché, plus secret, diffus dans toute la matière phonique du poème. La défaillance est constitutive du poème, et signifiante : elle dit ce qui est ténu, qui peut s'éteindre, qui s'altère et qui passe.

Si, par-delà *L'Effraie* nous évaluons le chemin parcouru entre *Requiem* et «Le Livre des morts» par exemple, nous retiendrons les points suivants :

– résistance à une rythmique expansive (conventionnelle) qui, au terme d'une mise à l'épreuve, se désarticule et se fait plus discrète, plus secrète;

– amenuisement de la rime au profit de jeux phoniques diffus, enfouis dans le corps du poème;

– abandon d'images hugoliennes, comme «la vieille nuit tigre» dans *Requiem* (p.12); de compositions verbales claudéliennes comme «ma naissante Douceur-dans-la nuit» dans *L'Effraie* (*Po*, 27), ou encore cet écho appuyé de Baudelaire dans «Portovenere» :

[...] Une chauve-souris
cogne aux barreaux de l'air d'un vol comme surpris [...]

Po, 31

– abandon très net d'une rhétorique lyrique de type inspiré au profit d'un lyrisme discret, conversationnel. C'est sans doute ce trait qui, avec l'évolution des rythmes, marque le plus l'orientation que prend le discours poétique dans *L'Ignorant* et *L'Effraie*. Ainsi passe-t-on de la grandiloquence dénoncée à une éloquence discrète, à un lyrisme neuf. Ainsi une constante thématique — la mort, qui «tient» ou traverse les trois premiers recueils — se trouve-t-elle modifiée dans son traitement. L'approche s'est intériorisée, s'est articulée au vécu quotidien et à l'expérience du temps, conduisant à une modification du régime discursif.

Dans *Requiem*, le sujet de l'énonciation est investi d'une mission de célébration et de témoignage : la parole va du *je* au *tu*, dans un mouvement qui relie les morts aux vivants, raccordant à la collectivité un individu qui s'appréhende comme homme parmi les hommes. La syntaxe exclamative et l'interrogation rhétorique déploient l'espace nécessaire à la solennisation des liens qui les unissent.

Dans *L'Effraie* et *L'Ignorant*, le *je* s'individualise; il se conjoint au *tu* dans ce *nous* qui figure la cellule du couple et de son intimité; il instaure la dimension d'un dialogue privé avec les êtres chers. Les modalités discursives changent corrélativement de portée : quand les exclamations et interrogations ponctuent le discours, elles traduisent moins des indignations ou des révoltes, que des surprises ou des doutes. D'où les dislocations syntaxiques :

Celui qui est entré dans les propriétés de l'âge
il n'en cherchera plus les pavillons ni les jardins [...]

Po, 87

Ainsi, contre le mur éclairé par l'été
(mais ne serait-ce pas plutôt par sa mémoire)
dans la tranquillité du jour je vous regarde [...]

Po, 64

Moins tourné vers l'extérieur que vers l'intérieur, le sujet descend en lui-même; à la fois sujet et objet, il se livre à une écoute intériorisée, à une interrogation inquiète de lui-même, de son rapport au monde et aux autres. Il rassemble en se rassemblant dans la recherche d'une parole accordée à l'ordre du monde et d'un tempo capable d'en énoncer l'accord. Son commerce du monde l'invite à chercher «une musique de paroles communes, rehaussée peut-être ici ou là d'une appoggiature, d'un trille limpide, un pur et tranquille délice pour le cœur, avec juste ce qu'il faut de mélancolie, à cause de la fragilité de tout» (*S*, 17). Le sujet de l'énonciation tend alors à se construire comme sujet de «prosodies personnelles»[3]. De plus en plus discret quant aux marques énonciatives, il commence à s'affirmer dans la quête d'«un langage où se combinent la rigueur et le vague, où la mesure n'empêche pas le mouvement de se poursuivre, mais le montre, donc ne le laisse pas entièrement se perdre» (*S*, 40). La recherche d'une modulation spécifique va se poursuivre tout en se démarquant des modèles canoniques dont la référence restera assez perceptible pour faire sentir les variations des rapports du moi au monde et celles de l'état poétique : dire sa manière de «sentir» le monde, c'est manifester dans la «respiration» du discours comment on le vit ou l'appréhende. La pratique des coupes enjambantes et la fluctuation des rythmes ne sont pas étrangères à ce propos :

> Parole-passage, ouverture laissée au souffle.[...] le monde n'est que la forme passagère du souffle.
> Une parole rythmée est peut-être une imitation plus ou moins heureuse de cette haleine. Elle fait pressentir une force d'expansion, d'ascension, mais qui se soumet à un ordre, à une forme, donc qui ne se perd pas, qui ne se gaspille pas. [...]
>
> *S*, 42

Décidément, «ces gros recueils où les alexandrins s'alignent sagement, harmonieux, sonores [...] jurent avec ce monde où nous sommes jetés tous» (*ON*, 23).

1.3. «Parler ainsi, ce qui eut nom chanter jadis»

Ce «discours à mi-hauteur entre la conversation et l'éloquence» subira l'épreuve de la vérité dans *Leçons* (1969) et *Chants d'en bas* (1974) qui constituent les deux versants d'une expérience humaine et poétique : d'une part moment de crise, de doute pour celui qui éprouve le divorce entre les mots et les choses, la vacuité et l'impuissance des mots face à la mort d'êtres chers; d'autre part remontée lente, tâtonnante et prudente de celui qui interroge l'authenticité du langage, sa validité, qui retrouve des fils et s'essaie à recoudre la déchirure entre le vécu et la poésie. Il faudra sans doute cela pour qu'un *je* puisse assumer une parole aussi humble mais libérée que dans *A la lumière d'hiver.*

Formellement, *Leçons* apparaît comme le recueil de la déstabilisation : lieu de déconstruction et de reconstruction, lieu de travail aussi :

> On peut nommer cela horreur, ordure,
> prononcer même les mots de l'ordure
> déchiffrés dans le linge des bas-fonds :
> à quelque singerie que se livre le poète,
> cela n'entrera pas dans sa page d'écriture.

Po, 170

L'autocritique du poème inaugural débouche sur une résolution positive :

> A présent, lampe soufflée,
> main plus errante, tremblante,
> je recommence lentement dans l'air.

Ibid., p. 160

A côté de poèmes qui semblent marquer une régression aux formes de *L'Effraie* — certains sont organisés en tercets et quatrains (*Po*, 160-172) ou tendent vers l'isométrie (*Po*, 165-166) — d'autres cependant poursuivent l'érosion ou l'émiettement du système strophique : vers isolés, ou distiques disposés autour d'une strophe de quatre ou cinq vers, comme si le poème ne pouvait prendre corps. Dans ce poème, le bloc initial de cinq vers se désagrège en distiques, puis en vers isolés :

> Ordure non à dire ni à voir :
> à dévorer.
>
> En même temps
> simple comme de la terre.
>
> Se peut-il que la plus épaisse nuit
> n'enveloppe cela ?
>
> L'illimité accouple ou déchire.
>
> On sent un remugle de vieux dieux.

Po, 170

Dans cet autre exemple, les blancs qui séparent vers ou groupes de vers — mais aussi le passage d'un vers à un autre — ne font que souligner la respiration de l'unique phrase qui constitue le poème. Car c'est bien la phrase qui impose ici sa loi (nombre et blocs de vers) à l'organisation du poème :

Toi cependant,	4
ou tout à fait effacé	7
et nous laissant moins de cendres	7

que feu d'un soir au foyer,	7
ou invisible habitant l'invisible,	10
ou graine dans la loge de nos cœurs,	8/10 ?
quoi qu'il en soit,	4
demeure en modèle de patience et de sourire	12/13 ?
tel le soleil dans notre dos encore	10
qui éclaire la table, et la page, et les raisins.	13

Po, 181

On saisit ici l'émergence de ces nouvelles «lois devenues souffle ou mélodie» (*ES*, 135).

L'hétérométrie des pièces (de deux à quatorze syllabes dans le même poème, par exemple) confirme que la mesure du vers ne fait plus autorité, et que le vers comme unité épouse les unités syntaxiques. Le primat de la syntaxe s'affirme ; la détermination des rythmes et des mètres devient plus hasardeuse. Même les pièces qui, au coup d'œil, donnent l'illusion de l'isométrie, sont problématiques.

Mais surtout, ce qui est nouveau dans le poème-discours, c'est l'extrême tension de la syntaxe et la rupture des liens, compensés en quelque sorte par la mise en forme du poème (jeu des vers, des blancs, des rythmes). La syntaxe présente des particularités qui la différencient de celle des recueils antérieurs : la phrase nominale, et la dislocation de la phrase expansée.

Misère
comme une montagne sur nous écroulée.

Pour avoir fait pareille déchirure
ce ne peut être un rêve simplement qui se dissipe.

L'homme s'il n'était qu'un nœud d'air,
faudrait-il, pour le dénouer, fer si tranchant ?

Bourrés de larmes, tous, le front contre ce mur,
plutôt que son inconsistance,
n'est-ce pas la réalité de notre vie
qu'on nous apprend ?

Instruits au fouet.

Po, 171

Ce poème commence par une phrase nominale. Les deux distiques suivants, pour être constitués de phrases complexes, conservent toutefois la brièveté. Mais ils manifestent des phénomènes de tension au sein de la phrase : anticipation de la subordonnée dans le deuxième distique, segmentation et dislocation de la phrase du troisième distique par rapport au modèle syntaxique canonique : faudrait-il fer si tranchant, pour dénouer l'homme s'il n'était qu'un nœud d'air ? La dernière strophe développe sur quatre vers ce type de traitement syntaxique éminemment significatif des dislocations vécues : à savoir que «les liens des mots se rompent» quand se disloque le sens qu'on croyait avoir trouvé à la vie. Malgré sa relative brièveté, on voit comment la voix se dégage de la notation : à la fois par l'énonciation discursive et par le passage à la phrase interrogative. Cheminement brisé, zigzagant, soumis au retour en arrière, au retour sur soi : on est très loin ici des interrogations rhétoriques de *Requiem*.

Ainsi, le poème «Toi cependant»[4] s'organise autour d'une distension syntaxique entre le sujet et le verbe de l'unique phrase : *Toi... demeure...* Entre les deux : une subordonnée concessive et ses expansions antéposées. Le pouvoir organisateur de la syntaxe se manifeste clairement par deux traits : d'une part, la coïncidence entre le vers et les unités syntaxiques (le plus souvent soulignée par la ponctuation en fin de vers) ; d'autre part, les mots situés à l'initiale du vers : huit mots-outils sur dix (*ou, et, que, quoi que, qui, tes*) ; et les deux mots-clés : le sujet *toi* et le verbe *demeure*. L'ancrage de la structure et du sens s'est déplacé du mètre au syntagme, et de la position finale à la position initiale du vers. Ces mots signalent l'hésitation entre le doute et un appel à la stabilité qui, par contraste, s'exprime dans la syntaxe des trois derniers vers par le retour à l'ordre linéaire de la phrase, ainsi que par l'accumulation finale de trois syntagmes coordonnées.

Mesure et rythmes sont assujettis à la syntaxe, et à la prosodie du discours ordinaire. Le compte des syllabes, devenu aléatoire dans ce recueil, fait cependant apparaître quelques régularités remarquables, notamment une organisation de vers autour de 4-7-10 et 12-13 syllabes. Nous pouvons parler d'organisation dans la mesure où les deux vers courts de 4 syllabes, qui sont tous deux des vers isolés par des blancs, sont liés phonétiquement et syntaxiquement : phonétiquement par les phonèmes [wa] (dans *toi, quoi, soit*) et syntaxiquement parce que *quoi qu'il en soit* rassemble toutes les variantes qui les séparent et fait le lien entre le sujet et le verbe. La première de ces expansions est assurée par une strophe de trois heptasyllabes ; les deux suivantes chacune par un vers dont la mesure oscille entre 10 et 8 syllabes. Ces deux vers constituent d'ailleurs un cas particulièrement intéressant, car si le premier comporte indiscutablement 10 syllabes (*ou l'invisible habitant l'invisible*), le second fait problème : un décompte des syllabes respectueux de la règle du [ə] conduirait à 10 syllabes, donc à une mise en relation sur cette base avec le vers précédent et l'avant-dernier du poème (lui aussi incontestable). Pourtant, une hésitation persiste : en fonction des modèles dominants ou environnants, nous sommes tentés de faire l'élision du [ə] et de ramener ce vers à 8 syllabes : *ou grain(e) dans la log(e) de nos cœurs*. Pourquoi ? parce qu'aucun [ə] n'ayant été au préalable articulé, s'est installée une prosodie du discours ordinaire, amortissant tout éclat, et que la diction du vers précédent (le traitement du mot *invisible* répété) fonctionne comme modèle inhérent au poème plutôt que selon un modèle externe.

D'autres exemples confirmeraient que les lois de la prosodie ne sont plus héritées de modèles externes, mais bel et bien intérieures au poème, propres à un texte particulier. C'est un souffle venu du discours ordinaire qui s'essaie à chanter, et non un souffle orchestré selon des lois venues « d'en haut ». Lexique et tours conversationnels sont d'ailleurs en phase avec ce traitement de la poésie : *misère ; bourré de larmes ; le front contre ce mur ; quoi qu'il en soit...* Ainsi se fait jour un nouveau lyrisme qui se cherche à travers ou dans le discours du quotidien pour tenter de retrouver le fil d'un discours poétique encore possible : c'est ce qui s'accomplit dans *A la lumière d'hiver*. La lente reconquête d'un discours poétique s'achève sur un poème intentionnellement significatif, placé à la jonction d'*Autres chants* et *A la lumière d'hiver* :

> Je me redresse avec effort et je regarde :
> il y a trois lumières, dirait-on.
> Celle du ciel, celle qui de là-haut s'écoule en moi, s'efface,
> et celle dont ma main trace l'ombre sur la page.
>
> L'encre serait de l'ombre.
> Ce ciel qui me traverse me surprend [...]

ALH, 65

Au terme de cette approche de la déprise de l'éloquence qui marque le poème-discours, de la recherche d'une poésie qui tend vers la prose, nous montrerons comment, d'un mouvement inverse, mais simultané, certaines proses de Jaccottet tendent vers la poésie.

2. POÉTISATION DES PROSES

Dans l'œuvre de Jaccottet proses et poèmes peuvent alterner au gré des recueils, et même à l'intérieur d'un recueil ; certaines proses dévoilent l'émergence du poème ou se cristallisent localement en fragments poétiques. Et s'il arrive à Jaccottet de craindre que leur proximité soit préjudiciable à la poésie, ses réflexions sur Bonnefoy ouvrent, dès 1970, une autre perspective :

> [...] A travers la prose, c'est le proche et le simple qui accèdent au livre, et le travail discursif de la réflexion qui essaie de trouver sa place dans le chant sans le détruire.

TS, 262

Moins que l'opposition, c'est donc la compatibilité, la complémentarité, la possibilité de « passage », qui intéresse Jaccottet : comment éviter que la prose ruine la poésie, ou que la poésie dissolve la prose — qui dès lors, ne pourrait plus la « soutenir » ?

Le difficile compromis entre la spécificité de la prose et sa fonction d'étayage de la poésie passe en fait par la « poétisation » de la prose. Nous déterminerons ce qui nous autorise à parler de poésie des proses ; nous montrerons l'hétérogénéité de certains textes et recueils quant à l'écriture et comment s'opère le passage d'une forme à l'autre.

2.1. De la prose au poème

Travaux au lieu dit de l'Etang montre de manière exemplaire comment la prose conduit au poème ; mais un extrait de *La Semaison* nous permettra d'appréhender plus précisément ces moments de passage où s'opèrent « décollements » et retombées comme une tentative d'envol :

> Verdures croissantes, en crue trop soudaine, gonflées — presque tristes à cause de cette promptitude, de cette hâte — mais pour une autre chose aussi, je ne sais quoi de plus lourd, avec plus d'ombre, de plus proche de la pluie, de moins « natif », de moins « commençant ».
> Marronniers vêtus de plumes vertes sous un vent tiède, haletant, un ciel poussiéreux. Dents-de-lion, prairies vues dans l'enfance, d'un regard mystérieusement désolé — comme si tout était vide ou inaccessible à jamais.
>
> Verdure trop vite apparue
> déjà trop lourde, trop humide
> sœur verte des nuages
> et ces fleurs jaunes dans les prés
> envahissantes
> dans le regard désolé de l'enfant
> comme si l'avenir
> comme si le monde tout entier
> était peint sur du vide.
>
> (Couleurs amères comme un remède.)
>
> Tout à coup, saisi de peur en plein soleil
> devant les prairies peintes
> où ne passent plus que des ombres sans racines.
>
> Il peut arriver aussi que dans la verdure croissante, presque exubérante, un sentiment contraire d'appauvrissement vous envahisse — comme si se manifestait, en même temps, que nul abri de feuilles ou de couleurs ne vous épargne la détresse ou l'effroi.

S, 201-202

Tout, dans ce texte, s'organise autour d'une sensation paradoxale, saisie d'emblée et manifestée par la première phrase. Les allitérations en

[v], [r] (avec la répétition du groupe [ur]), et la triple expansion du nom dessinent le mouvement lui-même expansif de la végétation. Mais s'insinue le malaise, le désaccord entre le moi et le paysage, à la fois inscrit par l'adverbe *trop*, et le profil asymétrique de la phrase qui se termine par un groupe de deux syllabes, comme si s'opérait une rupture face à ce mouvement posé a priori comme irrésistible (le rythme 4/5/2 croît puis décroît) : l'adhésion ne se fait pas. C'est précisément cette faille qu'explore le texte, et qui formellement le structure au niveau global comme au niveau local.

Au niveau global, le tout reproduit la cassure et l'asymétrie. La cassure s'exprime par l'hétérogénéité «visible» prose-vers-prose. Quant à l'asymétrie, elle est doublement marquée, tant par l'équilibre du poème que par celui de la prose dont il émerge. Dans le fragment poétique, le vers «(Couleurs amères comme un remède)», doublement détaché par les blancs d'une part et d'autre part par les parenthèses, découpe l'ensemble en deux sous-ensembles inégaux de 9 et 3 vers ; par ailleurs, le contexte en prose présente une dissymétrie sensiblement de même ordre : deux paragraphes initiaux contre un paragraphe final.

Au niveau local, le mouvement induit par la première phrase se répète (expansion/excès/rupture/retombée). Il est pris en charge sur plusieurs plans :

– au plan lexical, des mots se répètent ; des champs lexicaux se constituent, circulent : ce sont par exemple, au début, les unités textuelles *verdure/vert*; l'ensemble *croissante-envahissantes-exubérante...*, et en position finale *prairies, vide, peinte*. Ce sont aussi des indicateurs quantitatifs comme *trop/moins, ne...plus, sans*. Des chaînes phoniques se constituent, qui assurent la circulation et l'unité sémantique d'éléments divers : en particulier les phonèmes [v] [r] [ã] et les groupements [kr] [ãt] qui établissent la cohésion quand changent les items lexicaux :

«Verdures croissantes en crue trop soudaine, gonflées par....commençant»
«verdure trop vite apparue [...]
sœur verte des nuages [...]
et ces fleurs [...]
envahissantes»
«verdure croissante, presque exubérante»;

– au plan syntaxique, la cassure est manifestée par *mais, tout à coup*, et par l'émergence de la compréhension qui s'amorce avec *comme si*. Adverbes et articulations syntaxiques se conjuguent pour retourner la première approche : le *moins* «natif», le *moins* «commençant» questionne et dégrade le *trop* initial, et dans la première phrase du dernier paragraphe — «Il peut arriver aussi que dans la verdure croissante, presque exubérante, un sentiment contraire d'appauvrissement vous envahisse» — *envahissant* change de support, donc de sens, et les phonèmes qui assuraient l'unité de sens des mots référant à l'expansion de la nature contaminent l'expansion du sentiment de vide : sentiment d'appauvrissement.

Si la différence entre prose et poésie est visuellement manifestée, l'homogénéité thématique et structurelle assigne à l'ensemble une forme-sens qui dépasse les clivages typographiquement marqués. Où est la différence, où est l'identité entre l'écriture en vers et l'écriture en prose ?

Le passage poétique cristallise, «précipite» ce qui s'inscrit dans la prose. Il condense en un seul mouvement ce qui se faisait jour dans la répétition, le creusement, l'approfondissement. Il abolit la dimension temporelle — anecdotique — qui médiatise la compréhension pour rendre dans le même instant lisible et sensible ce qui résulte d'un cheminement qui va de l'avant — conformément à l'étymologie du mot *prosa*, dérivé de *pro-vorsus* — partant de la sensation pour fouiller dans l'histoire personnelle afin de mettre en lumière la clé d'un malaise. Le dernier paragraphe qui répète le paradoxe : *comme si se manifestait, en même temps...* glose d'ailleurs cet effet d'immédiateté, de mise à plat ou mise en équilibre instable et fragile d'une structure ayant son épaisseur et sa profondeur que la prose parcourt linéairement — ou par cycles. Très précisément, le poème abolit le déroulement temporel pour disposer dans le même espace-temps toutes les données d'une expérience dans une sorte de «tableau» impliquant une lecture tabulaire : chaque vers constitue un trait du tableau et leur somme conduit à la réaction, au *tout à coup* des derniers vers — l'effet d'immédiateté, de condensation étant par ailleurs rendu possible par le passage de la description des marronniers à la métaphore *sœur verte*.

Mais la différence s'arrête là — aussi fondamentale soit-elle — car ni le choix des mots, ni les effets rythmiques et sonores ne sont liés au hasard dans les paragraphes de prose comme l'atteste l'homogénéité du matériau lexical par exemple. Par ailleurs, le poème conserve les structures syntaxiques de la notation. L'osmose est grande, et pourtant il y a événement-avènement : l'écriture poétique apparaissant comme un climax avec sa phrase préparatoire et sa retombée. Le passage se fait sans heurt, comme la délivrance du message accumulé.

2.2. Emergence de matrices textuelles

Si, dans l'exemple précédent, le travail de la matière verbale et de l'organisation textuelle permettaient de conclure à une poétisation de la prose, la notion de «matrice textuelle» que Riffaterre définit comme caractéristique du poème en prose nous aidera à mieux saisir les identités structurelles. Alors que dans le poème en vers la matrice métrique est conditionnée par un moule textuel conventionnel — même s'il est moins prégnant dans le poème en vers libres que dans le poème mesuré — dans la prose poétique, une forme spécifique propre à chaque texte se substitue à la forme préfabriquée :

> Selon moi, ce qui caractérise le poème en prose, c'est l'existence d'une matrice dotée de deux fonctions au lieu d'une seule : elle génère la signifiance, comme dans toute poésie, et elle génère également une constante formelle qui a la particularité d'être coextensive au texte et inséparable de la signifiance. Il n'y a aucune marge, aucun blanc avant et après. Deux séquences dérivent simultanément de la matrice ; leurs interférences différencient le poème de la prose comme le feraient les vers : le texte est non seulement surdéterminé, il l'est de façon visible, si visible que le lecteur ne peut pas ne pas le remarquer.[5]

Sans prétendre mettre au jour des matrices extensives à l'ensemble des proses — nous n'avons pas affaire à des poèmes en prose — nous montrerons que tantôt localement, tantôt globalement, de telles matrices existent.

Les proses les plus développées — celles de *Paysages avec figures absentes*, *Promenade sous les arbres*, et *A travers un verger* manifestent, dans une mesure et à des degrés variables, une tendance à la poétisation. Les «Exemples» qui suivent *La Promenade sous les arbres* renouent localement avec la poésie.

Ainsi, *L'Habitant de Grignan* :

> [...]... Somme toute, un pays de montagnards et de nymphes. D'un côté un peuple pauvre, de rudes bergers osseux, et, comme pour nourrir leurs nuits qu'un vent violent secoue jusqu'aux racines, ces lieux féminins, cette ombre verte, ces nymphes : leurs rapports sont peut-être un des secrets de cette contrée. Tantôt c'est notre désir de violence, tantôt notre rêve d'abandon qui est satisfait. Je marche d'un pas exalté sur la roche, sur les hauteurs ; entouré de beaucoup d'air, l'œil bondissant de pente en pente jusqu'aux brumes les plus fines, jusqu'où les montagnes se résorbent en souffles ; ou je m'attarde, je m'enfonce dans les vallons, à travers les jardins, considérant avec étonnement comme les saules blancs ruissellent de toute leur chevelure ; et une fois de plus le soir tombe.
>
> *PSA*, 50

Localement, la dualité du texte manifeste celle du paysage et des sensations qu'il inspire :

> *D'un côté.../et...*
> *tantôt.../tantôt...*
> *Je marche d'un pas exalté sur la roche/sur les hauteurs...*
> *entouré de.../l'œil bondissant*
>   *de pente en pente jusqu'aux.../jusqu'où...*
> *ou je m'attarde/ je m'enfonce*
>   *dans les vallons / à travers les jardins...*

En outre, cette dualité fait sens dans la mesure où elle permet de gérer sémantiquement le développement de la dualité masculin/féminin contenue dans les prédicats initiaux *un pays de montagnards et de nymphes : désir de violence, pas exalté, hauteurs, œil bondissant, je m'enfonce dans/rêve d'abandon, je m'attarde, dans les vallons, à travers les jardins, les saules blancs ruissellent de toute leur chevelure*. A cela se superpose la dualité *exaltation*/descente, articulée par le *ou* central, inscrite à la fois dans la syntaxe (*sur... jusqu'aux... jusqu'où/dans... à travers*) et dans le lexique (*exalté; hauteurs/je m'enfonce*). La clausule *une fois de plus le soir tombe* vient lexicalement confirmer l'accord entre le moi et le monde.

Par moments, donc, la description se poétise, en ce sens qu'elle se donne une forme originale et signifiante. Des proses comme *La Tourterelle turque* présentent une poéticité plus globale et plus constante, même si les deux dernières pages accusent une rupture sensible avec les précédentes. Le titre, binaire, constitue la matrice d'où procède la dualité du texte :

– *Est-ce le berceau de l'aube ? [...]*
Mais...
– *Ou serait-ce une barque [...]*
Mais...
– *L'aube n'est pas autre chose que ce qui se prépare [...]*
Mais...

Le texte se construit sur le contraste entre ce que convoque le titre et ce qui est effectivement évoqué ; il tire sa dynamique de la résolution de cette contradiction :

> Tourterelle turque, si bien nommée : odalisque portant à la nuque ce collier d'ardoise qui signifie peut-être : «serve de la nuit».
>
>   *PFA*, 52-53

La dualité motivée du titre est structurante en ce sens qu'elle implique une lecture intertextuelle qui fait jouer les représentations qu'on a de l'oiseau et les images «inadéquates» qui sont proposées. Nous avons là un exemple flagrant de

ce qui caractérise le poème en prose, c'est le fait que le générateur contienne en germe une contradiction dans les termes. Le texte se développe en résolvant la contradiction [...] ou en la répétant [...] Le poème en prose est donc l'exemple d'une expansion à l'état pur.
> Sa signifiance se confond avec l'intertextualité, puisqu'elle repose sur l'aptitude du lecteur à percevoir (mais pas nécessairement à décrire) l'interaction, à la fois relationnelle et conflictuelle des deux dérivations[6].

Dans le cas présent, la description et la digression finales semblent échapper à cette structuration explicite; toutefois, la dualité persiste, et l'effet de clôture du texte qui le désigne comme totalité se manifeste dans la dernière phrase : «Bienheureux vêtu de sa lumière natale» (p. 55) qui fait écho à la question initiale : «Est-ce le berceau de l'aube?» (p. 51). De fait, cette dualité s'articule à un code pictural qui culmine avec la référence à l'odalisque, et s'explicite à travers des attitudes comme «l'œil a démêlé» (p. 52) ou encore «si je clignais des yeux comme on fait pour ne pas être embarrassé par les détails d'une peinture» (p. 53) — mais aussi par un lexique spécifiquement pictural : *couleurs, nuances, gradations* (p. 51) —, le regard ayant pour fonction d'aller au-delà du visible.

Outre cette matrice textuelle spécifique, on peut aussi relever nombre de traits qui relèvent de la fonction poétique du langage, au sens de Jakobson :

– paronymies : *nuances; nuage, cage; nœud;*
                     nuage; nue (dont l'ambiguïté anticipe l'odalisque);
– répétitions de mots : *dans la cage... un nuage endormi dans son haleine, nuage ou plus confusément encore, nue; mais puisque ce n'est pas un feu [...] puisque c'est seulement la couleur [...]; puisque c'est le reflet [...]; puisque ce n'est que la caresse [...]* (p.52);
– réitérations phoniques : *des courbes de laiteuse terre [...] une douceur, une langueur plumeuse. On la dirait qui dort, un nuage endormi dans son haleine [...]* (p. 51); *Alors on découvre la voluptueuse envolée, ce lit de plumes ailé, cette langueur endormie* (p. 52);
– métaphores et comparaisons : *serait-ce une barque, sous ses voiles dressées, qui cacherait en l'emportant quelque reine couchée dans le bouillonnement de ses draps, de l'écume?* (p. 52);
– séquences cadencées : *Tu te poses, ici ou là/tu voles un court instant/peut-être t'éloignes-tu/la nuit davantage,/mais quoi que tu fasses/c'est comme si rien ne manquait,/comme si tu étais la voix/qui monte et descend/les degrés du monde,/entre terre et ciel,/jamais en dehors [...]* (p. 56) : [7/7/7/5/5/7 (ou 5/3) /7/5/5/5/5].

Ce genre de prose tend donc, à bien des égards, vers la poésie, mais on pourrait dire aussi que, malgré sa clôture, malgré sa structure, le degré de poéticité est hétérogène : à preuve, dans la dernière page, les digressions référentielles et théoriques où viennent s'abolir les traits précédemment mentionnés :

> Plus tard encore, j'ai vu un oiseau de même espèce habiter mon jardin, marcher sur ses murs, sans être inquiété par les chats, et quelquefois il était dans le figuier que l'automne jaunissait, éclairait. [...]
>
> C'est le tout à fait simple qui est impossible à dire. Et pourtant je le vois et je le sens, et il n'est pas de pensée, si puissante, si meurtrière soit-elle, qui m'en ait pu disjoindre jusqu'ici.
>
> Ibid., p. 54

D'un mouvement inverse mais complémentaire de la recherche, en poésie, d'un ton à peine au-dessus de la prose, on voit donc la prose tendre vers la poésie de manière plus ou moins discontinue, plus ou moins soutenue. Mais certaines proses, plus brèves, comme celles d'*Après beaucoup d'années*, présentent une plus grande homogénéité qui les rapprocherait du poème en prose.

3. FRAGMENTATION ET MÉTISSAGE

3.1. «Airs», ou l'assomption de l'éclat

Dans la pratique de Jaccottet, le recueil *Airs*, publié en 1967, constitue un ensemble à plusieurs titres singulier : par la brièveté et la forme de ses pièces, par la présence quasi exclusive du monde sensible et l'établissement de rapports du moi au monde, par l'état de suspens dans lequel les poèmes s'offrent au lecteur, d'où le nom si évocateur de «poèmes-instants» qui les démarque de la pratique antérieure des «poèmes-discours». Il s'agit d'un cas unique dans la poésie de Jaccottet, qui marque une rupture nette avec les recueils environnants. Pourtant, celui-ci constitue un pôle de référence pour la production ultérieure, notamment pour la pratique et la reconnaissance du fragment poétique.

En mars 1960, Jaccottet écrit dans *La Semaison* :

> Mais comment passer de certaines notes poétiques au poème ? La voix retombe trop vite. Il y a une difficulté intéressante dans l'opposition entre le poème-instant (celui de l'*Allegria* d'Ungaretti) et le poème-discours qui a toujours été le mien, tel un bref récit légèrement solennel, psalmodié à deux doigts au-dessus de la terre.

> Comment faire sentir, fixer un équilibre fragile, quelque chose d'analogue à une colonne de verre, ou même d'eau, en s'appuyant sur du vide. On s'appuie sur le poème lui-même, et c'est un frêle appui, partiellement trompeur. Il brille et s'écroule : cascade entendue dans la nuit. Confusion du poème et de son objet.
>
> S, 47

Cette page d'*Airs* approche le rêve d'un poème réduit à un simple geste ascensionnel dont la «tenue» fragile semble tenir du miracle :

> Là où la terre s'achève
> levée au plus près de l'air
> (dans la lumière où le rêve
> invisible de Dieu erre)
>
> entre pierre et songerie
>
> cette neige : hermine enfuie
>
> Po, 103

Un tel équilibre suppose une attention et une patience tout orientales que Jaccottet reconnaîtra aux maîtres du haïku :

> J'aurais eu alors la preuve de ce que je pressentais aussi, qu'une telle transparence, qu'une réduction souveraine à quelques éléments, ne pouvaient être atteintes qu'au sein d'un état donné dont j'avais d'ailleurs vaguement dessiné les contours : grâce à l'effacement absolu du poète, grâce à un sourire, une patience [...]
>
> PSA, 144-145

Mais la réussite de son inscription procède d'un haut réglage textuel. L'équilibre des deux isotopies se fait de plus en plus serré : il se joue d'abord dans une unité de quatre vers (2-2), puis d'un seul vers (3-4 syllabes, si l'on se réfère au modèle métrique dominant; mais on serait tenté d'équilibrer le vers par la diérèse [pijɛr] qui confère en outre au mot le même délié articulatoire qu'à *songerie* [sɔ̃ʒəri], soit la même faculté d'évanescence et de sublimation). Cette évanescence s'inscrit matériellement dans la disposition des vers qui corrige pour l'œil l'apparente régularité de l'isométrie : 4 vers — blanc — 1 vers — blanc — 1 vers — blanc. Elle se soutient aussi par la syntaxe : le poème s'ouvre sur une majuscule de début de phrase, seul appui stable dans ce déploiement spatial, puisqu'il ne se clôt pas par un point; qui plus est, l'absence de ponctuation finale est éminemment significative dans la mesure où elle saisit la presque disparition de l'objet. L'absence de terme, son évanouissement dans la blancheur de la page miment la disparition de la neige réalisant alors la «confusion du poème et de son objet». La tension entre la matérialité et l'immatérialité est maintenue par la construction syntaxique : *Là où.../entre... cette neige*; par le sémantisme des mots qu'elle introduit : *Là où la **terre**.../entre **pierre** et...*; elle est surtout soutenue par les rimes [ɛv] [ɛr] [i], en particulier les rimes féminines et l'amuissement de [riə] en [iə], et d'une manière générale par le phonétisme : contraste entre l'attaque des occlusives dans *terre, plus près, pierre*, et les fricatives dans *s'achève, levée, rêve, invisible, songerie, neige, enfuie*; allègement de *terre* à *erre*, médiatisé par *lumière*. Enfin, le dernier vers participe des deux, non pas sémantiquement, mais phonétiquement : *neige* étant rattaché à *pierre* par [ε], mais à *songerie* par [ʒ], de même qu'*hermine* procède à la fois de la *terre* et de l'*air* et participe à la disparition non seulement sémantiquement (*enfuie*), mais phonétiquement (puisqu'*enfuie* rime avec *songerie* et contribue avec ce mot à l'amortissement des nasales [ɑ̃][ʒ]). Tel mouvement d'élévation et de disparition ne pouvait se clore dans un acte de désignation référentielle barré par le point, et exigeait sa transformation métaphorique comme préalable à l'évanouissement.

Cette première approche, ponctuelle, nous permet de saisir ce qui fait la singularité d'*Airs* dans l'œuvre de Jaccottet, tout particulièrement par comparaison avec les poèmes précédents. Sans pour autant calquer la forme du haïku, qui imprime cependant sa marque au recueil, Jaccottet adopte une forme brève, tant par le nombre de vers que par les mètres choisis. La majorité des poèmes comporte entre 4 et 8 vers. Les plus courts se limitent à 3 vers ; rares sont ceux qui atteignent ou dépassent 10 vers.

Tous s'organisent en strophes ou groupements de vers autour de blancs et entre les blancs. Ces blancs, dont nous étudierons dans le dernier chapitre les effets de sens spécifiques, marquent les étapes d'un mouvement, d'une sublimation ; le passage de la description à la saisie d'un sens caché ou second ; d'une manière générale, ils ponctuent les articulations du discours et/ou les étapes de la compréhension d'un phénomène, le temps qu'il faut pour aller de l'émotion au sens — temps du filtrage, temps de la compréhension :

> Peu de chose, rien qui chasse
> l'effroi de perdre l'espace
> est laissé à l'âme errante
>
> Mais peut-être, plus légère,
> incertaine qu'elle dure,
> est-elle celle qui chante
> avec la voix la plus pure
> les distances de la terre

Po, 95

Les blancs font sens, et souvent, le texte semble jeté de part et d'autre d'un blanc. Toutefois, ce blanc n'est pas un vide mais l'invitation faite au lecteur à reconstruire un invisible pont, ou un lien. Parfois, le jeu des blancs montre les « versants » du poème, comment il se cristallise ou se défait : ce qui constitue un élément décisif pour l'interprétation :

Aube	L'œil
	une source qui abonde
On dirait qu'un dieu se réveille,	
regarde serres et fontaines	Mais d'où venue ?
	De plus loin que plus loin
Sa rosée sur nos murmures	de plus bas que plus bas
nos sueurs	
	Je crois que j'ai bu l'autre monde
Po, 136	*Po*, 113

Si l'abandon de la rime gagne du terrain au fil du recueil, il n'est pas pour autant systématique. Mais dès les premiers poèmes, le système des rimes se désorganise : ou bien le poème est incomplètement rimé, ou bien les rimes sont approximatives.

Une semaison de larmes
sur le visage changé,
la scintillante saison
des rivières dérangées :
chagrin qui creuse la terre

L'âge regarde la neige
s'éloigner des montagnes

Po, 96

Dans ce poème, l'abandon de la rime au profit d'un système phonique moins pré-réglé et plus diffus se manifeste : seuls riment *changé* et *dérangées*, la rime étant d'ailleurs sensiblement altérée par la variation rime masculine/féminine [ʒe]/[ʒeə]. Mais les phonèmes de *semaison de larmes* sont diffractés, selon l'idée de *scintillante saison* dans les deux séries *larmes-visage-chagrin-l'âge regarde s'éloigner-montagnes* et *semaison-scintillante-saison*, tandis que *changé-dérangées* est relayé par *chagrin*. L'érosion de la rime au profit d'un système interne, plus intime, plus secret, qui cristallise le sémantisme des poèmes de manière somme toute assez mallarméenne, même si plus discrète, est en germe dès le début du recueil. Certes, la rime connaissait parfois des approximations ou des altérations dans les recueils antérieurs, mais c'était dans des pièces plus longues, ce qui atténuait les irrégularités en les rendant moins perceptibles et de ce fait moins signifiantes. Ici, la brièveté des pièces quant aux mètres et au nombre de vers rend patents les « manquements à la rime », et le déplacement des effets phoniques. En novembre 1966, Jaccottet dit son embarras devant la rime :

Conflit entre la rime et la «vérité». Je voudrais, parfois, la rime pour assurer la cohérence du poème; comme elle me fait dire autre chose que ce que je dois, je l'abandonne, ce qui n'est pas satisfaisant non plus.

S, 120

Mais là où le recueil innove le plus, c'est dans le traitement syntaxique des poèmes, considéré dans ses rapports avec la mise en page (distribution des vers et des blancs). Des poèmes-discours antérieurs, en particulier ceux de *L'Ignorant*, *Airs* tient une grande souplesse dans la manière dont la syntaxe épouse le vers : rares sont les discordances entre frontières de vers et frontières de syntagmes, même s'il s'agit de syntagmes de second ou de troisième niveau. Les changements de vers déploient la phrase d'une manière telle qu'ils soulignent les différents niveaux de structuration tout en maintenant la linéarité du déroulement.

Ainsi, le poème suivant déploie-t-il vers par vers — syntagme par syntagme — les différentes modalités de *marcher*, tout en maintenant la ligne de progression, entre le premier et le dernier vers que souligne le blanc qui l'isole :

Je marche
dans un jardin de braises fraîches
sous leur abri de feuilles

un charbon ardent sur la bouche

Ibid., p. 109

L'ambiguïté syntaxique de «sous leur abri de feuilles», qui pourrait aussi bien être interprété comme complément d'adjectif que comme complément circonstanciel, semble d'ailleurs levée par le découpage des vers qui invite à une lecture paradigmatique des trois derniers.

Mais la caractéristique majeure de ces poèmes demeure une forme syntaxique extrêmement réduite :

Tout un jour les humbles voix
d'invisibles oiseaux
l'heure frappée dans l'herbe sur une feuille d'or

le ciel à mesure plus grand

Ibid., p. 130

Le verbe lui-même disparaît, les phrases se réduisent à des syntagmes nominaux juxtaposés. Qui plus est, même la ponctuation disparaît, effaçant la délimitation des phrases. La majuscule initiale est-elle majuscule de début de phrase, ou de début de texte? Tout ceci contribue à l'effet d'immédiateté si saisissant dans le haïku, et dont rend compte l'appellation de «poème-instant» empruntée à Ungaretti : la durée, pourtant manifestée au plan sémantique, paraît «fixée» et suspendue dans la page, les choses saisies dans leur coexistence, «comme d'un coup de fusil» (*S*, mars 1960).

Suspendu au milieu de la page, ajouré de blancs, le poème n'a plus d'ancrage que la majuscule initiale, puisque le point ne vient même plus le refermer. Les seuls signes de ponctuation qu'on peut trouver à la fin des poèmes ne marquent plus une fin de phrase ou fin de texte, mais indiquent des modalités : points d'interrogation ou points d'exclamation. Les seules ponctuations internes sont la virgule ou les deux-points qui, avec les parenthèses dans une certaine mesure, servent à souligner des changements de plan, dans la description ou la réflexion — ou le passage de l'une à l'autre :

> Divinités de plumes
> (Simple image
> ou portant encore sous l'aile
> un vrai reflet)
> cygnes ou seulement nuages
> peu importe

Po, 121

Malgré le désir d'atteindre «l'effacement absolu du poète» (*PSA*, 144-145) devant les choses pour les laisser tout simplement paraître, conformément à la leçon du haïku, l'énonciateur est rarement totalement absent des poèmes, car toute évocation du monde, même réduite à l'extrême, est discours sur le monde qui engage le sujet parlant et l'attache à ce qu'il évoque. Les signes de cette présence, pour être discrets, n'en sont pas moins repérables. Souvent, il s'agit du *je* de l'énonciateur qui se construit comme homme et comme poète, qui dit ses actes ou commente ses impressions; parfois, le *je* s'élargit au *nous* qui ne lui confère pas pour autant une portée universelle, mais inclut le *je* dans une communauté. Et quand le *je* se dédouble, le dédoublement n'est pas seulement injonction adressée à soi-même pour vivre une expérience poétique, mais une invitation faite au lecteur à se représenter une expérience poétique, voire à la vivre.

L'évocation du monde, aussi transparente et directe soit-elle dans ces recueils, passe par le point de vue : point de vue de celui qui le capte et qui seul peut en assumer la cohésion dans l'acte de langage. Le lyrisme ténu, très intériorisé, témoigne du lien vital du moi au monde, sans quoi la poésie ne pourrait advenir ni tenir; il montre comment le sujet appréhende une certaine configuration du monde et/ou comment il y réagit. Non seulement la poésie est parole d'homme, mais elle doit également faire sentir ce qu'il y a de partageable dans l'expérience subjective : se constituer comme sujet du poème, c'est aussi participer à la construction du lecteur comme sujet.

Pour unique que soit ce recueil dans l'œuvre de Jaccottet, la poétique d'*Airs* traverse et travaille les recueils ultérieurs : elle produit une semaison de pièces courtes dans des recueils qui s'inscrivent pourtant dans la veine des poèmes-discours et contribue peut-être à l'acceptation du fragment qui caractérise les productions les plus récentes de Jaccottet.

Deux recueils de *Pensées sous les nuages* (1978-79) renouent avec *Airs* : « On voit » (1976) et « A Henry Purcell » (1982). Dans « On voit », la brièveté des pièces, l'organisation strophique et la gestion des blancs rappelle *Airs*, jusque dans les rapports entre couples de strophes :
– soit qu'une strophe apparaisse comme l'écho de la précédente :

Cette lumière de fin d'été
si elle n'était que l'ombre d'une autre,
éblouissante,
j'en serais presque moins surpris.

PSN, 16

– soit qu'une strophe développe et commente un vers :

On est encore pour un temps dans le cocon de la lumière.

Quand il se défera (lentement ou d'un seul coup),
aura-t-on pu au moins former les ailes
du paon de nuit, couvertes d'yeux,
pour se risquer dans ce noir et dans ce froid ?

Ibid., p. 15

– soit que la division du bloc de vers indique un changement de plan de la réflexion-représentation, comme dans les brèves pièces du « Mot joie ».

Mais c'est dans l'ensemble des pièces dédiées à Henry Purcell que Jaccottet retrouve la veine cosmique et la ténuité des poèmes d'*Airs*; la brièveté des mètres, la rythmique et l'inscription du poème dans l'espace de la page y contribuent :

Songe à ce que serait pour ton ouïe,	6/3, ou 1/5/3
toi qui es à l'écoute de la nuit,	3/3/3
une très lente neige	6
de cristal.	3

PSN, 66

Alors que la disposition sur trois vers aurait pu donner un effet d'isométrie et de régularité sur le modèle 6/3, le choix de disposer selon deux vers de 6 et 3 syllabes le dernier bloc confère au poème l'effet de suspens induit par l'enjambement après *neige* — en accord avec le phénomène évoqué —, tout en suggérant, par la disposition, un effet de raréfaction et d'effacement. Comme en écho à *Airs*, ce poème invite à voir dans la musique ce qui rend

> La terre tout entière visible
> mesurable
> pleine de temps
>
> suspendue à une plume qui monte
> de plus en plus lumineuse

Po, 132

Si les formes brèves déjà présentes dans *Leçons* perpétuent la marque d'*Airs*, la crise de *Leçons* et *Chants d'en bas* conduit à une autre forme de pièce courte : le fragment. Malgré une organisation syntaxique très explicitement articulée, ce poème d'*A la lumière d'hiver* rappelle *Airs* par sa brièveté ; mais l'aspect de suspens créé par l'interrogation finale et surtout par les points de suspension initiaux frappe ce poème d'incomplétude :

> ... Et le ciel serait-il clément tout un hiver,
> le laboureur avec patience ayant conduit ce soc
> où peut-être Vénus aura paru parfois
> entre la boue et les buées de l'aube,
> verra-t-il croître en mars, à ras de terre,
> une herbe autre que l'herbe ?

ALH, 91

On s'achemine alors vers la reconnaissance du « fragment » comme pièce à part entière, au maintien du poème à l'état de fragment, et, corrélativement, à l'insertion du fragment poétique dans de la prose.

Il est difficile, et peut-être vain, de chercher à établir une limite entre le poème-instant et le poème-fragment. Nous serions tentée cependant d'en saisir l'avènement dans la section de *Pensées sous les nuages* intitulée « Le Mot joie », pour deux raisons : l'une textuelle, et l'autre, extratextuelle.

D'une part, certains de ces poèmes manifestent leur incomplétude par des effets de ponctuation ; par exemple le point d'interrogation en fin de poème :

> [...]
> est-il bien vrai que nous ne pouvons plus
> en faire autant, avec notre cœur invisible ?

PSN, 37

La page 27 combine plusieurs indices : emploi des points de suspension à la fin des 4e, 6e et 8e vers ; emploi des parenthèses qui viennent enclore les deux derniers quatrains. De manière plus insolite encore, la «Prière des agonisants» s'ouvre sur une parenthèse non refermée.

Ainsi s'affiche au plan discursif l'incomplétude du texte écrit qui implique une suite ou un contexte absents, ce qui est fortement marqué au plan logico-syntaxique dans le fragment suivant qui s'ouvre sur un présupposé dont la reconstruction n'est pas évidente :

> **Mais** chaque jour, peut-être, on peut reprendre
> le filet déchiré, maille après maille,
> et ce serait, dans l'espace plus haut,
> comme recoudre, astre à astre, la nuit...
>
> PSN, 32

D'autre part, la disposition du texte sur la page conduit parfois à chercher des liens entre fragments, à se demander quel statut accorder à ceux qui se partagent l'espace de la page : fragments indépendants, ou fragments d'un même ensemble lacunaire ?

> Je suis comme quelqu'un qui creuse dans la brume
> à la recherche de ce qui échappe à la brume
> pour avoir entendu un peu plus loin des pas
> et des paroles entre des passants échangées...
>
>
> (Celui qui n'y voit plus très bien, qu'il se fie à l'enfant
> pareille à l'églantier...
> Il fait un pas dans le soleil de fin d'hiver
> puis reprend son souffle, risque encore un pas...
> Il n'a jamais vraiment été attelé à nos jours
> ni libre comme qui s'ébroue dans les prairies de l'air,
> il est plutôt de la nature de la brume,
> en quête du peu de chaleur qui la dissipe.)

PSN, 27

Au lien formel (les deux «fragments» qui se partagent l'espace de la page sont formés de blocs de quatre vers) s'ajoute le lien thématique : car si le sujet a changé (*je/il*), c'est moins au plan référentiel que logique (passage d'un énoncé individuel à un énoncé universel, souligné par la syntaxe : **Je suis comme quelqu'un qui** *creuse dans la brume/***Celui qui** *n'y voit plus très bien, qu'il se fie à l'enfant*; en outre, le fil thématique de la progression aveugle est surdéterminé par la reprise de *pas* dans l'un et l'autre cas, celle de *recherche* par *en quête de*, et par la répétition de *brume* avec cette variante *n'y voit plus très bien*. Dans le fragment, la sanction du sens se fait «au-dessus de...» l'unité-fragment, et fait intervenir le rôle des blancs, l'espace qui sépare deux fragments, ou celui — parfois inégal — qui entoure le fragment : les blancs sont promus au statut de signes.

Ce n'est que dans *Cahier de verdure* (1990), plus encore que dans *Après beaucoup d'années* (1994), que le fragment s'affiche : on y retrouve de brefs poèmes, mais aussi ces groupements de quelques vers qui, comme dans «On voit», se partagent la page, notamment dans les sections au titre évocateur comme «Eclats d'août» et «Fragments soulevés par le vent». En outre, le texte liminaire du recueil développe une réflexion sur la pertinence du fragment, son aptitude à manifester quelque chose du monde et de la relation du sujet au monde :

> Je pense quelquefois que si j'écris encore c'est, ou ce devrait être avant tout pour **rassembler les fragments**, plus ou moins lumineux et probants, d'une joie dont on serait tenté de croire qu'elle a explosé un jour, il y a très longtemps, comme une étoile intérieure, et **répandu sa poussière en nous**. Qu'un peu de cette poussière s'allume dans un regard, c'est sans doute ce qui nous trouble, nous enchante ou nous égare le plus ; mais c'est, tout bien réfléchi, moins étrange que de surprendre le **reflet de cet éclat fragmenté**, dans la nature. Du moins **ces reflets** auront-ils été pour moi l'origine de bien des rêveries, pas toujours absolument infertiles.
>
> *CV*, 9

L'acceptation du fragment en tant que forme signifiante contraste avec l'approche résignée et quelque peu désabusée qu'en faisait Jaccottet à la fin de sa préface au «mot joie» :

> ce mot presque oublié avait dû me revenir de telles hauteurs comme un écho extrêmement faible d'un immense orage heureux. Alors, à la naissance hivernale d'une autre année, entre janvier et mars, à partir de lui, je me suis mis, non pas à réfléchir, mais à écouter et recueillir des signes, à dériver au fil des images ; comprenant, ou m'assurant paresseusement, que je ne pouvais faire mieux, quitte à n'en retenir après coup que des fragments, même imparfaits et peu cohérents, tels, à quelques ratures près, que cette fin d'hiver me les avait apportés — loin du grand soleil entrevu.
>
> *PSN*, 26

Car la reconnaissance du fragment ne va pas de soi. Dans une émission de *France Culture*, en 1990, Jaccottet semblait plutôt ressentir négativement le fait que son écriture accuse «une tendance à se développer plus volontiers par des fragments», et considérer comme une limitation le fait de ne pouvoir aller au-delà des fragments.

3.2. Notations, fragmentation

Pourtant, dès les années 47, les carnets engagent une pratique de la notation qui demeure une constante chez Jaccottet, comme en témoignent *Observations*, et les trois volumes de *La Semaison*. Ces ouvrages nous paraissent jouer un rôle aussi fondamental qu'*Airs* : nous y voyons éclore une écriture fragmentaire qui informe ponctuellement différents recueils : *Airs*, mais aussi *Cahier de Verdure* dont le titre manifeste le choix d'écrire sans apprêts, *Après beaucoup d'années*, ainsi que des publications récentes comme *Et, néanmoins*, ou *Notes du ravin* (2001). Jaccottet reconnaîtra d'ailleurs que «cette forme [lui] permet plus aisément de maintenir la fraîcheur que ces proses plus développées à travers des tâtonnements, des détours».

La notation peut être d'une extrême brièveté, s'exprimer par une phrase nominale, ou une question :

> Feu d'artifice jaune du fenouil monté en graines.
>
> *S*, 111
>
> Pourquoi aurait-on bu, chaque matin, cette eau du jour ?
>
> *S*, 99

Mais elle s'applique également à des textes plus développés :

> Hautes pentes sombres, emplumées, ou sablées de neige.
> Feu de feuilles, elles-mêmes flammes froides.
> Sous les rouleaux, les colonnes souples de la fumée, on attend qu'éclosent les flammes, à la frange des cendres. Comme les renards, elles couvent sur la neige des cendres.
> Attachées aux branches mortes comme des drapeaux à leur hampe, obéissant au vent, agitées, exaltées par le vent. Des drapeaux brefs, vite déchirés, agressifs. S'effilant, s'élevant, s'effilochant. Elles font penser aussi aux formes des montagnes. Éphémères montagnes brûlantes, effrayées, effrayantes. Langues dardées. Cris coléreux.
> Transparentes avec cela, presque immatérielles, sans épaisseur, pareilles à de l'air transformé, en proie à une sorte de délire mystique.
> Attachées à leur proie qui devient presque aussitôt cendre brisée, éparpillée, légère ! Allégeant leurs victimes. *C'est Vénus tout entière...*
> Nées de débris, de choses fatiguées, usées, tombées.
> Tandis que les hauts nuages blancs, radieux, roulent comme des lames d'écume au ciel.
> Je peux presque voir la terre au travers, le jardin. A travers cette inflammation, cette rampe affolée, cette barrière frémissante, cet arrachement au sol. Qui s'apaise plus haut en fumées lentes.
> (Je pense à des enfants qui s'y sont livrés. Ce n'est pas moi qui y livrerais ne serait-ce que ma main...)
> La fumée, comme du lait bleu, de la laine d'ombre.
>
> *S*, 172-173

Les proses de ce genre — et elles sont nombreuses dans *La Semaison* — portent dans leur syntaxe et dans leur mise en page — alinéas — les caractéristiques de la notation, nous pourrions dire, pour employer un registre graphique, du croquis ou de l'esquisse, soit, paradoxalement et indissociablement : allègement et condensation. Allègement du superflu, saisie de l'essentiel dont l'inscription nécessite blancs et silences. Ainsi la phrase se réduit-elle au syntagme nominal ou prépositionnel, en faisant l'économie du sujet.

La fragmentation du texte et la syntaxe elliptique semblent de prime abord inhérentes à ce type particulier d'écriture que constitue la notation ; mais Hugo Friedrich y voit plutôt un trait caractéristique du « langage [poétique] nouveau ».

> Plus le poème veut se dégager de la tradition, plus il s'éloigne de la phrase conçue comme structure régie par un sujet, un objet, un attribut, des formes verbales. Face à la poésie moderne, on pourrait presque parler d'une hostilité à l'égard de la phrase qui n'apparaîtrait plus que de manière fragmentaire.[7]

Ceci éclaire différemment les notations ou textes fragmentés et en fait le lieu de convergence entre une écriture poétique qui se renouvelle dans l'ellipse, et celle d'une prose qui, par l'effacement des liens syntaxiques et le jeu des alinéas, affiche une relative autonomie des phrases dans le texte. Pourtant, en dépit de la juxtaposition d'énonciations minimales souvent réduites à un syntagme nominal ou prépositionnel, le texte avance avec cohérence, fixant les éléments du tableau, mais épousant le passage de la flamme à la fumée, l'inscrivant pour l'œil comme pour le sens dans les données d'un paysage, d'une histoire. La page avance par reprises-répétitions-associations qui accusent le trait, lui donnent sa justesse. Les mots se saisissent du spectacle, et cherchent à en saisir l'essence en s'éprouvant les uns les autres. Et quand bien même *La Semaison* ne serait qu'« un livre sans grande prétention, tout simplement un recueil de notes », quand bien même ce ne serait qu'un « recueil de simples », la poésie n'en est est pas pour autant exclue. L'éloge de l'écriture fragmentaire de Pierre-Albert Jourdan ne permet aucun doute :

> (Je parle de « simplicité ». Plus haut, j'ai eu l'air de dire qu'il s'agissait d'une efflorescence « naturelle » de l'être plutôt que d'art. Il ne faudrait pas mal comprendre. Le travail intérieur et le travail sur les mots se mêlent indistinctement. Jourdan choisit admirablement ses mots ; il a le sens de la rigueur subtile, de la pensée sensible comme l'art de ces paroles « indéterminées » qu'aimait Leopardi pour l'espace infini qui les entoure. Si, généralement, il rompt vite son élan, la vibration s'étend dans le silence qui suit ; quelquefois, il s'abandonne tout de même à ses rebonds qui évoquent la danse, ou une ascension heureuse. Souvent, quand il s'essaie à saisir sans l'étreindre la lumière des choses, il procède par touches et retouches juxtaposées qui finissent par dessiner une figure un peu à la manière des écailles de l'aile des papillons. Il nomme, il désigne, mais de telle façon que les choses nommées, loin d'en périr, apparaissent.
>
> *TS*, 282

Jaccottet conclut : « "Les paroles sont les outils de ce monde" : Jourdan est un très bon ouvrier » (*Ibid.*) ; mais lui-même sait, avec ses notations, nous ouvrir l'accès au monde en convoquant les ressources expressives du langage pour faire entendre le sifflement des flammes par l'allitération : *feu de feuilles, elles-mêmes flammes froides... fumée... les flammes à la frange des cendres... S'effilant, s'élevant, s'effilochant. Elles font penser aussi à des formes de montagnes. Ephémères montagnes brûlantes, effrayées, effrayantes*; leur crépitement : *langues dardées. Cris coléreux*; pour dire leur propagation, leur danse frénétique, leurs bifurcations par les reprises lexico-phonétiques : *s'effilant, s'élevant, s'effilochant*, mais aussi le contraste de la fumée apaisante par la comparaison et les sonorités : *La fumée, comme du lait bleu, de la laine d'ombre*. Tantôt les blancs entre phrases établissent les ruptures du mouvement, tantôt ils ménagent l'espace nécessaire à la sublimation.

L'hétérogénéité même de *La Semaison* est en soi significative d'une écriture hybride, du passage, de la transmutation possible et de la complémentarité entre la prose et la poésie. Les notations, pétries de poésie, sont prêtes à une possible germination — sémantiquement induite par le titre —, et constituent un terrain idéal où s'éprouvent les rapports fluctuants entre prose et poésie.

3.3. « Peut-on laisser suspendus ainsi à de longs intervalles ces globes purs ? »

Métissage et fragmentation apparaissent ainsi comme deux composantes fondamentales de l'œuvre de Jaccottet. Prose et poésie sont-elles antagonistes, ou complémentaires ? La question est posée dès *Paysages avec figures absentes* (p. 121) :

> Peut-on laisser suspendus ainsi à de longs intervalles ces globes purs, sans rien qui les relie ? On éprouve parfois le besoin de les intégrer dans une continuité — la prose — qui, peut-être, les ruine.

Mais l'hétérogénéité de l'écriture et la fragmentation renvoient aussi à une conception de l'unité énoncée dès 1966 :

> Le livre idéal n'est pas le recueil de poèmes ; il n'en comporterait qu'à ses moments les plus purs, comme des fêtes dans l'année verbale (les épisodes d'idylle dans *Don Quichotte*?). Mais ce livre idéal se compose, en fait, de plusieurs livres d'auteurs différents, chacun n'en pouvant réaliser que certains aspects, n'en écrire que certaines pages.

S, 114

Cahier de verdure pourrait-il être considéré structurellement comme le microcosme du livre idéal ? Peut-être, si l'on songe à la texture très particulière et très concentrée de ce recueil où se relaient prose et poésie, où le fragment, parfois poème, parfois notation, alterne avec des textes plus développés.

Un simple coup d'œil sur la table des matières révèle un souci architectural, les différents titres faisant alterner minuscules italiques et majuscules romaines. Cette alternance, qui répercute d'ailleurs celle de la typographie des textes (romain/italique), ne recouvre pas rigoureusement l'alternance prose/vers à laquelle on aurait pu s'attendre.

La brièveté générale des pièces contraste avec les deux proses qui encadrent l'ensemble : «Le Cerisier» et «Blason vert et blanc». En fait, la respiration interne de l'ensemble se fonde sur deux types de contrastes : contraste de longueur, et dans une certaine mesure, contraste entre prose et vers. Des séries de notations — en prose — s'intercalent entre les deux proses les plus développées, par exemple dans la succession BLASON VERT ET BLANC — *La pluie est revenue, sur les feuillages* — SUR LES DEGRES MONTANTS — *Montagnes à contre-jour*. Mais une autre loi de contraste régit le passage de cette section aux suivantes — *Montagnes à contre-jour* — ECLATS D'AOUT — *Dans le ciel de cette aube tiède* — FRAGMENTS SOULEVES PAR LE VENT : il ne peut s'agir que d'une alternance prose/vers puisque toutes les sections sont constituées de fragments. Les lois d'alternance s'estompent dans les trois dernières sections : «*Couleurs des soirs d'hiver : comme si*» — APPARITION DES FLEURS — «*Le mince croissant de la lune aperçu*», trois proses relativement longues.

Mais au-delà du contraste, ce sont des solidarités, des passages entre proses et poèmes qui s'établissent. Une même section rassemble deux proses et deux poèmes. Ailleurs, le poème affleure au sein de certaines proses, non plus à la manière de *Travaux au lieu dit de l'Etang* comme manifestation d'une genèse, mais dans un rapport de complémentarité :

> *Il y avait là, couchés sous les chênes, des rochers qui ressemblaient à d'énormes livres tombés d'une table ou d'étagères géantes après un tremblement de terre.*
>
> Si on pouvait tirer encore de cette maigre flûte que l'on est,
> un air, un dernier air
> avant d'aller rejoindre les pauvres vieux os
> qui n'ont plus de visage et de nom que dans notre cœur...
>
> *Des églantiers qui montent en guirlandes blanches ou roses dans les cyprès comme une ascension d'anges sur des stèles. Se souhaiter pour stèle un cyprès sombre tressé d'églantiers, c'est se rêver déjà ravi au ciel par des oiseaux.*

CV, 65

En outre, le fragment poétique peut générer la digression, ou être appelé par elle. Echos, tissage du sens : prose et poésie entretiennent des rapports étroits, complémentaires et dynamiques à l'échelle du recueil. On pourrait y voir l'avènement de cette écriture en contrepoint qu'évoquait Jaccottet dès janvier 1959 :

> [...] Rêve d'écrire un poème qui serait aussi cristallin et aussi vivant qu'une œuvre musicale, enchantement pur, mais non froid, regret de n'être pas musicien, de n'avoir ni leur science, ni leur liberté. Une musique de paroles communes, rehaussée peut-être ici et là d'une appoggiature, d'un trille limpide, un pur et tranquille délice pour le cœur, avec juste ce qu'il faut de mélancolie, à cause de la fragilité de tout.
>
> *S*, 17

Comme la tension entre prose et poésie, le contraste et la distribution des formes fait sens dans l'œuvre de Jaccottet : elle contribue à réaliser ce projet d'un «discours vaste et fluide, aéré, dans lequel prennent place avec discrétion des joyaux du langage» (*S*, 21). Pour que les poèmes soient des «fêtes dans l'année verbale», ils nécessitent le soutien des textes voués au langage de tous les jours. Mais la frontière est extrêmement poreuse, ouverte aux incursions. Car l'écriture réfléchit ce que Jaccottet trouve dans le monde : des limites, toujours prêtes à dévoiler un au-delà du sens. Une fascination semble s'exercer à l'attache des deux, comme si Jaccottet avait besoin de se régénérer au point de contact, ou d'éprouver le point de rupture comme le montre si bien «Travaux au lieu dit de l'Etang».

Dans *Après beaucoup d'années*, à côté de proses fragmentées quant à l'écriture — mais non quant à la thématique, «Une couronne» retient notre attention, pour deux raisons : l'une thématique, parce qu'il comporte neuf proses suivies de deux brefs poèmes dédiés aux roses trémières, et l'autre structurelle, car les proses sont toutes constituées d'un seul paragraphe. La prose reprend ses droits avec sa progression linéaire, à la fois narrative, descriptive et discursive, un lexique d'une extrême simplicité — et même d'une extrême banalité. Peut-on encore parler de prose poétique ?

> La rose trémière, c'est l'alcée rose ; c'était, il y a longtemps, a-t-on pensé, rose d'outremer. Au contraire, maintenant, c'est une plante familière, une parure de village, de jardin modeste, une espèce, grande et magnifique il est vrai, de mauvaise herbe ornant par exemple sans que personne semble y être pour quelque chose, le pied d'un rempart ou l'angle de deux ruelles, poussant volontiers dans les ruines. Des enthousiastes l'ont dite aussi : passe-rose.
>
> *ABA*, 42

Quand le lecteur, habitué à la poésie des proses de Jaccottet, habitué aussi culturellement à un certain «calibrage» des poèmes en prose, croit, au coup d'œil, avoir reconnu dans les pièces d'«Une couronne» quelque chose comme des poèmes en prose, son intuition peut être déçue, tant y est ténue l'émergence de la poésie. Dans le double mouvement qui traverse l'écriture de Jaccottet, la distinction entre prose et poésie s'émousse, sans pour autant perdre sa pertinence. Les formes ont encore une individualité généralement bien définie, mais la poésie — ou plutôt sa stabilité — semble rarement accessible. Aussi le poète se voue-t-il surtout à son approche, à l'exploration de l'entre-deux, qui a ses degrés et ses reliefs particuliers.

Peut-on encore penser que la raréfaction des poèmes, l'hétérogénéité des formes soit imputable au seul affaiblissement créateur? Dans les années 50, Jaccottet écrit dans *L'Ignorant* :

> Plus je vieillis et plus je croîs en ignorance,
> plus j'ai vécu, moins je possède et moins je règne.
> [...] Ainsi s'applique l'appauvri,
> comme un homme à genoux qu'on verrait s'efforcer
> contre le vent de rassembler son maigre feu...

Po, 64-65

Ce que confirme ce passage des *Notes du ravin*, publiées en 2001 :

> Ainsi donc :
>
> aucun progrès, pas le plus petit pas en avant, plutôt quelques reculs, et rien que des redites.
>
> Pas une vraie pensée. Rien que des humeurs; des variations d'humeur, de moins en moins cohérentes; rien que des morceaux, des bribes de vie, des apparences de pensées, des fragments sauvés d'une débâcle ou l'aggravant. Des moments épars, des jours disjoints, des mots épars, pour avoir touché de la main une pierre plus froide que le froid.
>
> Loin de l'aube, en effet.

NR, 59

Mais ce serait réduire à des valeurs exclusivement négatives la notion d'appauvrissement, et ignorer l'éloge de «l'insignifiance apparente» que fait Jaccottet des toiles de Morandi[8]. Nous devons donc prendre en compte le paradoxe de la notion, et en dégager les valeurs positives. Meschonnic, dans son analyse de la crise de la poésie contemporaine, nous a permis de mettre au jour une pratique signifiante du dénuement, qui procède du refus des conventions préétablies, des schèmes et des formes déterminés a priori, et s'ouvre au métissage des formes et des cultures; cette recherche, gérée dans un constant aller-retour entre la réflexion et une pratique qui se remet constamment en question, se nourrit d'une dialectique de la progression et de la régression : avancer en poésie, c'est tenter de trouver et de se maintenir au plus près de l'émergence poétique, de la poésie à l'état naissant — comme le dit cette citation de Daumal qui éclaire les rapports entre prose et poésie, moins pensés en termes d'opposition binaire que de bipolarité féconde : «... la poésie blanche va à contre-pente, elle remonte le courant, comme la truite pour aller engendrer à la source vive...» (*NR*, 16). En outre, la vacuité des jeux verbaux d'une poésie savante et/ou formelle, conduit le poète à se tourner vers une poésie enracinée dans le proche et le quotidien — qui s'intéresse au discours de tous les jours et qui restaure la présence de la réalité : «Il n'y a qu'une chose dont je me soucie vraiment : le réel» (*PSA*, 95).

Dès lors, nous pouvons voir une motivation autre que psychologique à la rareté — et la raréfaction — des poèmes ainsi qu'à l'hétérogénéité de l'œuvre : une motivation certes inscrite dans l'historicité du sujet, mais surtout fondée sur une pensée du monde et l'exigence d'en rendre compte par l'écriture. La pratique poétique suppose un soubassement philosophique : une pensée de l'homme (de sa place dans le monde, dans l'histoire), et implique une éthique.

NOTES

[1] Meschonnic, *Les Etats de la poétique*, p. 181.
[2] Benoît de Cornulier, *Théorie du vers*, p. 18-19.
[3] Meschonnic, *Politique du rythme*, p. 209.
[4] Poème cité p. 24-25.
[5] Riffaterre, *Sémiotique de la poésie*, p. 149-150.
[6] Riffaterre, *op. cit.*, p. 157-158.
[7] H. Friedrich, *Structures de la poésie moderne*, p. 207.
[8] *La Seconde Semaison*, p. 71.

Chapitre 2
La fonction herméneutique de l'écriture

> Il me vient à l'esprit que l'on pourrait assembler des espèces de « mots de passe » empruntés à la poésie de quelque temps et de quelque lieu que ce soit [...] pour les opposer aux « formules » qu'énonce la pensée des philosophes qui, si profondes ou persuasives puissent-elles être, ne m'ont jamais fait entrevoir l'ouverture dont ces quelques éclats lyriques sont capables.
>
> *SS*, 229-230

L'hétérogénéité de l'écriture semble puiser sa raison d'être dans une conception « sacrée » de la vie et du monde qui trouve à s'exprimer dans l'opposition des lieux et des non-lieux comme dans l'alternance entre des moments de grâce et d'autres moments où l'homme revient à la vie profane. Cette balance de l'existence règle celle du chant et du non-chant. La recherche des lieux se donne comme l'objet d'une quête au cours de laquelle le recul du monde, le retrait dans son secret, impose un travail patient qui nourrit l'écriture et l'attire toujours plus avant dans une quête qui semble ne devoir jamais finir.

Accepter ne se peut
comprendre ne se peut
on ne peut pas vouloir accepter ni comprendre

On avance peu à peu
comme un colporteur
d'une aube à l'autre

Po, p. 149

Car dans le panorama de la poésie contemporaine, traversé par deux options opposées, l'option « *hermétique*, qui postule la clôture du texte », et l'option « *herméneutique*, qui considère le langage comme moyen d'une interprétation de soi et du monde », Jaccottet se situe incontestablement du côté des poètes comme Claudel, Saint-John Perse ou Supervielle qui ont élaboré des œuvres pénétrées de la référence au monde, en marge du surréalisme qui s'affranchissait des contraintes réalistes. Mais

Michel Collot note que ce sont surtout les poètes de l'après guerre, comme Bonnefoy, Laude, du Bouchet ou Jaccottet, qui feront de l'horizon l'emblème de leur «désir désespéré du réel»[1]. En réaction contre les jeux du langage surréaliste, rendus bien dérisoires par la menace d'un anéantissement total ou définitif, ils s'efforceront de «*retrouver la relation perdue*». Il n'est pas indifférent que cette expression soit de Gustave Roud, l'un des maîtres de Jaccottet. Et l'on connaît l'admiration avérée de Jaccottet pour Claudel quand il «affirme[] le tissu indéchirable du monde», pour *Connaissance de l'Est* dont le titre annonce clairement la fonction herméneutique. C'est de ce côté que se situe Jaccottet qui s'engage à dire la force d'attraction du monde, son pouvoir de fascination :

SUR LES PAS DE LA LUNE
M'étant penché en cette nuit à la fenêtre,
je vis que le monde était devenu léger
et qu'il n'y avait plus d'obstacles. Tout ce qui
nous retient dans le jour semblait plutôt devoir
me porter maintenant d'une ouverture à l'autre
à l'intérieur d'une demeure d'eau vers quelque chose
de très faible et de très lumineux comme l'herbe :
j'allais entrer dans l'herbe sans aucune peur,
j'allais rendre grâce à la fraîcheur de la terre,
sur les pas de la lune je dis oui et je m'en fus...

Po, 71

Paradoxalement, alors que l'espace se dévoile, c'est avec un monde devenu proche que le poète engage une communion intime. Son acquiescement l'entraîne dans une quête rêveuse où il fait l'expérience d'une double altérité : celle du monde, dont il poursuit le secret, et celle du moi dont il interroge l'ajointement au monde.

1. L'HÉTÉROGÉNÉITÉ DU MONDE : LE SACRÉ ET LE SECRET

Chez Jaccottet, la pensée du monde est explicitement placée sous le double signe de Hölderlin et de Novalis. Tandis que Hölderlin nourrit le «rêve de l'harmonie totale» (*PFA*, 156), Novalis propose un modèle de perception du monde comme fragments d'un paradis dispersés sur la terre : il donne ainsi un sens à l'activité poétique qui consisterait à ressembler les fragments pour retrouver l'unité perdue. Cette double référence à Hölderlin et Novalis, ainsi que la manière dont Jaccottet définit et construit sa représentation du monde, procède d'une pensée «primitive», selon l'acception de Mircea Eliade : pensée non pas d'un homme voué au profane, mais d'un homme qui a l'intuition du sacré, ce qui chez Jaccottet retentit sur le sens de l'écriture et de l'expérience poétique :

> *Aspects du mythe* de Mircea Eliade : « *l'homme des sociétés où le mythe est chose vivante vit dans un monde "ouvert" bien que "chiffré" et mystérieux. Le monde "parle" à l'homme...* » Il devient transparent.
>
> C'est cela même à coup sûr que nous restitue l'expérience poétique ; nous ne serions donc que des enfants attardés, pour ne pas dire demeurés.
>
> SS, 74

1.1. « Qu'est ce qu'un *lieu* ? »

La question est plusieurs fois posée, mais c'est *La Semaison* et « Si les fleurs n'étaient que belles... » qui proposent les réflexions les plus développées, et les essais de définition les plus explicites.

> Nous rencontrons, nous traversons souvent des *lieux*, alors qu'ailleurs il n'y en a plus. Qu'est ce qu'un *lieu* ? Une sorte de centre mis en rapport avec un ensemble. [...]. Dans les lieux, il y a communication entre les mondes, entre le haut et le bas...
>
> S, 102

> Plus particulièrement : qu'est ce qu'un *lieu* ?
>
> Qu'est ce qui fait qu'en un lieu [...] on ait dressé un temple, transformé en chapelle plus tard : sinon la présence d'une source, et le sentiment obscur d'y avoir trouvé un « centre » ? Delphes était dit « l'ombilic du monde » en ce sens, et dans les années de son égarement visionnaire, Hölderlin s'est souvenu de ces mots pour les appliquer à Francfort, où il avait aimé Diotima. Une *figure* se crée dans ces lieux, expression d'une ordonnance. On cesse, enfin, d'être désorienté. Sans pouvoir l'expliquer entièrement, ou le prouver, on éprouve une impression semblable à celle que donnent les grandes architectures ; il y a de nouveau communication, équilibre, entre la gauche et la droite, la périphérie et le centre, le haut et le bas. Murmurante plutôt qu'éclatante, une harmonie se laisse percevoir. Alors, on n'a plus envie de quitter cet endroit, de faire le moindre mouvement ; on est contraint, ou plutôt porté au recueillement.
>
> PFA, 128-129

Une première saisie permet de dégager les propriétés essentielles d'un lieu : être, non pas le centre, mais un centre (en relation avec LE Centre ?). Etre un centre se définit en termes spatiaux, aussi bien dans le plan horizontal que vertical : il s'agit donc d'un centre autour de quoi s'ordonne l'espace, ce qui est tout à fait comparable à la pensée du monde dans les sociétés primitives. Pour définir le lieu, Jaccottet recourt aux mêmes termes, aux mêmes critères qu'Eliade quand il définit l'*Omphalos* ou encore l'*Axis mundi*

> qui relie à la fois le Ciel et la Terre, et dont la base se trouve enfoncée dans le monde d'en bas (ce qu'on appelle « Enfers »). Une telle colonne cosmique ne peut se situer qu'au centre même de l'Univers, car la totalité du monde habitable s'étend autour d'elle. Nous avons donc affaire à un enchaînement de conceptions religieuses et d'ima-

ges cosmologiques qui sont solidaires et s'articulent dans un système qu'on peut appeler le «système du monde» des sociétés traditionnelles : a) un lieu sacré constitue une rupture dans l'homogénéité de l'espace; b) cette rupture est symbolisée par une «ouverture», au moyen de laquelle est rendu possible le passage d'une région cosmique à une autre (du Ciel à la terre et *vice versa* : de la Terre dans le monde inférieur [...].[2]

Avant d'examiner les problèmes que pose la définition du lieu comme centre, nous ajouterons aux deux précédentes une troisième caractéristique : le lieu se définit en termes non seulement spatiaux mais aussi temporels, dans la mesure où il est communication entre *maintenant* et *avant*, où il constitue un point de contact dans la chaîne de l'histoire. Ainsi, les lieux rendent palpables la densité du temps, la force et le sens de l'histoire :

> En cherchant encore au-delà, je crois que ce qui a gravé à jamais ces quelques heures à l'ombre bleue du Taygète, c'est simplement, mystérieusement, le fait que sous l'averse, la cascade immobile de la lumière toujours intense, ces églises recuites par le temps, ces pans énormes de palais déserts ou de citadelle désarmée, telle fontaine turque au bord d'un chemin montant, toutes ces ruines vieilles de cinq à six siècles étaient exactement aussi présentes, pleines, indiscutables avec leur poids de temps et de sens que les chemins, les oliviers, les herbes et la prodigieuse variété de fleurs vivement colorées, mais à dominante violette, parmi lesquelles elles finiront bien par sombrer un jour. Byzance brûlant donc encore ici, maintenant, aussi riche, aussi odorante dans sa propre ombre que l'est un verger d'orangers.

CF, 36-37

Ici et maintenant : le lieu ébranle la conscience et confère à l'histoire, au passé le plus lointain, le plus mythique, une présence et une réalité aussi tangibles que les éléments du paysage offerts au regard. Certains lieux mythiques, revenus à la quotidienneté la plus prosaïque, comme le buffet de la gare de Thèbes — «*maintenant cette petite bourgade de province assoupie, rien que le bruit des jeux de tric-trac aux terrasses des cafés*» (*CF*, 38) —, vibrent encore de la clameur tragique : le jeu lui-même y prend sens. Paradoxalement, à proximité des temples placés sous le signe de Diane et Dionysos, la vie violente, ardente, bruyante, d'une ville comme Naples, qui semble si désordonnée au regard superficiel, révèle un ordre caché, accordé aux fresques :

> Mais parce que toutes les émotions, tous les gestes humains, même les impulsions les plus violentes, sont encore sous le regard des dieux, loin de conduire à l'horreur ou au désespoir, loin de détruire le monde, ils y rayonnent, d'une clarté qui semble égale et sereine. Ces peintures accomplissent devant nous une transfiguration mystérieuse, elles fêtent le corps accordé au plaisir et à la douleur, le même corps qui est si brûlant et si pur chez Sapho, et «plus doré que l'or»; elles le fêtent sans grossièreté, sans sournoiserie, sans grimaces; gravement [...]
>
> Le moment bref, insaisissable, imaginaire peut-être? où sanglier et tourterelle sont alliés.

PFA, 141-142

Tout comme l'Italie, la Grèce est la terre des lieux, car elle a le pouvoir de faire percevoir l'ordre du monde, même si c'est pour mieux nous faire sentir le désordre de celui dans lequel nous vivons, et poser, de manière béante, la question du sens. Dans *Cristal et fumée*, Jaccottet conclut les pages dédiées à la Grèce sur la question des choix existentiels liés à la conscience de notre historicité :

> [...] je comprends que je suis encore dans un temps où les outils de fer, les bêtes, les plantes et le mouvement des constellations se lient par des attaches simples et fortes ; et je me dis que ces temples dont je ne vois plus que les ruines, encore si grandes, ont été les demeures réservées au nouement et au renouement de ces liens, aujourd'hui rompus pour notre désespoir et, peut-être, notre perte. Nous ne pourrions éprouver tant de déférence devant leurs débris s'ils n'avaient pas accompli un travail essentiel d'écoute et de filtrage des messages les plus lointains, de transformation de ces ondes en parole humaine [...]
>
> *
>
> [...] Pour moi, ces temples ne peuvent être que des rappels, destinés à rester de toute façon lointains, les preuves superbes d'une chance d'harmonie, donc une espèce d'issue que tout nie aujourd'hui, mais qui m'intéresse plus que nos enchaînements de négations, nos nuages d'encre noire, la délectation du déchet.
>
> *CF*, 41-42

Ce qui se joue dans le lieu, c'est donc bien la question du sens : sens de la vie, et sens — mais aussi risque — de l'écriture. Mais si les exemples cités assignent souvent à un lieu une référence historique voire mythique, il ne faut pas s'y méprendre : ce n'est pas l'événement historique ou le monument qui fait d'un lieu un lieu, ni la seule culture du sujet qui crée la conscience du lieu. Jaccottet se défend clairement de cet amalgame :

> [...] j'ai aimé de véritable amour l'Italie, sans jamais m'y comporter en archéologue, en historien d'art, pas même en connaisseur ; la recevant toujours comme un don et tout entière, je veux dire ses villes, ses passants, son vacarme, ses paysages, et, mélangés à cela, ses monuments, et tout ce que la mémoire y ajoute.
>
> *PFA*, 137-138

De même, ce n'est pas l'histoire qui fait que le site de Sainte-Blaise est un lieu, c'est la perception qu'on y a du monde comme totalité, la conscience tangible, charnelle, de la participation des éléments à l'ordre du monde dans ce qu'il a de moins abstrait : «C'était tout cela qui m'avait saisi, tout cela ensemble, absurdement. Les choses, le monde. Le corps du monde» (*ibid.*, p. 135).

Certes, il ne s'agit pas de dénier aux sites marqués par les vestiges de l'histoire le statut de lieu, la raison d'être des monuments résidant précisément dans le lieu : ils constituent autant de signes qui manifestent la totalité sous l'angle de la continuité temporelle, et permettent de transcender les ruptures de l'histoire, comme Jaccottet a pu en faire l'expérience en Italie :

> Rien ne m'attestait mieux une continuité que ses ruines (ainsi, de manière exemplaire, à San Clemente, à Rome, où l'on descend du baroque au classique, et à travers le christianisme, à rebours, vers les dieux grecs et jusqu'à cet autel de Mithra, dans les profondeurs, derrière lequel grondent je ne sais quelles eaux souterraines, peut-être des égouts...) Tout cela ne formait qu'un monde, dont la leçon m'était vie, jubilation, présent.
>
> Ibid., p. 138

Mais certains paysages naturels ou retournés à la nature portent aussi témoignage de l'unité et laissent percevoir la totalité infrangible du monde qui gît sous la diversité et l'accident :

> Tout ce qui nous relie dans les paysages d'ici, au très ancien et à l'élémentaire, voilà ce qui en fait la grandeur, par rapport à d'autres [...]. Surtout la pierre usée, tachée de lichens, proche du pelage ou du végétal, des écorces ; les murs devenus pour la plupart inutiles dans des bois ; les puits ; les maisons envahies de lierre et abandonnées [...]. Il nous semble qu'il y a encore partout des stèles éparses, des traces de temples.
>
> S, 101

Un tel paysage parle d'une autre forme de solidarité : celle des éléments, des règnes, dont le mimétisme suggère la continuité de la nature et de l'homme, dont les relations sont faites de réversibilités. Il dévoile quelque chose de la texture du monde, de son ordre, de ses réseaux spatio-temporels qui portent encore la trace de l'unité originelle. Les éléments en sont comme «hiérophanisés» au sens d'Eliade :

> [...] C'est toujours le même acte mystérieux : la manifestation de quelque chose de «tout autre», d'une réalité qui n'appartient pas à notre monde, dans des objets qui font partie intégrante de notre monde «naturel», «profane». [...]
>
> La pierre sacrée, l'arbre sacré ne sont pas adorés en tant que tels ; il ne le sont que parce qu'ils sont des *hiérophanies* parce qu'ils «montrent» quelque chose qui n'est plus pierre ni arbre, mais le *sacré*, le *ganz andere*.[3]

Ainsi, le regard que Jaccottet porte sur la nature est-il proche du regard de l'homme religieux ; de nombreuses pages témoignent d'une expérience qui a les caractéristiques d'une hiérophanie, du passage de l'appréhension d'un chaos à celle d'un cosmos par la reconnaissance de l'altérité des choses :

> ARBRES II
>
> D'une yeuse à l'autre si l'œil erre
> il est conduit par de tremblants dédales
> par des essaims d'étincelles et d'ombres
>
> vers une grotte à peine plus profonde
>
> Peut-être maintenant qu'il n'y a plus de stèle
> n'y a-t-il plus d'absence ni d'oubli
>
> Po, 139

L'acceptation d'un guidage de la lumière met fin à l'errance du regard, elle oriente l'espace. La hiérophanie n'est pas ici matérialisée dans l'espace réel, mais simplement suggérée dans le texte :

> Avant de sortir du cercle dont le centre se creuse à l'infini, je vois encore des yeuses et des rochers. On dirait un monument abandonné, couvert de cendre.

PFA, 97

Ces hiérophanies prouvent bien que pour Jaccottet, ce n'est pas le monument qui crée le lieu, ni la reconnaissance par l'homme de culture de la sacralisation antérieure d'un site. Les vestiges ne font qu'attester le fait que d'autres hommes, dans le passé, ont consacré par l'érection d'un monument la reconnaissance d'un lieu dans tel site. Au-delà des ans et des siècles, par-delà les mutations religieuses et même dans notre siècle gagné par la pensée profane, il existe encore des hommes pour revivre cette expérience, en témoigner à leur manière, se trouver en phase avec leurs prédécesseurs et s'inscrire ainsi dans une temporalité qui défie l'histoire :

> On pourrait en déduire que, si ces paysages me touchent, c'est qu'ils seraient chargés de «culture». La vérité doit être inverse. En de tels lieux sonnent, plus ou moins clairs, certains accords d'éléments, d'autant plus immuables qu'essentiels, qui ont été ensuite transposés chez Virgile, dans Poussin, ailleurs encore, et que l'on réentend encore à Rome enrichis des multiples échos qu'ils y ont fait naître. Chez Poussin, tout l'espace devient monument. Les mesures sont amples et calmes. La terre et le ciel reçoivent leur part juste, et dans ce monde harmonisé, il y a place pour les dieux et les nuages, pour les arbres et les nymphes.

Ibid., p. 98

Plus tard encore, la découverte de la Grèce, relatée dans *Cristal et fumée*, confirme cette analyse en reconnaissant aux monuments le pouvoir de consacrer les lieux :

> Nulle part au monde autant que dans ce pays, au cours de ce voyage, la terre encore habitable — plaines, champs, vallées, grèves et forêts — ne m'a paru aussi comparable à un chant auquel il était impossible que ne s'ajoutât pas une fois au moins le chant de la parole humaine, à un chant continu, soutenu, non pas monotone mais profondément un, tout en étant sans cesse soumis à de légères modulations qui vous portent de lieu en lieu, de halte en halte, dans une sorte de jubilation intérieure et d'accord avec la totalité de ce qui existe; prêts, du coup, en chaque site, à réentendre, même de très loin, dans l'enceinte sacrée, en frissonnant, une presque éternité murmurante qu'il n'était pas de trop de tous ces temples pour encager.

CF, 43

Analogiquement, le texte qui saura perpétuer le murmure de cette éternité sera dit «monument».

Ainsi, nous évoluons dans un monde «tissé de lieux» (*S*, 162). Cette image qui présuppose l'hétérogénéité fondamentale du monde où nous vivons, nous ramène, une fois de plus, à l'opposition que trace Eliade entre les expériences de l'espace sacré et celle de l'espace profane :

> On se rappelle les implications de la première : la révélation d'un espace sacré permet d'obtenir un « point fixe », de s'orienter dans l'homogénéité chaotique, de « fonder le Monde » et de vivre réellement. Au contraire, l'expérience profane maintient l'homogénéité et donc la relativité de l'espace. Toute vraie orientation disparaît [...]. A vrai dire, il n'y a plus de « Monde », mais seulement des fragments d'un univers brisé, masse amorphe d'une infinité de « lieux » plus ou moins neutres où l'homme se meut, commandé par les obligations de toute existence intégrée dans une société industrielle.[4]

Se pose alors le problème de la multiplicité des lieux. Car là où la pensée du monde s'ordonne autour d'un centre, qui est l'axe du monde, celle de Jaccottet reconnaît une multiplicité comme issue d'un éclatement. Ce qui oblige à prendre en compte l'inscription historique de l'écrivain dans une société matérialiste qui a proclamé la mort de Dieu, et où il doit « assum[er] une existence profane ». La multiplicité des lieux telle que la conçoit Jaccottet se situe donc à la difficile jonction entre le monde éclaté et amorphe de nos sociétés profanes où les « hauts lieux » sont souvent dénaturés par l'exploitation commerciale et le monde unifié qui peut se recomposer au regard de qui sait dépasser les apparences. En janvier 81, l'écoute de musique tibétaine inspire à Jaccottet ces réflexions sur le désarroi de l'homme contemporain pris dans le mouvement de l'histoire, happé par la modernité :

> J'ai lu quelque part qu'on allait bâtir un Hilton à Lhassa. Ainsi, le plus haut lieu sacré du monde sera au moins d'une certaine manière détruit, entamé déjà qu'il est justement par l'existence de ces disques, des photographies, de reportages de plus en plus indiscrets. (Mais n'est-ce pas parce qu'il était déjà détruit que ces intrusions ont été possibles ?) Comment se comporter dans ce délabrement de plus en plus rapide et tel que Leopardi il y a plus de cent ans le pressentait, désespéré ?
>
> *SS*, 23

La multiplicité des lieux renvoie donc à la conception d'un monde d'après la chute, où l'homme doit se résigner à la perte du paradis, mais sait qu'il peut rester en contact avec lui, non pas seulement en contemplant son reflet — ce dont il dit pouvoir se satisfaire —, mais en reconnaissant, avec Novalis, les fragments dispersés sur la terre qui lui permettent de penser le cosmos. Il s'agit là d'un choix existentiel qui régit la création esthétique : si, « chez Poussin l'espace devient monument », le poète devra lui aussi faire en sorte que « la terre et le ciel reçoivent leur part juste », créer « un monde harmonieux » où « il y a place pour les dieux et les nuages, pour les arbres et les nymphes ». Difficile pari que perpétuer les hauts lieux, qui comporte un risque majeur : « esthétiser, dangereusement, l'expérience qui avait été, au commencement, j'assume le mot, religieuse »[5]. C'est pourquoi Jaccottet préconise une ascèse rigoureuse, la présence au monde le plus proche, comme seule garantie d'éviter tout hiatus entre «hauts» lieux et «vrais» lieux, rejoignant ainsi Bonnefoy pour qui «Nos hauts lieux, c'est ici, sinon ce n'est que du rêve.»

Ainsi, le jardin de Pierre-Albert Jourdan.

Ainsi, les lieux de Jaccottet.

1.2. Lieux de Jaccottet

Notre objectif n'est pas ici de dresser une cartographie ou un catalogue des lieux élus de Jaccottet. Il s'agit plutôt d'examiner deux types de lieux récurrents (les centres et les frontières) en les soumettant notamment à quelques questions empruntées à la topo-analyse de Bachelard[6] — «d'où venait la lumière ? comment aussi, dans ces espaces, l'être connaissait-il le silence?» —, à quoi nous ajouterons : comment se sentait-il dans ces lieux ?

Nous avons évoqué précédemment l'expérience du lieu, particulièrement forte en Grèce et en Italie. Mais le lieu ne se définit pas seulement à l'échelle d'une communauté culturelle; il peut aussi s'appréhender à l'échelle individuelle : car, pour Bachelard, «la maison est notre coin du monde. [...] Elle est vraiment un cosmos». Nous pouvons sacraliser notre univers privé, car

> dans cette expérience de l'espace profane, continuent d'intervenir des valeurs qui rappellent plus ou moins la non-homogénéité qui caractérise l'expérience religieuse de l'espace. Il subsiste des endroits privilégiés, qualitativement différents des autres : le paysage natal, le site des premières amours, ou une rue au coin de la première ville étrangère visitée dans la première jeunesse. Tous ces lieux gardent, même pour l'homme le plus franchement non religieux, une qualité exceptionnelle, «unique» : ce sont les «lieux saints» de son Univers privé, comme si cet être non-religieux avait eu la révélation d'une autre réalité que celle à laquelle il participe par son existence quotidienne.[7]

Pour Jaccottet, ce sont le jardin de l'enfance (*ABA*, 17-18), celui de Ninfa (*Po*, 36-37), la maison et les paysages de Grignan : simple avatar d'une pensée religieuse dans un monde désacralisé ? Ou bien est-ce à dire qu'il y a plusieurs centres répétant LE Centre à travers le monde habité, que le lieu est toujours en relation avec LE Centre ?

> *Notre monde se situe toujours au centre* [...]
> les habitations sont censées se trouver effectivement au Centre du Monde et reproduire à l'échelle microcosmique l'Univers. [...][8]

D'après Eliade, le centre se multiplie, à des échelles différentes et selon une progression qui va du cosmos au microcosme. De ce point de vue, la maison de Grignan semble bien constituer un centre pour Jaccottet ; et si l'interprétation du syntagme « un lieu » est ambiguë au début du texte intitulé « L'Habitant de Grignan », la teneur de ce qui suit ne laisse aucun doute quant au sens à lui assigner. Il s'agit bien d'un lieu dans l'acception du terme précédemment définie : centre privé et cosmique, où s'ordonnent l'espace et le temps.

> C'est la terre que j'aime, la puissance des heures qui changent, et par la fenêtre je vois en ce moment précis l'ombre de la nuit d'hiver qui absorbe les arbres, les jardins, les petites vignes, les rocs, ne faisant bientôt plus qu'une seule masse noire où des lumières de phares circulent, alors qu'au-dessus le ciel, pour un moment encore du moins, demeure un espace, une profondeur presque légère, à peine menacée de nuages. [...]
>
> D'un côté un peuple pauvre, de rudes bergers osseux, et [...] ces lieux féminins, cette ombre verte, ces nymphes ; leurs rapports sont peut-être un des secrets de cette contrée.
>
> *PSA*, 48 ; 50

L'installation à Grignan a tout d'une fondation telle que la définit Eliade :

> S'installer dans un territoire revient, en dernière instance, à le consacrer. [...] Se « situer » dans un lieu, l'organiser, l'habiter, autant d'actions qui présupposent un choix existentiel : le choix de l'Univers que l'on est prêt à assumer en le créant.[9]

Car Grignan n'est pas le lieu natal, mais le lieu d'élection, ce qui implique une décision fondatrice et donne tout son poids à une expression comme « notre trésor » :

> Là encore que dire devant cette fenêtre, depuis deux ans notre trésor ? Souvent dans le même temps, j'ai vu en rêve des cataclysmes : les astres qui se décrochent, le soleil qui sombre, des océans gravissant les degrés de la terre avec l'élan d'une émeute [...]
>
> *PSA*, 51

C'est le lieu choisi pour y enraciner le couple et la famille, mais c'est aussi, au-delà des montagnes, celui qui offre au poète l'espace de la vision.

La figure privilégiée du centre démultiplié est la chambre :

> Grand ciel gris, par endroits ou par moments presque noir. La chambre fermée — et dehors, autour d'elle, cette autre chambre, ces murs, cette haute voûte où passent, loin, des pluies. [...] Des arbres s'enflamment sous la pluie.
>
> *S*, 248

Lieu clos, protégé, et pourtant l'être qu'elle abrite des agressions du dehors et des catastrophes est tout entier tourné vers l'ailleurs ; comme l'écrit Bachelard[10], « plus condensé est le repos, plus fermée est la chrysalide, plus l'être qui en sort est l'être d'un ailleurs, plus grande est son expansion ». Car pour Jaccottet, qui se dit volontiers craintif, hanté par le besoin de se sentir protégé, l'inscription dans l'espace de la maison, redoublé par celui de la chambre, semble constituer la condition même de la tension vers les lointains.

La duplication cosmique se parcourt dans les deux sens : la chambre est le modèle du centre, du lieu clos et ouvert à la fois ; un modèle dont l'ordonnancement se projette sur la nature environnante :

> Ces jardins seraient-ils un peu comme des chambres naturelles, aux murs d'arbres, aux meubles de légumes et de fleurs ? Ce serait trop dire mais il pourrait y avoir de cela.
> [...] Une richesse dans un coffre ou une corbeille. Subsiste là un accord avec le monde qui est ailleurs brutalement rompu.
>
> *S*, 249

Inversement, filtré et apprivoisé par l'espace du jardin, le cosmos pénètre la chambre :

> Ma table pleine de terre.
>
> L'air tremble dans les arbres
> le vent habite doucement les arbres, il s'y arrête, il s'y attarde
> et leurs feuilles recueillent le ciel.
>
> Les feuilles tremblent, brillent, autant de miroirs du ciel.
> Ainsi le ciel s'enracine.
>
> *S*, 146

L'instrument de cette osmose, qui permet échange et parcours, est « la fenêtre par où vient le lointain. Maison trouée, poreuse » (*S*, 126) :

> Il y a une magie qui atteint en nous à une région cachée dans le simple rapport entre la chambre, ou la maison, et le dehors : une porte qui s'ouvre en grinçant sur le petit jour humide, plein d'oiseaux, ou une fenêtre par où le ciel s'engouffre.
>
> *ON*, 121

C'est ainsi que « Par la fenêtre du poète, la maison engage avec le monde un commerce d'immensité [...] la maison des hommes s'ouvre au monde ».[11]

Jardins-maisons-chambres semblent bien constituer pour Jaccottet des centres où l'ordonnancement du Cosmos se fait perceptible. Mais la multiplicité des lieux ne se réduit pas à une simple progression qui parcourrait l'échelle reliant microcosme et macrocosme ; elle résulte de l'éclatement du Paradis, de sa dispersion en fragments. Dès lors, le problème posé se modifie sensiblement : on ne peut plus considérer le lieu comme centre de plus en plus restrictivement défini, mais plutôt comme une multiplicité de lieux en relation avec LE Centre. Pas plus que chez Bonnefoy il n'y a de hauts lieux. Chez Jaccottet, LE Lieu, LE Centre absolu n'existe pas. Il existe seulement des lieux, des lieux « vrais », qui font percevoir quelque chose de l'ordonnancement cosmique comme autant de fragments épars : ce sont par exemple des enclos, des clairières, des grottes, des étangs..., que ces sites soient sacralisés, ou non, reconnus ou non par d'autres hommes :

> Dans les lieux, il y a communication entre les mondes [...]. Notre église, c'est peut-être cet enclos aux murs démantelés où poussent silencieusement les chênes, que traversent parfois un lapin, une perdrix.

S, 102

Il faut savoir se tourner vers les choses les plus modestes, et capter les signes ténus qu'elle nous font :

> Mais ce soir, c'est autre chose : quand [les brebis] sont arrêtées, en groupe, en cercle, dans les herbes, entre le vert et l'or d'un pré qui peu à peu s'assombrit. [...] Autour d'elles, qui les garde et les situe, il y a moins une barrière ou une haie qu'un autre cercle, une autre assemblée plus large de feuillage dont l'ombre se creuse, une enceinte qui, plutôt qu'elle ne les enferme, en frissonnant fraie un passage à l'obscur [...]

PFA, 105-106

Ce sont aussi les chèvres, qui ont ce mystérieux pouvoir de révéler un centre qui, sans elles, serait insaisissable :

> Les chèvres dans l'herbage
> sont une libation de lait
>
> Où est l'œil de la terre
> nul ne le sait
> mais je connais les ombres
> qu'elle apaise
>
> Dispersées, on voit mieux l'étendue
> de l'avenir

Po, 131

Les deux scènes qui s'ordonnent autour des bêtes dans l'enclos posent différemment le même problème : celui de l'identification du centre. Dans le premier cas, la disposition des brebis en cercle, redoublée par l'enceinte concentrique des arbres est comme resserrée par l'obscurité qui gagne et semble ainsi désigner «l'œil de la terre»; dans le second cas, la dispersion des chèvres semble opérer un basculement de l'attention, un éloignement du centre, ouvrir l'espace et le temps. Elles médiatisent la communication entre les mondes. Centre et foyer, point de convergence et d'irradiation, point de contact entre intériorité et extériorité, tel semble être le centre : lieu du secret et du sacré. Le lexique en porte témoignage, car si «Les chèvres de l'herbage/sont une libation de lait», les brebis sont ces

> Bêtes dorées par la flamme invisible, tandis que la cire s'épanche et bientôt blanchira au bord du ciel, recevant sur leur front étroit, osseux (presque un crâne déjà) l'huile sainte du crépuscule, l'onction solaire, dans cet enclos bordé d'arbustes.

PFA, 105

L'enclos visible, pour qui sait voir, condense en lui et reflète l'enclos cosmique, le *templum*. Ce voir, qui est plus vision que perception, suppose une ascèse, figurée par des tâches quotidiennes à connotations rituelles :

> Le soir venu
> rassembler toutes choses
> dans l'enclos
>
> Traire, nourrir
> nettoyer l'auge
> pour les astres
>
> [...]

Po, 155

La reconnaissance et l'acceptation des signes a toujours quelque chose d'un voyage initiatique dont la promesse d'être expose au risque de se perdre, « la condition de la vraie rencontre étant cet anéantissement inaugural, baptismal »[12].

Pour Jaccottet, la lumière joue un rôle médiateur essentiel : « Enceinte du bois d'hiver », aire des pommiers, « jardin de braises fraîches », arène de « Pins et sable »..., proposent autant de ruptures avec le monde amorphe où les pas et l'esprit trouvent à s'orienter.

> ... On rencontre aussi des genévriers ; et bien qu'ils ne soient jamais plantés en figures régulières, ayant poussé tout seuls au hasard du vent, ils ne semblent pas vraiment épars ; on les croirait groupés simplement selon des combinaisons plus mystérieuses, des espèces de constellations terrestres dont ils seraient les astres : c'est qu'ils ont aussi quelque chose de lumineux en leur centre, on serait tenté de dire une bougie. Ils ressemblent à de modestes pyramides dont le vert sombre, couleur de temps et de mémoire, se givre en son milieu : de petits monuments de mémoire, de profondeur givrée, entre lesquels le promeneur s'arrête, pris dans un réseau... Aire choisie, délimitée par le vent, site d'obélisques semés par le souffle d'un Passant invisible, tout de suite et toujours ailleurs...

PFA, 16

Le franchissement de l'enceinte est un acte rituel : « entr[er] dans le cercle des collines (*PFA*, 90), « Entrer dans le cercle des chênes » (*S*, 34), c'est s'engager dans l'expérience du sens, remonter à l'origine, abolir l'espace et le temps qui nous séparent de la chute qui causa le chaos :

> Je rêve à ce jardin [le Paradis] dans la solitude de cette combe. Je contemple un tremble dont pas une feuille n'est immobile comme un clocher aux milliers de cloches, pour une obscure alarme. Les bêtes habitent avec tranquillité le Temps. C'est comme si rien n'était encore visible à aucun regard. Tout est encore à l'intérieur d'un sommeil illimité. Soudain, pour la première fois, ces yeux s'entrouvrent [...]

PFA, 94-95

Cette combe n'est pas seulement un lieu solidaire du centre du monde, elle est le lieu d'une expérience «religieuse» dans la mesure où elle permet d'adhérer à une «situation primordiale [qui] n'est pas d'ordre historique» mais mythique :

> Réintégrer le temps sacré de l'origine, c'est devenir «contemporain des dieux», donc vivre en leur présence, même si cette présence est mystérieuse, en ce sens qu'elle n'est pas toujours visible [...]. En termes chrétiens, on pourrait dire qu'il s'agit d'une «nostalgie du Paradis».[13]

La plénitude éprouvée dans les lieux tient à ce qu'ils offrent la possibilité de revivre cette expérience sacrée du retour «*in illo tempore*», qu'ils rendent l'homme un instant solidaire de la création, de l'harmonie du cosmos. (C'est ce qui donne tout son sens à une expression comme «Montagne-château des dieux»). La solitude éprouvée dans une combe n'est pas sans rapport avec celle du démiurge. Le passage de la vie profane à l'expérience sacrée est souvent favorisé par un élément du lieu : par exemple un étang, «œil de la terre» sans doute, mais aussi

> Miroir terni où le ciel délierait des gerbes de reflets. Miroir au cadre de sable, où la terre (car c'est toujours la terre) se fait incertaine, où elle s'ouvre et se voile.
>
> *PFA*, 91

L'étang-miroir assure le changement de plan ou le passage entre ciel et terre. En tant que miroir, il n'est pas ici la scène de l'illusion, mais le lieu de la levée de l'illusion : *miroir terni, miroir au cadre de sable*, il procède du monde terrestre, dégradé, mais accueille l'éclat fini du ciel pour mieux dévoiler l'inconstance de la vie terrestre et du monde profane. Ainsi, le miroir que les pluies ont déposé au lieu dit de l'Etang se dévoilera seuil ou porte au terme d'un long cheminement de métaphores-métamorphoses :

> Je regarde la terre. Parfois, pour une fleur épanouie dans une certaine lumière, pour un peu d'eau laissée par la pluie dans un champ, on dirait qu'elle s'ouvre et nous dit : «Entre». Le regard voit la frontière, un poste avancé, perdu au fond d'une très haute vallée, sur le seuil d'un Thibet, la terre a l'air de dire : «Passe». Rien d'autre. Rien de plus.
>
> *PFA*, 69

Dans «Oiseaux invisibles», le ciel-miroir, ouvre l'espace et le temps :

> Ciel. Miroir de la perfection. Sur ce miroir, tout au fond, c'est comme si je voyais une porte s'ouvrir. Il était clair, elle est encore plus claire.
>
> Pas de clochers. Mais dans toute l'étendue, l'heure de l'éternité qui bat dans des cages de buée.
>
> Suprême harmonie, justice de l'Illimité.
>
> *PFA*, 79

Ainsi l'espace fini s'ouvre-t-il sur l'illimité pour rendre perceptible l'ordonnancement du cosmos en le condensant, en le réfléchissant.

Mais le centre peut aussi diffuser, rayonner, diffracter. Là où le regard profane ne saisit que des éléments disjoints, un regard attentif saura remonter à l'origine du rayonnement — qui du même coup révélera leur solidarité. Le pouvoir de rayonnement des lieux témoigne de leur consistance, qu'ils tirent de leur relation avec LE Centre. C'est pourquoi ils sont objets de quête, même si l'expérience est souvent intuitive, tâtonnante :

> Ces lieux nous aident, ce n'est pas pour rien que se font de plus en plus nombreux ceux qui les cherchent, souvent sans savoir même pourquoi. Ils n'en peuvent plus d'être étrangers à l'espace. Là seulement ils recommencent à respirer, à croire une vie possible. D'une certaine manière, nous avons bénéficié de leurs dons et nous nous sommes fait une existence moins fausse que beaucoup d'autres. Mais cela comporte un éloignement étrange de toutes les préoccupations actuelles, et plus d'un danger. Reconnaissons toutefois nos privilèges.

S, 102

Tentant d'élucider la figure du lieu comme centre, nous avons vu se profiler des frontières et des portes. Le lieu est ceint de frontières et de portes qui le soustraient au *continuum* horizontal et amorphe du profane ; mais si la délimitation du *templum* de Rome était matérialisée par un sillon creusé dans la terre, les lieux de Jaccottet sont le plus souvent cernés de barrières élevées, aériennes, qui «enlèvent» et portent haut le regard. La limite la plus familière pour l'habitant de Grignan est celle que la crête des montagnes impose au regard : frontière entre terre et ciel, qui délimite le lieu et impose à l'horizontalité de se convertir en verticalité ; elle attire le regard « Là où la terre s'achève/levée au plus près de l'air » (*Po*, 103) ; elle aimante aussi la pensée dans *L'Approche des montagnes* :

> [...] je vois bien qu'en cette ligne qui relie et distingue en même temps le ciel et ces montagnes réside une part de leur pouvoir, et qu'il me faut essayer d'y songer.

PSA, 59

Elle fascine, mais stimule la recherche :
> La parfaite douceur est figurée au loin
> à la limite entre les montagnes et l'air :
>
> distance, longue étincelle
> qui déchire, qui affine

Po, 129

La frontière n'est donc pas un obstacle négatif mais dynamique et positif, qui aide à garder le contact avec le centre ; c'est pourquoi la montagne est « une autre image de la *limite* heureuse, de celle qui n'enferme pas » (*S*, 128).

Une autre figure récurrente de la limite est la barrière végétale qui circonscrit les enclos ou les aires précédemment mentionnés, ou qui ordonne les paysages de la plaine du Pô :

> Grands enclos que leurs hautes barrières d'arbres ne ferment pas, comme il arrive que les mots, au lieu d'obscurcir la page, y aident à s'éveiller, à s'étirer peut-être, lentement, une figure inconnue.
>
> *L*, 53-54

La comparaison annonce le rôle que joue la limite, et qu'explicite la barrière de roseaux dans *Travaux au lieu dit de l'Etang* :

> [...] De même que le vent aboutissait, s'achevait en écume, il me paraît que je dois aboutir, comme à l'essentiel, à cette blancheur au pied d'une mobile barrière de paille [...]
>
> *PFA*, 67

Les métaphores-métamorphoses de cette barrière-herse de roseaux montrent comment l'obstacle suscite un changement de niveau, d'échelle, ou d'orientation :

> Là-bas cette frontière de paille et à son pied : est-ce de la neige, un plumage, de l'écume ? Comme la neige à la cime de la montagne imperceptible, à la crête de l'eau, ce bouillonnement bref...
>
> *Ibid.*

L'obstacle qui s'impose au regard lui impose la conversion de la vue en vision, comme ces quelques arbres, évoqués dans « Même lieu, autre moment » :

> Au milieu du prés, trois mûriers côte à côte sont pareils à des harpes dressées pour les Invisibles, les Absents, et dont la voix aussi se dérobe. Ils sont là groupés telle une haute et fragile barrière ; telles ces choses qui se trouvent sur un passage pour intervenir, pour transformer : barrière, écluse, tamis. Ils filtrent le vent ou le jour [...]
>
> *PFA*, 111

Même quand les seuils sont discrets, pour qui les reconnaît l'expérience du franchissement est un moment crucial, qui engage l'être dans une hiérophanie :

> A mi-hauteur d'une pente assez raide, sous les pins, tout à côté du sentier discret, le terrain se creuse, il s'y forme une espèce de vague tranchée au bout de laquelle se dresse un mur étroit ; c'est de la roche, toute bossuée, mais à peine visible sous la mousse qui la couvre ; c'est comme une ancienne porte, car au pied du mur, il y a une ouverture, une bouche, comme aux fontaines, à ras du sol, où s'entassent les feuilles mortes, où le pied glisse, hésite. Il a fallu des jours de neige drue, suivis de plusieurs semaines de dégel et pluie, pour que la bouche reparle, pour la première fois depuis très longtemps, depuis que je m'arrête sur ce seuil.
>
> [...]

> On est debout à cette porte, appuyé à ses montants de pierre immémoriale, et dont la chute vous briserait. Comme un pèlerin écoutant matines, mais sonner dans un espace inconnu, pour un dieu encore sans nom.
>
> PFA, 37-39

Si la nature a disposé pour qui sait voir des portes et des seuils, l'expérience qu'ils proposent se décline selon des modèles religieux :

> Le Thoronet : ce qui m'a saisi là, ç'a été le moment précis du *passage*, soit du dehors à la nef, soit de la nef au cloître [...]
>
> Le lieu est vraiment un enclos, mais le plus fermé et le plus ouvert à la fois ; suscitant, épanouissant silencieusement le silence, un silence heureux, plein comme un fruit.
>
> Comparer aux temples grecs tels que nous pouvons les voir, où l'air circule, d'où le paysage, le dehors reste visible entre les colonnes.
>
> S, 139-140

Ainsi, comme les colonnes des temples grecs, les arbres et les roseaux peuvent «encager» l'infini pour nous le rendre sensible et permettre de saisir l'articulation et le rythme du couple espace-temps, car «dans ses mille alvéoles, l'espace tient du temps comprimé»[14].

Ainsi, «toute couleur, toute vie/naît d'où le regard s'arrête» (*Po*, 108).

1.3. Dialectique du lieu

La tension entre le visible et l'invisible procède d'une double tension : entre le limité et l'illimité d'une part ; entre l'identité et l'altérité des choses perçues d'autre part.

Si la limite est porte ou seuil, c'est qu'elle ne constitue pas la borne absolue où bute irrémédiablement notre finitude : elle est possibilité d'ouverture sur un invisible ; c'est elle qui contraint à penser l'infini. L'œuvre de Hölderlin offre à Jaccottet le modèle de cette conversion à l'infini :

> Ainsi, dans certaines figures du monde visible, c'était l'Inconnu, l'Invisible, l'Infini, qui venait à sa rencontre : il n'y a pas d'autres mots pour exprimer cela. [...] Tout, chez lui, naît toujours d'une rencontre ou d'un lien avec l'Illimité, qu'il appelle volontiers aussi le Sacré, d'une rencontre, qui n'a pas moins de réalité, malgré son caractère essentiellement énigmatique, que la rencontre d'un être ou d'un arbre.
>
> PFA, 147

La frontière nous aide à concevoir l'illimité au lieu de nous y dissoudre, à penser l'ailleurs en maintenant notre inscription dans l'ici ; c'est pourquoi Jaccottet affectionne les espaces circonscrits :

> Il y a des gens qui ne respirent à leur aise qu'au seuil de l'illimité ; j'aime plutôt cet espace que les montagnes définissent mais n'emprisonnent pas, comme quelqu'un peut

aimer le mur de son jardin, autant parce qu'il suscite l'étrangeté d'un ailleurs que parce qu'il arrête son regard ; quand nous considérons les montagnes, il y a toujours en nous, plus ou moins forte, plus ou moins consciente aussi, l'idée du col, du passage, l'attrait de ce qu'on n'a pas vu...

PSA, 63

La frontière est productive et dynamique tout comme le cadre de la fenêtre de Hölderlin qui convertit la vue en vision :

> [...] le monde après avoir été proche «jusqu'à en souffrir», refluait. Hölderlin le voyait maintenant de sa fenêtre au-dessus du Neckar, toujours le même dans le cycle des saisons, et sa fenêtre était comme un cadre qui empêchait la dispersion du visible, en même temps que la vitre en arrêtait l'invasion ; dans ce cadre, il n'y avait plus de place que pour des *images*.

PFA, 15

La lecture d'Henri Michaux suggère à Jaccottet une réflexion sur la dimension existentielle des limites :

> Maintenir les choses à leur juste place, et que la mort n'empiète pas vainement sur la vie. Nécessité, bienfait des bornes [...].
>
> Que ces limites soient comme les vieux murs de ces champs et de ces forêts : vieilles, humaines, évoquant moins l'arrêt, la fermeture, qu'une espèce de justice et aussi de mise en ordre sans pédantisme, féconde. *Barricades mystérieuses*. Mesure fertile.

S, 106

La saisie simultanée du visible et de l'invisible constitue un défi à relever pour la poésie :

> Il se peut que la beauté naisse quand la limite et l'illimité deviennent visibles en même temps, c'est-à-dire quand on voit des formes en devinant qu'elles ne disent pas tout, qu'elles ne sont pas réduites à elles-mêmes, qu'elles laissent à l'insaisissable sa part. Il n'y a pas de beauté, du moins pour nos yeux, dans l'insaisissable seul, et il n'y en a pas dans les formes sans profondeur, complètement avouées, déployées.

S, 40

Un défi relevé avec jubilation à la fin de *Travaux au lieu dit de L'Etang* :

> *Ah, cours vers cette frontière de paille avec bonheur*
> *inépuisablement vers cette barrière empanachée*
> *brise-toi et fleuris*
> *couronne-toi de neige sur l'obstacle !*
> *[...]*
> *contre ce qui t'arrête*
> *sache fleurir, comme l'eau.*
> *[...]*
> *Mon regard touche à sa limite :*
> *où la course de l'eau dans l'herbe*
> *à des roseaux s'ouvre en écume.*
> *[...]*

Cours, clair regard, à la barrière,
surprends l'écume :
seul fleurit l'inaccessible.

PFA, 68-69 passim

Mais l'obstacle n'est fondateur pour l'esthétique et la production littéraire que parce qu'il a une fonction cognitive et existentielle. Cette solidarité s'exprime dans « Remarques sans fin » où Jaccottet analyse le pouvoir de fascination que peuvent exercer des choses aussi familières en apparence que des arbres au bord d'une rivière :

> [...] parce que j'assistais à la rencontre d'éléments simples, parce que le bois et l'eau me faisaient découvrir ou le vent, ou la lumière, ou tous les deux ensemble, c'est-à-dire que le visible me révélait l'invisible, l'obstacle le mouvement et la direction du mouvement. Là, je découvrais non pas un mirage, reflétant mes profondeurs et les dévoilant, mais un événement tout à fait réel et simple [...] à la portée de n'importe quel regard même distrait. Je crus comprendre alors la nécessité pour nos yeux et non moins pour notre être, âme, cœur, esprit comme on voudra nommer les formes de notre vie intérieure, d'un obstacle et d'une limite, donc aussi bien d'une fin, pour que cet être pût, précisément, briller et même tout bonnement vivre.[...]
>
> J'étais obligé de me dire, toujours avec hâte légère, que c'était de la mort que devaient sourdre toute la beauté de notre vie et vraiment nos joies les plus profondes [...].

PSA, 120-121

Outre qu'il démonte les rouages de la solidarité entre le visible et l'invisible, ce passage rend compte de deux caractéristiques essentielles de l'expérience : le rôle déclencheur des éléments extérieurs dans le processus cognitif, et celui de sa prise en charge par le sujet dans une méditation qui opère la transposition du plan cognitif au plan existentiel.

C'est pourquoi Bonnefoy a pu écrire à propos du jardin de Pierre-Albert Jourdan que « Le lieu est le miroir où la vérité humaine peut apparaître, non déformée »[15].

La tension entre limité et illimité qui s'exerce dans les lieux se double d'une autre forme de tension entre identité et altérité des choses. L'évocation des lieux débouche toujours, in fine, sur autre chose que ce qu'on les croyait être. Ce qui renvoie à la conception de la perception et de sa relation à la connaissance du monde. Il semble que les lieux aient le pouvoir d'ébranler une perception purement matérielle du monde, d'ébranler ce que Husserl nomme « thèse du monde ». La paraphrase métaphorique qu'en donne Ricœur fait d'ailleurs écho à la pensée de Jaccottet :

> On pourrait dire [...] que la thèse du monde c'est la conscience prise dans sa croyance, captive du voir, tissée avec le monde par lequel elle se dépasse.[16]

Notre propos n'est certes pas de transformer Jaccottet en disciple de Husserl : il y aurait quelque difficulté à concilier une pensée du sacré qui reconnaît quelque chose comme une transcendance et la pensée phénoménologique du monde, à moins de considérer qu'en réduisant la thèse du monde, «le sujet qui se cachait à lui-même comme partie du monde se découvre comme fondement du monde»[17]. Il faudrait alors admettre l'équivalence entre les expériences du retour à l'origine vécues dans les lieux et cette saisie de soi comme fondement du monde. Si Jaccottet n'a pas cette certitude, on le voit du moins trouver dans les lieux une plénitude, une sérénité, une «santé cosmique» qui s'en approchent parfois. Par ailleurs, la réduction de la thèse du monde est cohérente avec l'image du paradis dispersé sur la terre : en assignant au poète la tâche de construire la cohésion du monde sans jamais la réaliser de manière stable et accomplie, elle réactive sans cesse la conscience d'être ποιητής, c'est-à-dire créateur.

Nous pouvons reconnaître avec Michel Collot que la philosophie husserlienne de la perception au sens le plus large de «philosophie du voir» éclaire le mode d'appréhension et de compréhension du monde que développe Jaccottet : comment il se place face au monde et pourquoi. Le concept d'horizon joue ici un rôle fondamental.

Husserl appelle «horizon interne»[18] la somme des points de vue possibles capables de confirmer ou de compléter un point de vue effectif. Ainsi, la séquence d'*Et, néanmoins* intitulée «Comme le martin-pêcheur prend feu...» déploie une série d'esquisses de l'oiseau, non seulement dans son milieu, mais aussi selon le sens qu'il prend au fil du temps, dans les souvenirs. Car on voit rarement Jaccottet faire le tour des choses, les circonscrire spatialement pour les tenir dans le champ de sa vision de manière à opérer la sommation des points de vue et des propriétés. Et si l'horizon participe à la connaissance, c'est dans la mesure où il oblige à voir plus loin, plus haut, ou à creuser la surface des choses. En revanche, il multiplie volontiers les points de vue dans le temps, pour saisir un objet, un spectacle, un espace dans les variations de l'heure, des saisons, de la lumière, car «A toutes les heures du jour cela change, et, tournant avec la lumière, je vais ainsi de la richesse au dénuement» (*PSA*, 61) : à un dénuement propice à la connaissance. Si, selon Husserl, la conscience unifie «tous les moments de l'objet qui s'offrent dans la perception» en opérant une synthèse de la multiplicité des esquisses temporelles aussi bien que spatiales de l'objet, cette synthèse est chez Jaccottet élucidation. Creuser la surface des choses, démêler les apparences, sont des expressions qui reviennent souvent, avec des variantes, sous la plume de Jaccottet, comme si la succession des saisies permettait d'accéder à l'être des choses :

> L'hiver ajoure.
>
> La végétation est un filet à mailles de plus en plus grosses, un filtre de plus en plus lâche. «A présent les choses deviennent plus claires», on a moins besoin de cet écran, de cette protection, c'est comme si on montait, le ciel l'emporte en même temps qu'il s'atténue.
>
> *S*, 169-170

Mais au-delà des apparences, la recherche débouche sur la secrète altérité des choses : «le monde n'est pas ce que nous croyons qu'il est» (*PSA*, p. 96); voilà de quoi motiver l'écriture :

> L'air aspire et appelle [...] Comme l'oignon semble fait d'une infinité de pelures enroulées l'une sur l'autre, il est une spirale de transparences, ou encore une enfilade de portes invisibles, l'éternelle invitation au voyage.
>
> *PSA*, 59-60

La limite de l'horizon invite à «creuser les objets»; la «Prose au serpent» où la rêverie conduit de l'espace limité d'une combe à la vision du Paradis témoigne de ce recul des plans, de cette fuite des perpectives, des métamorphoses du lieu :

> Ce passage que d'antiques histoires ont figuré, que d'autres images nées d'un site un peu trop solitaire cernent ici à nouveau et en vain, n'est-ce pas en réalité le point, la borne qui doit marquer la limite de la compréhension, l'obstacle qu'il est ridicule de prétendre lever ou sauter, à moins de sortir de notre nature ? Il n'y a jamais eu ni Jardin, ni Serpent. Mais nous sommes vraiment ici, voyant des choses au travers des autres, des dieux et des morts derrière les vivants, des anges et des flammes au milieu des plantes, tout ce mélange de chair et de fumée est réellement en nous. Il faudrait une bonne fois cesser de dire : «Quel est le chemin du lieu sans tache?» [...] Faut-il briser, chaque fois qu'il se reforme, tout élan vers le Jardin, chasser le plus faible de ses reflets? Plutôt, ceux-ci, les saisir en leur rapide passage, sous toutes leurs formes (variables selon les temps, les lieux, les natures), les maintenir tant bien que mal, aveuglément, n'importe quelle lueur au mur d'une prison étant un bienfait...
>
> *PFA*, 96-97

Quelque chose se dit ici d'une crise de conscience entre un homme habité par une pensée sacrée, qui refuse les modes de pensée profane dominants, et un homme que les procédures rationnelles d'explication du monde stimulent et tiennent en échec. Tout se passe comme si Jaccottet, selon la philosophie de Husserl, avait réussi à s'affranchir de la «thèse du monde», sans se poser comme sujet transcendantal. Ce qui est très sensible chez lui, c'est la conscience d'une intelligence perceptive qui dépasse ce qui lui est donné, mais qui est aussi dépassée par l'excès de ce donné; la conscience d'un «déploiement d'horizon» qui engage dans un questionnement sans fin — ce dont *Travaux au lieu dit de l'Etang* offre le modèle le plus développé.

Il est des circonstances qui favorisent le creusement de l'objet, et l'approche de son altérité : la brume au petit jour qui fait du figuier un « arbre de limbes » (*S*, p. 148), ou la lumière qui fait reculer l'horizon : ainsi la montagne n'est pas le bloc solide qu'on croit, elle est socle des dieux, éther immatériel. Les perspectives s'ouvrent au regard, le « château des dieux » s'allège :

> Notre pays est entouré de remparts, et les voici changés en fumées de bivouac, en toiles transparentes, nous ne sommes plus captifs mais nous restons protégés. Une immense terrasse, et tout autour claquent au vent des toiles blanches, derrière lesquelles attend encore beaucoup d'espace, beaucoup d'air. Nous vivons au milieu de sommeils, des créatures divines, endormies autour de nous, respirent...
>
> Ibid., p. 64-65

Un titre comme *L'Approche des montagnes*, qui joue sur l'ambiguïté, annonce dès les premières lignes le projet qui anime le poète : « C'est encore une énigme à l'horizon paisiblement campée, une merveille qui nous accompagne et semble souhaiter d'être comprise ». Le texte ne se contente pas d'enregistrer des perspectives, comme le souligne Jean-Yves Pouilloux qui commente l'intentionnalité, les modalités, et les enjeux cognitifs de la démarche :

> Les montagnes n'y sont pas prises « comme telles » si l'on peut dire ; elles sont prises comme elles sont pour nous, comme quelque chose dont on s'approche, dont nous nous approchons, mais avec qui nous sommes déjà depuis le commencement [...]
>
> Le secret [...] il me semble que c'est le secret de ce qui est invisible à l'intérieur de ce qui est visible. [...] un autre monde qui est dans le monde de tous les jours [...]. Or ce monde de maintenant que nous ne savons pas voir, c'est avec des mots que Jaccottet essaie de s'en approcher, parce que c'est avec des mots qu'il va pouvoir essayer de se défaire des images qui empêchaient de voir le monde invisible du visible. Comme si l'œil qui regarde d'abord, ne voyait pas, et ne savait pas ce qu'il voyait.[19]

On ne peut qu'être frappé par la ressemblance de ce commentaire avec celui que fait Jaccottet sur *Poésie de la Présence* de Béguin :

> Selon Béguin, le rôle de la poésie est de « *toucher dans le concret à la présence de l'Invisible* ». Aussi écrit-il que, dans la poésie de Scève, « *le monde créé, sans cesser d'être ce monde-ci, livre une part de son secret et laisse transparaître le monde invisible dont il est, non pas le défaut, mais la manifestation* ». On ne voit rien à modifier à une remarque si juste, qui pourrait servir d'épigraphe au livre. Car *Poésie de la Présence*, ici, signifie poésie qui révèle la présence surnaturelle, ou sacrée, au cœur des choses. Telle est la vérité qu'ont enseignée à Albert Béguin les Romantiques allemands, et après eux la plupart des poètes modernes.
>
> EPPJ, 155

Il arrive que les images participent à la connaissance de l'objet en même temps qu'elles font reculer l'insaisissable secret ; ainsi, le secret de la tourterelle que ne peuvent épuiser ni le regard ni le langage, c'est ce mélange de matérialité et d'immatérialité que les mots et les images tentent d'épeler touche par touche :

> Mais déjà l'œil a démêlé que c'est aussi un corps, tiède, vivant, des courbes de laiteuse terre, que c'est une gorge qui respire, une douceur, une langueur plumeuse. On la dirait qui dort, un nuage endormi dans son haleine, nuage, ou plus confusément encore, nue.

PFA, 51

Il arrive aussi qu'un texte s'achève sur des points de suspension, pour témoigner de la part d'irréductible qui réside au fond des choses.

2. LE SECRET DU MONDE

2.1. «Chemin du centre» et horizon externe

> Du plus visible, il faut aller maintenant vers le moins visible, qui est aussi le plus révélateur et le plus vrai.

PFA, 27

La reconnaissance du lieu et l'intuition de l'altérité engagent le poète dans une activité d'approfondissement, de «creusement» pour dépasser les apparences et tenter d'approcher le secret du monde :

> [...] il eût été incompréhensible, la profondeur de ces réactions m'en assurait, qu'elles ne fussent pas liées à une «pensée dont le monde matériel renferme et voile le secret». Ces lieux, ces moments, quelquefois j'ai tenté de les laisser rayonner dans leur puissance immédiate, plus souvent j'ai cru devoir m'enfoncer en eux pour les comprendre; et il me semblait descendre en même temps en moi.

PFA, 125

C'est pourquoi Jaccottet peut se sentir proche de Senancour quand il dit son émotion devant la nature, mais critique à l'égard de Russell quand celui-ci cesse de questionner réellement le monde pour «vol[er] vers un monde "supérieur"» (*PSA*, 40).

> Ce que poursuit Jaccottet, c'est le rêve

> d'un enfoncement du regard dans l'épaisseur de l'incompréhensible et contradictoire réel; d'une observation à la fois acharnée et distraite du monde et jamais, au grand jamais, d'une évasion hors du monde.

Ibid., p. 39

«Bois et blés» en précise les modalités :

> Quelque chose de lointain et de profond passe : comme un travail en plein sommeil. La terre n'est pas un tableau fait de surfaces, de masses, de couleurs; ni un théâtre où les choses auraient été engagées pour figurer une autre vie que la leur. Je surprends un acte, un acte comme l'eau coule. Ou moins encore : une chose qui serait vraiment là;

> peut-être, un acte qui ne serait pas un spectre d'acte : qui ne ressemblerait plus à nos mouvements égarés.
>
> L'ombre, le blé, le champ, et ce qu'il y a sous la terre. Je cherche le chemin du centre où tout s'apaise et s'arrête. Je crois que ces choses qui me touchent en sont plus proches.
>
> *PFA*, 47-48

Ce travail de creusement ne consiste pas à isoler les choses, à se perdre en elles ; il consiste au contraire à percevoir leurs rapports à l'univers, le sens des choses résidant plutôt dans les relations qu'elles entretiennent mutuellement : «Vert, noir, argent... Ces trois couleurs ensemble ici, je ne doute pas qu'elles aient un sens» (*Ibid.*, p. 44).

Il nous conduit à prendre en compte le champ dont elles se détachent mais auquel elles sont liées, autrement dit l'«horizon externe ouvert et infini d'*objets (Objekt) co-donnés*»[20]. Michel Collot en conclut que «Pour voir poétiquement la chose, il faut renoncer à l'isoler des autres, en faire le foyer de tout horizon»[21].

Les réflexions de Jaccottet, tout comme sa pratique littéraire, témoignent de cette attitude face au monde : les poèmes essaient de situer les choses dans l'espace et le temps, et les descriptions se déclinent en plans successifs et évaluent les distances selon des procédures que nous examinerons au chapitre suivant. Par exemple, dans *La Semaison*, celle des fossiles permet à Jaccottet de se démarquer d'une conception scientifique de la connaissance, et de définir la sienne qui, au lieu d'isoler l'objet et de le considérer en soi, s'efforce de le saisir dans son environnement :

> [...] ce serait la recherche d'une totalité qui inclut le temps, la vie, le particulier, le subjectif, alors que le savant classe hors du temps vécu, situe et fixe à l'écart de la vie.
>
> *S*, 141

Plus récemment, à propos du *daucus*, ou carotte sauvage, il propose non seulement de rebaptiser les fleurs, mais de «les détacher des réseaux de la science pour les réinsérer dans le réseau du monde où [s]es yeux les ont vues» (*EN*, 27).

Connaître les choses, c'est donc saisir comment dans un espace et un temps donnés, elles sont solidaires, com-prendre les liens qui les unissent, qui assurent leur cohésion et les font exister :

> C'est juste ce qu'il faut d'or pour attacher le jour à la nuit, cette ombre (ou ici cette lumière) qu'il faut que les choses portent l'une sur l'autre pour tenir toutes ensemble sans déchirure.
>
> *PFA*, 48

On comprend l'admiration jamais démentie de Jaccottet pour la *Cantate à trois voix*, pour la capacité de Claudel à dire si bien comment l'instant tient à l'éternité, l'individu à la totalité « quand la nuit devient diaphane "sans cesser d'être la nuit" et quand les trois femmes s'éprouvent immobiles dans le mouvement du temps, au centre d'une guirlande d'instants » (*EDM*, 18) :

> Saisir les liens qu'il y a, pour notre esprit, notre cœur, entre le mouvement des barques sur un fleuve, l'écho lointain des rires et des airs de musique, la présence du foin parfumé, l'idée de la noce ; faire sentir la lenteur et la longueur du cortège en montrant d'une part la lumière lunaire et de l'autre celle que cachent encore les roseaux : arriver à cela au moyen de quelques mots, c'est se ranger parmi les grands poètes, parmi ceux dont l'autorité et l'originalité ne sont pas discutables.
>
> *TNPD*, 112

La solidarité des choses peut s'exprimer dans la proximité comme dans la discontinuité ; la « sensation d'univers » qui résulte de la juxtaposition des éléments, de leur co-présence, donne l'intuition de la cohésion du monde :

> Une fois remontés vers le sommet du plateau, le vent qui soufflait dans les pins nous sembla venir du bout du monde ; entre leurs troncs parut une combe avec des blés moissonnés et un champ de terre nue, couleur de terre. C'était tout cela qui m'avait saisi, tout cela ensemble, absurdement. Les choses, le monde. Le corps du monde.
>
> *PFA*, 134-135

Mais le plus souvent, nous sommes confrontés à des discontinuités, c'est pourquoi des notions comme *distances*, *intervalles*, sont récurrentes dans l'œuvre de Jaccottet. Tout en témoignant de la structure lacunaire du monde où nous vivons et de notre finitude, elles constituent pour le poète plus encore qu'un défi, un appel à construire une continuité ou une cohésion possible. Ces discontinuités expliquent l'hétérogénéité des pratiques d'écriture de Jaccottet, en même temps qu'elles assignent un rôle aux images, en particulier aux métaphores. Car leur capacité à établir des relations entre objets du monde ou entre plans disjoints leur confère un pouvoir cohésif que nous examinerons au chapitre suivant.

Concevoir le cosmos implique de se confronter à la réalité du monde sensible, et interdit de s'en échapper ; c'est pourquoi dans sa *Rhétorique fabuleuse*, André Dhôtel réussit là où Russell échoue :

> Une autre pensée encore qui me retient est l'hypothèse d'un monde constitué de réseaux hétérogènes peut-être, mais qui interfèrent. Dhôtel avance l'exemple des hirondelles : «*Les hirondelles pour leur départ ont cherché à être prises par une trame inconnue de l'espace, disons par un rêve total surgi d'une ordonnance extérieure et non d'elles-mêmes*»; et l'exemple de l'arc-en-ciel : «*C'est que la pluie ressemble à une trame, mais que l'arc-en-ciel, tout différent de cette trame, vient y former une sorte de tissu d'une nature tout à fait différente. Et la simple image de l'arc-en-ciel devient fabuleuse du seul fait qu'elle nous présente une vision superposée parfaitement expli-*

> *cable mais qui renouvelle toutes choses. Car le monde apparaît alors non plus comme infrangible ou achevé mais parcouru de tissages divers et insoupçonnés qui parfois se manifestent».*
>
> Tout cela me tient merveilleusement compagnie, jusqu'au point où la souffrance se déclare, ravage — et déchire, pour moi du moins, tous ces réseaux — sans pour autant faire apparaître une autre lumière encore.

SS, 67-68

Dhôtel se montre attentif aux ruptures qui délimitent l'espace imparti à l'écrivain et font de l'errance une caractéristique essentielle de la démarche poétique vue comme une espèce de pèlerinage supposant «*une science subtile de l'égarement*», parce que le but est inaccessible.

> Du pèlerin, il dit encore : «*Il lui faut apprendre à vivre dans l'intervalle du savoir et de la vision, et faire les pas précis qui l'emportent vers la vérité*» (*Ibid.*, 65-66).

L'errance se fonde sur le retrait des choses : le monde nous renvoie toujours au-delà des manifestations perçues, et le jeu des portes qui s'ouvrent mais dérobent constamment quelque promesse inaccessible témoigne chez Jaccottet de la conscience d'un mouvement de fuite des objets qui implique une perception en abyme non pas directe, mais médiatisée par les images (ce qui contribuera à leur réhabilitation) :

> Ces portes qui semblent s'ouvrir, les images, etc.
> [...] après déjà beaucoup d'années,
> n'avoir pu constater qu'une chose, toujours la même :
> «comme si une porte s'ouvrait...»
> Ainsi de l'églantier, chaque fois que je l'ai revu, qu'il m'a surpris. Ses branches dessinaient une arche sous laquelle on était tenté de passer, comme pour accéder à un autre espace, tout en sachant bien que, dans un sens, ce n'était pas «vrai».
> Ainsi, ou un peu différemment, l'envol de l'engoulevent entre jour et nuit, entre terre et ciel, tâtonnant, semblait avoir lieu en avant d'autre chose, comme une annonce, chaque fois démentie par les coups du temps.
> Ainsi l'invisible ruisseau sous les buissons abondants, hérissés, impénétrables — sa voix éternelle, insaisie, venue elle aussi comme d'un ailleurs dans l'ici,
> et toute poésie de cet ordre, toute musique, toute peinture,
> convergeant vers le dérobé et le sans nom.

SS, 25-26

Le jeu de portes, infini, semble accréditer l'idée que «la porte, c'est tout un cosmos de l'entr'ouvert»[22]. Faut-il voir dans l'engoulevent qui hante cette béance une autre figure du poète ? Habitant «un autre monde/Peut-être l'intervalle» (*Po*, 145), il symbolise d'autant mieux cette quête sans fin que son nom le voue aux incertitudes.

Le mode de communication entre les choses est difficilement saisissable ; elles communiquent dans la mesure où elles participent à la texture du monde, mais aussi avec le «fond» du monde. Non seulement «par l'horizon l'au-delà s'inscrit dans l'immanence; c'est notre monde qui est à tout moment susceptible de se révéler comme un autre monde»[23], mais le jeu des perspectives introduit dans le champ du visible une «profondeur inépuisable», ce qu'on peut aussi appeler secret ou énigme du monde :

> La vérité sur les énigmes que nous propose le monde extérieur est peut-être que celles qu'on déchiffre s'annihilent, que les indéchiffrables seules peuvent nous nourrir et nous guider. Poésie, nourrissonne et servante des énigmes.
>
> *PSA*, 93

Poésie ininterrompue, car quand bien même des portes s'ouvriraient, des voiles se lèveraient, l'horizon se dérobe au regard comme à la parole :

> [...] Ainsi cette réalité se dérobe-t-elle à moi, ainsi m'appelle-t-elle sans que je parvienne à la rejoindre, ainsi tout est promesse, et ces roseaux ne devraient-t-ils pas être nommés «ailleurs», ou «demain»?
>
> *PFA*, 67

Dans ces conditions, quelle connaissance du monde est possible, et selon quelles modalités s'engager dans une telle entreprise?

2.2. L'impossible inventaire

En 1957, Jaccottet consacre une étude aux visions de George William Russell :

> On peut dire qu'aux yeux du jeune Russell alors, les paysages s'ouvrirent, ou devinrent comme transparents [...].
>
> Il imaginera peu à peu, à travers les mystérieuses affinités de la pensée et des choses, que le monde est continu, qu'il ne peut y avoir aucune rupture absolue, de quelque espèce que ce soit, pour l'esprit, dans la mesure où celui-ci est assez fort et assez pur de toute ambition personnelle; il aboutira très vite à ce pressentiment que l'Age d'Or est encore au monde et que c'est nous qui ne le voyons plus, reprenant ainsi presque littéralement la phrase de Novalis :
>
> > *Le Paradis est dispersé sur toute la terre, c'est pourquoi nous ne le reconnaissons plus. Il faut réunir ses traits épars.*
>
> Si nous attachons quelque importance à des déclarations de cet ordre, si nous leur supposons une part au moins de gravité, il serait inconcevable que nous ne leur accordions pas quelque attention.
>
> *PSA*, 27-28

Certes, l'adhésion aux visions de Russell est tempérée par un examen critique permettant à Jaccottet de préciser sa propre conception de la vision; il n'en reste pas moins vrai que cette référence à Novalis nous semble, comme en sourdine, accompagner toute l'œuvre de Jaccottet. Elle permet du moins de fixer le sens, les enjeux, les difficultés de l'aventure poétique, et son lien avec la connaissance. Cette conception rappelle d'ailleurs celle de Gide dans *Le Traité du Narcisse* :

> Triste race [...]! le souvenir du Paradis perdu viendra désoler tes extases; du Paradis que tu rechercheras partout — dont viendront te reparler des prophètes — et aussi des poètes, que voici, qui recueilleront pieusement les feuillets déchirés du livre immémorial où se lisait la vérité qu'il faut connaître.[24]

La tâche du poète serait-elle d'abord d'identifier et de recenser les l i e u x ? Jaccottet satisfait à la première tâche. Pour *discrets* qu'ils soient, les lieux sont repérables pour qui sait voir et entendre :

> Peut-être même était-ce parce qu'il n'y avait plus en eux de marques évidentes du divin que celui-ci y parlait encore avec tant de persévérance et de pureté... mais sans bruit, sans éclat, sans preuves, comme épars.

PFA, 32

La connaissance du monde passe-t-elle par la sommation des lieux ? De la découverte à l'inventaire des lieux, il y a un pas que Jaccottet se refuse à franchir. D'une part, il dénonce comme illusoire la prétention à embrasser ne serait-ce qu'une partie du monde dans l'espace et le temps — et en cela nous retrouvons les problèmes liés à la structure de notre horizon :

> Mais je ne veux pas dresser le cadastre de ces contrées, ni rédiger leurs annales : le plus souvent, ces entreprises les dénaturent, nous les rendent étrangères; sous prétexte d'en fixer les contours, d'en embrasser la totalité, d'en saisir l'essence, on les prive du mouvement de la vie; oubliant de faire une place à ce qui, en elles, se dérobe, nous les laissons tout entières échapper. J'ai pu seulement marcher et marcher encore, me souvenir, entrevoir, oublier, insister, redécouvrir, me perdre.

Ibid., p. 10

D'autre part, et a fortiori, l'accession au «céleste cadastre» par sommation des lieux relève d'une prétention démesurée en raison de notre finitude. Jaccottet demeure fidèle aux positions énoncées dans *Paysages avec figures absentes* :

> Quant à nous, notre chance aura été de vivre, sinon dans l'harmonie inconcevable aujourd'hui, du moins à proximité de ces foyers épars, nourris non par une lumière égale, constante, universelle, mais par ses reflets intermittents, ou reflets de ses reflets. Par des fragments, des débris d'harmonie.

PFA, 130

Ceci éclaire rétrospectivement la critique des visions de Russell qui, en développant des représentations «surnaturelles», s'égare et se coupe du réel, se privant ainsi de la perception d'un Absolu et d'une Totalité certes perdus, mais que pouvait néanmoins lui ouvrir sa contemplation attentive et profonde du monde :

Serait-ce donc que le monde, tel que nous pouvons le voir, et particulièrement dans la splendeur qu'il revêt parfois à nos yeux, est simplement une émanation, une image affaiblie de l'Absolu ? Autrement dit, que nous allons découvrir dans ses traits si nous sommes suffisamment attentifs et passionnément détachés, **le reflet d'un paradis** ? Alors, purifiant notre regard, nous verrions un monde plus pur ; et purifiant notre langage, nous réussirions peut-être à en donner à d'autres l'avant-goût... Et enfin, atteignant à l'extrême de la pureté, nous pourrions nous défaire de notre corps comme d'un vêtement superflu et passer aisément la mort... Je ne me donnerai pas le ridicule de prétendre que ces propositions soient vraies ou fausses, mais je préférerai, provisoirement, une autre voie.

PSA, 37-38

Pourtant, la pensée de l'unité du cosmos n'est jamais absente de l'œuvre de Jaccottet, ni ce souci de remonter du visible vers des lois. Saisir le vol de la buse en pleine lumière, l'inscrire dans un paysage transfiguré par la lumière et faire de ce vol la sublimation des éléments co-présents, c'est aussi passer du divers à un ordre, mais un ordre qui s'exprime dans les figures du monde sensible :

Tout le paysage est comme du feu attisé par le vent presque frais, un feu qui serait de la lumière, de l'éclat — et, d'une autre façon, de l'eau. Les quatre éléments conjugués, pour ne pas dire confondus dans notre appréhension confuse et profonde. Tout est porté à incandescence par l'air, mais sans qu'on en soit brûlé. Alors on peut penser que l'admirable vol de la buse est une émanation de la terre, des feuilles arrachées à la terre et qui jouent en s'élevant. Leur plumage moucheté, clair, pourquoi si beau ?

Ibid., p. 17

Est-ce à dire que Jaccottet se refuse à concevoir l'intelligibilité du monde ? Des mots comme « harmonie », « cosmos », « ordonnancement », reviennent trop souvent sous sa plume pour qu'on puisse croire qu'il en abandonne l'idée. Et ce serait en contradiction avec sa conception du « lieu ». En fait c'est la méthode ou la visée de Russell qu'il conteste. Il voit dans ses visions une erreur fondée sur l'oubli de notre finitude :

Ainsi pourrait-on être amené à penser que la parole qui cherche à échapper à ce monde ou à le dépasser s'égare et s'altère, en trahissant à la fois le monde où elle aurait dû continuer à jouer puisqu'il est son domaine, et l'Absolu où elle ne peut que s'éteindre. [...]

On voit que c'est vers la terre que je me retourne, que je ne peux pas ne pas me retourner ; mais comment nierais-je cette rage de l'Absolu [...] ?

PSA, 36

La confontation avec les visions de Russell, les interrogations qu'elles suscitent conduisent Jaccottet, par différence, à établir sa position et à formuler sa propre visée :

Je vis que A.E.[25] ne questionnait pas réellement le monde, mais « volait » vers un monde « supérieur » [...] Pour moi, j'avais cru voir le secret dans la terre, les clefs dans l'herbe. Sans doute ce qui nous attend à l'issue ne peut-il être conçu ; mais je me dis

> qu'il fallait avancer dans la direction de cet inconcevable (qui nous fascine comme tout abîme) *à travers l'épaisseur du Visible* [...]
>
> On doit bien voir [...] que je rêverais plutôt d'un enfoncement du regard dans l'épaisseur de l'incompréhensible et contradictoire réel; d'une observation à la fois acharnée et distraite du monde, et jamais, au grand jamais d'une évasion hors du monde.
>
> <div align="right"><i>Ibid.</i>, p. 40 et 38, <i>passim</i></div>

Cependant, même pour un écrivain circonspect, percevoir et dire sans trahison un ordre du monde demeure un défi, comme en témoigne l'anecdote suscitée par le spectacle, en plein soleil, d'un vallon

> – descendant vers Condorcet – qui est d'abord un ravin, sauvage et sombre, puis qui s'ouvre en prairies vertes, en vergers de «belle ordonnance» comme les chênes dans le poème de Hölderlin traduit par Roud, et où brille enfin, plus loin, une étroite rivière. L'un de nous s'exclame que c'est «comme le paradis»; ce n'est heureusement pas moi, trop coutumier de ces excès pour ne pas m'en méfier le premier; mais tout de même, cela doit bien avoir un petit commencement de sens! [...]
>
> Il me semble qu'aucun alchimiste ne produira jamais un plus bel or que celui dont ce lieu et ce moment apparaissent ailés plutôt qu'imprégnés. C'est comme une transfiguration où rien de la figure matérielle ne serait perdu puisque tout ce que nous voyons s'ouvrir ainsi devant nous continue à porter le nom d'arbre, de bois, de terre, d'herbe et d'eau, et aucun autre.
>
> <div align="right"><i>SS</i>, 220-221</div>

Ainsi s'esquisse l'une des opérations d'approche du monde, le «creusement» du réel, et se modifie le sens de l'opération consistant à réunir les traits épars du paradis. Faute de pouvoir procéder par sommation, à partir de l'inventaire des lieux, il faudra inventer le monde, réinventer l'harmonie du Paradis, en creusant et en mesurant le réel. Car pour Jaccottet comme pour Gide

> Le Paradis est toujours à refaire; il n'est point en quelque lointaine Thulé. Il demeure sous l'apparence. Chaque chose détient, virtuelle, l'intime harmonie de son être, comme chaque sel en lui, l'archétype de son cristal [...][26]

Au Poète comme au Savant, il incombe de chercher les lois selon une approche qui leur est spécifique : le savant par «induction lente et peureuse à travers d'innombrables exemples», et le poète par intuition immédiate»[27]. Ce qui rapproche Jaccottet de Gide, c'est la pensée d'une vision-compréhension obscurcie par la chute et la mission pour le poète d'aller au-delà des apparences pour retrouver et manifester l'ordre des choses, ou quelque chose de cet ordre. Mais la manière dont Jaccottet manifeste sa différence par rapport à Russell qui ne voit le beau et le vrai que dans la transfiguration d'un ici en un ailleurs, indique aussi ce qui le sépare de Gide :

> Car cette splendeur semble avoir sa source dans la mort, non dans l'éternel; cette beauté paraît dans le mouvant, l'éphémère, le fragile; finalement l'extrême beauté luirait peut-être dans l'extrême contradiction; dans la contradiction portée jusqu'à

l'énigme et jusqu'à une énigme qui, à la réflexion doit nous sembler aussi une folie : ailes de papillon, graines, regards...

PSA, 38

Ce que voit Jaccottet dans les choses ne prétend pas à la complétude absolue de l'archétype de Gide : ce ne sont qu'«entrevisions» partielles, esquisses, «manière d'orientation» ou «ouverture d'une *perspective*» (*PFA*, 66) dont rien ne peut garantir qu'elles permettent de saisir l'ordre du monde; en outre, *La Promenade sous les arbres* invalide toute tentative de compréhension qui exposerait le monde sensible à l'abolition et la résolution dans l'abstraction de l'archétype. Sa recherche le tourne moins du côté des lois abstraites et générales que du côté du menu, du ténu.

Si le lieu est défini par Jaccottet comme «une sorte de centre mis en relation avec un ensemble», on comprend que refaire le Paradis, retrouver l'ordre des choses, n'implique pas une déprise du réel au profit d'une architecture supérieure, mais cet «enfoncement» dans les choses qui, indiquant des orientations, permettra de penser le cosmos, de penser une possible continuité du discontinu et du mouvant offerts à la perception ; le rayonnement du noyau s'inverse, comme pour indiquer le chemin du centre :

> Ainsi, sans que je l'eusse voulu ni cherché, c'était bien une patrie que je retrouvais par moments, et peut-être la plus légitime : un lieu qui m'ouvrait la magique profondeur du Temps. Et si j'avais pensé au mot «paradis», c'était aussi, probablement, parce que je respirais mieux sous ce ciel, comme quelqu'un qui retrouve la terre natale. Quand on quitte la périphérie pour se rapprocher du centre, on se sent plus calme, plus assuré, moins inquiet de disparaître, ou de vivre en vain. Ces «ouvertures» proposées au regard intérieur apparaissaient ainsi convergentes, tels les rayons d'une sphère ; elles désignaient par intermittences, mais avec obstination, un noyau comme immobile. Se tourner vers cela, ce devait être appréhender l'immémoriale haleine divine (en-dehors de toute référence à une morale ou à une religion); et, du même coup, être fidèle à la poésie qui semble en être une des émanations.

PFA, 30-31

La poésie devra restituer le pouvoir d'irradier caché au cœur de toute chose : même les objets les plus ténus ont vocation à témoigner d'une secrète architecture. Ainsi le centranthe est-il un «centre» : objet régi par une structure, et figure emblématique d'une finitude qui s'affiche et se dépasse :

> «Vieillesse de la fleur». Quand la plante dite centranthe (ou valériane rouge, et ici lilas d'Espagne) se fane, on voit le bâti léger qui la portait ; des fleurs flétries, minces bâtonnets mauves, ou gris, sont encore accrochées çà et là. Partout, cependant, s'ouvrent de petites roues de plumes ; leur extrémité enroulée par le bas peu à peu se relève et se déploie. On voit alors une sorte d'arbre porteur de roues ou d'étoiles emplumées, prêtes à s'envoler ailleurs, à essaimer, presque argentées, parfaites dans leur gracilité, plus belles même que les fleurs. Légèreté de l'avenir. Laisser tomber ainsi tout éclat,

toute couleur rose, pour faire place à ce filigrane. Choses à peine attachées à la tige, absolument sans poids, sans ombre, ou peu s'en faut, très léger plumage fertile.
Le centranthe brûle un instant puis éparpille ses fertiles cendres argentées.

S, 129

L'écriture même dit la tension du regard, l'obstination à épouser le dépouillement de la fleur jusqu'à la révélation de sa secrète organisation (*filigrane, roues de plumes*) de sa solidarité avec les oiseaux (*plumes, plumage*), de son statut de microcosme capable de révéler le macrocosme et de rivaliser avec lui (*étoiles emplumées*); et finalement, du paradoxe de cette force dans la fragilité, le renoncement, la finitude : puisque le texte qui s'ouvre sur une fin (*vieillesse de la fleur* qui *se fane*; *fleur flétrie*; perte de la couleur et de la matière) se clôt sur l'ouverture, la dissémination, l'expansion, l'avenir : graines *prêtes à s'envoler ailleurs, à essaimer [...], plumage fertile*; fleur prête à éparpiller *ses fertiles cendres argentées*. Beauté du fragile, image même de la beauté du monde, ces graines *parfaites dans leur gracilité, plus même que les fleurs* : « Si les fleurs n'étaient que belles... » Mais c'est dans l'intime et l'infime que gît le principe indestructible du Phénix.

Le creusement du réel nécessite un travail de mesure et de mise en relation. Armé du « roseau qui mesure » le poète tentera patiemment de retrouver dans un mouvement inverse les mesures et les structures originelles inscrites sur la terre et dans le ciel par les oiseaux et les gazelles lors de la création du monde :

> Déchirure sur déchirure. Comme d'une infime graine tombée en terre sort une tige, et de celle-ci des branches, et de chaque branche des feuilles, de la première énorme distance naissaient mille distances de plus en plus courtes et subtiles, chaque pôle se formant aux extrémités de chaque intervalle comme un fruit. Des gazelles couraient pour mesurer les sables, des oiseaux arpentaient l'air. Ils ne prenaient pas seulement mesure des distances naissantes, ils essayaient de lier les points de l'espace sans cesse croissant comme on lie une gerbe, de surmonter des gouffres, pareils en cela aux futurs navigateurs sur leurs barques ou dans leurs fusées.

PFA, 93-94

C'est cette vision de création du monde que le poète tente de capter et de faire renaître à partir de fragments épars, ou d'échos diffusés dans l'intervalle :

> Tu perçois les lieux, les intervalles. Autrefois déjà tu as pressenti ce rapport, cette figure. Il y a une constellation en plein jour, dans l'ouïe ! il y a de l'eau qui sourd là, et là, et là ! il y a de petits ouvriers emplumés qui arpentent, immobiles, l'immense, qui ne sont plus que sonores instruments de mesure, diapasons invisibles, lyre du céleste cadastre...

PFA, 77

De même que l'obstacle et la limite sont productifs, distances et lacunes ne sont pas perçues de manière négative : c'est même dans leur perception et l'évaluation de leurs rapports que peut se déployer l'imaginaire poétique, pour hasarder l'esquisse d'un tout harmonieux à manifester dans et par l'écriture :

> [...] c'est une chose, surtout, qui rend sensible une distance, qui jalonne l'étendue ; et il apparaît que cette distance, loin d'être cruelle, exalte et comble. Tantôt cela se produit en plusieurs points à la fois, évoquant un réseau dans lequel on se réjouirait d'être pris, ou de grêles mâts soutenant, chacun la soulevant un peu à sa pointe, la tente de l'air (massif de légères montagnes) ; ou encore un groupe de jets d'eau, colonnes transparentes d'une ruine sans autre toit que le ciel infini ; tantôt successivement, à intervalles inégaux rétablissant aussitôt le silence jusqu'au fond du monde, comme une série de fenêtres ouvertes l'une après l'autre sur le matin dans la grande maison de famille...
>
> *PFA*, 74

Le regard sur le discontinu, l'écoute des échos pour évaluer des distances, prendre des mesures comme l'architecte, permettront au poète d'inventer le monde, de refaire le Paradis, ou de de retrouver le nombre du *templum* — non seulement la forme et les proportions, mais peut-être aussi sa mélodie et son harmonie grâce au «roseau» : «Murmurante plutôt qu'éclatante, une harmonie se laisse percevoir [...] derrière les grands monuments des civilisations, cet ordre général transparaît» (*PFA*, 129). Un peintre comme Poussin a su saisir et rendre l'ordre du monde, la justesse du «nombre», la coexistence du visible et de l'invisible, la continuité ou l'accord des règnes. La tâche du poète est semblable : il s'agit non seulement de percevoir et de rassembler les signes de cet ordre, mais de les rendre lisibles :

> J'ai accueilli à la fois tous ces signes, et c'est seulement si j'avais su les choisir et les ordonner qu'ils auraient pu parler aussi à d'autres, en étant lus par eux.
>
> *PFA*, 136

«Accueillir», «choisir», «ordonner», résument les activités fondamentales du poète qui vit pour recréer l'ordre du monde, pour le manifester — et manifester bien, c'est manifester juste : choix des mots, travail de l'image, rythmes et silences, gestion des blancs, passage de la prose à la poésie, tout est soumis à cette exigence de juste manifestation.

3. L'AJOINTEMENT DU MOI AU MONDE

Avant d'examiner comment l'écriture rend compte de la texture du monde et en fait percevoir l'ordonnancement, nous établirons quel type de configuration règle le jeu entre émotion, connaissance et écriture, car si «notre œil trouve dans le monde sa raison d'être et notre esprit s'éclaire en se mesurant avec lui» (*PSA*, 80), Jaccottet ne se voit pas «penché sur sol comme l'entomologiste ou le géologue» (*PFA*, 10-11) et réaffirme constamment le rôle de l'émotion dans l'intuition cognitive. La «sensation d'univers» telle que la définit Valéry constitue bien une donnée fondamentale de son expérience. Par ailleurs, ce que suggère la phrase de *La Promenade sous les arbres*, c'est non seulement la nature indissoluble du lien entre connaissance du monde et connaissance de soi, mais sa nature éminemment dialectique dans la mesure où l'approfondissement sera non seulement réciproque, mais aussi infini, en raison même du retrait constant de notre horizon.

3.1. La sensation d'univers et ses enjeux

En 1927, dans ses *Propos de la poésie*, alors qu'il s'efforce de démêler l'ambiguïté du mot «poésie», de différencier l'émotion poétique du travail poétique, Valéry reconnaît le rôle de la première, et pour tenter d'établir ce qui la distingue des autres émotions humaines, introduit le concept de *sensation d'univers* :

> J'ai dit : *sensation d'univers*. J'ai voulu dire que l'état ou émotion poétique me semble consister dans une perception naissante, dans une tendance à percevoir un *monde* ou système complet de rapports, dans lequel les êtres, les choses, les événements et les actes [...] sont [...] dans une relation indéfinissable, mais merveilleusement juste, avec les modes et les lois de notre sensibilité générale. Alors, ces objets et ces êtres connus changent en quelque sorte de valeur. Ils s'appellent les uns les autres, ils s'associent tout autrement que dans les conditions ordinaires. Ils se trouvent — permettez-moi cette expression — *musicalisés*, devenus commensurables, résonants l'un par l'autre.[28]

Or, Jaccottet a souvent évoqué ses «rencontres» avec le monde comme autant de chocs émotionnels qui présentent les caractéristiques et comportent les enjeux de la sensation d'univers : émotion, intuition d'un ordre régi par une mesure, résonance harmonique entre le moi et le monde. On ne peut qu'être frappé non seulement par la manière dont peuvent se superposer les concepts et les champs lexicaux de l'émotion, du réel, de la relation, de la mesure, mais aussi par la référence commune à la musique, comme métaphore de l'harmonie, récurrente dans l'œuvre de Jaccottet comme modèle de l'expérience poétique.

Par ailleurs, quand Jaccottet évoque les paysages électifs, c'est toujours à travers une perception subjective :

> Je n'ai presque jamais cessé depuis des années, de revenir à ces paysages qui sont aussi mon séjour. [... Ces textes] ne parlent jamais que du réel (même si ce n'en est qu'un fragment), de ce que tout homme aussi bien peut saisir (jusque dans les villes, au détour d'une rue, au-dessus d'un toit).

PFA, 9

Mais pas plus pour Jaccottet que pour Valéry, la subjectivité de l'expérience ou la familiarité des circonstances n'autorisent à réduire l'émotion poétique aux données de toute émotion humaine. A l'occasion des remerciements pour le prix Rambert, Jaccottet en dit la singularité, et surtout la force :

> Simplement, j'étais dans la campagne, avec le genre de soucis et le genre de bonheurs qu'ont les hommes, ni plus ni moins, et ce sentiment d'un désastre commencé (seulement commencé). Et tout à coup, une émotion m'arrêtait; cette même émotion que donne toujours l'ouverture sur les profondeurs, et que rien d'autre ne donne; je m'étonnais; je voyais la lumière sur le bois des arbres de mars; ou la rivière briller entre les feuilles (merveille que je me souvenais avoir toujours surprise avec délices); ou des feux dans les verdures très sombres de l'hiver. Somme toute, presque rien : lueurs, vols d'oiseaux, regards, paroles égarées dans l'air. Véritablement, de ces choses dont je sais aussi pertinemment que quiconque combien elles sont légères, insaisissables, inutiles... Eh bien ! j'étais arrêté pourtant, comme par la mort, aussi brutalement que par du sang dégouttant d'un corps, ou par le désir de l'amie nocturne; j'étais arrêté, le dirais-je ? un peu comme si j'avais vu briller dans l'herbe les clefs de notre vie...

TS, 293

Pour que cette expérience engage sur la voie de la poésie, il faut à proprement parler qu'elle soit é-motion, c'est-à-dire que la rencontre avec le réel produise un choc et ébranle assez profondément le sujet pour le mettre en mouvement. C'est précisément ce que Jaccottet reconnaît dans l'expérience relatée par Russell, et qui motive son intérêt pour *Le Flambeau de la vision*, malgré les réserves qu'il émettra quant à la nature des images qui s'y déploient :

> Je crois donc pouvoir avouer sans excès de prétention que je me trouvais aux premières pages du *Flambeau de la Vision*, devant l'expérience aboutie de quelque chose que j'avais éprouvé, examiné et essayé de traduire à ma façon, sans y réussir jamais tout à fait. Je n'avais pas désiré autre chose, en effet, qu'évaluer le degré de réalité de mes pressentiments en cherchant le sens, incapable que j'étais de me contenter de l'émotion pure, irréfléchie et peut-être inféconde. Je comprenais, comme A.E. l'avait fait, le caractère contradictoire de ces pressentiments : impressions fugaces, par la plupart des hommes jugées frivoles et sans valeur, et auxquelles l'intensité de l'expérience vécue exigeait pourtant que l'on accordât *plus de prix* qu'aux événements les plus visibles et les plus massifs de la vie quotidienne ou de l'histoire. Je me trouvais ainsi embarqué, moi sans courage, dans une aventure où il s'agissait vraiment de confier toute sa vie à des lueurs peu sûres, à des voix sourdes et intermittentes, presque à l'invisible...

PSA, 25-26

La disproportion mentionnée entre d'une part l'impression évaluée à l'aune commune et d'autre part la (dé)mesure et les enjeux de l'engagement, témoigne de la force d'une expérience souvent évoquée comme un choc, un étonnement, ou un rapt.

Nombreux sont les textes qui en portent la trace, ou dont la formulation en constitue l'incipit : nomination de l'énigme à percer, comme *L'Approche des montagnes*, interrogation initiale, ou description circonstanciée qui prépare au choc :

> *30 août 1956... Cette nuit, vers les trois heures du matin, je me suis levé brusquement parce qu'une clarté assez vive avait atteint le lit ; c'était une fois de plus la lune, mais un simple croissant parmi des constellations différentes à cause de l'heure ; il faisait froid, il me semblait n'avoir jamais vu Orion si clair, si proche, le silence était absolu, au point que je n'entendis pas un bruit, ni de vent, ni d'oiseau, ni de voiture pendant peut-être une demi-heure. L'effroi me prit, et toutes sortes de pensées se bousculèrent en moi.*
>
> *PSA*, 136

Entrer dans la voie de la connaissance par l'émotion suppose une double ouverture : ouverture au monde, et ouverture à soi, disponibilité au monde et écoute de la résonance que produit en soi le monde qui apparaît alors comme une sorte de prolongement du sujet :

> Est-ce que nous ne tirons du monde que l'écho de nos désirs ? Au moins servirait-il alors à nous les faire apparaître ; et que la lune finalement, comme le veulent les Japonais, que cette nuit tout entière fût simplement un miroir, cela même ne serait pas si faux... Sombre miroir où paraissaient de loin en loin, parfois masqués un instant par un souffle de dormeur, des yeux très attentifs et très brillants, ou était-ce des lampes en divers points de l'espace continuant à brûler près d'amours inoubliables, de larmes lentes à couler, de pensées obstinées ? D'un de ces regards à l'autre, d'une de ces lueurs à la prochaine étaient des distances tendues comme des fils invisibles, distances qu'il fallait franchir, chemins sombres qu'il fallait prendre une bonne fois pour que toute l'image reflétée dans le miroir eût un sens ; lequel sens durerait peut-être même quand le miroir, à l'aube, serait brisé par l'irruption d'un nouveau jour.
>
> *PSA*, 81

Au-delà ce cet exemple qui représente la lune comme un miroir où le sujet peut fixer un instant sa quête d'unité, le monde lui-même apparaît comme une objectivation visible du moi, miroir où se projetterait la structure intime du sujet et peut-être quelque chose de sa vérité :

> Que se passe t-il sous les chênes ? Que se passe dans l'épaisseur de l'herbe, derrière les saules, dites-le ! Sombres, sombres verts étendus jusqu'au pied des obscures montagnes portant à leur cime les feux qui précèdent et annoncent l'entrée dans la nuit, c'est votre profondeur que je vais interroger longtemps encore, comme si elle n'était pas seulement profondeur matérielle, profondeur de couleur, mais intimité de l'âme, en vérité je ne sais quoi, les moyens me manquent pour m'en expliquer [...]
>
> *PSA*, 55-56

Interroger son émotion devant le monde, c'est de fait s'interroger soi-même : selon un mouvement d'approfondissement conjoint ou réciproque. Outre la plénitude existentielle qu'ils procurent, les lieux proposent cette expérience à vivre :

> *Si les fleurs n'étaient que belles sous nos yeux, elles séduiraient encore ; mais quelquefois leur parfum entraîne, comme une heureuse condition de l'existence, comme un appel subit, un retour à la vie plus intime. [...]* (Senancour, *Oberman*, fragment sans date tiré du supplément de 1883) [...]
>
> Mon émotion, mon bonheur, l'éveil de mon attention, mon «retour à une vie plus intime», en particulier à certains moments et dans certains lieux, il était impossible, il eût été incompréhensible, la profondeur de ces réactions m'en assurait, qu'elles ne fussent pas liées à une «pensée dont le monde matériel renferme et voile le secret». Ces lieux, ces moments, quelquefois j'ai tenté de les laisser rayonner dans leur puissance immédiate, plus souvent j'ai cru devoir m'enfoncer en eux pour les comprendre ; il me semblait descendre en même temps en moi. Peut-être en viendrais-je à reconnaître que c'est là le seul langage, avec celui des poètes qui le parlent auquel spontanément j'aie ajouté foi.
>
> *PFA*, 123-125

Mais, plus encore que la connaissance individualisée des choses ou de soi, ce qui importe à Jaccottet, c'est de «dire la vérité, non pas sur le monde ni sur [lui], mais peut-être sur [leurs] rapports» (*PSA*, 66). Paraphrasant Freud, on pourrait dire que l'émotion est la voie royale de cette connaissance, dans la mesure où elle n'existe que dans la relation et la «résonance»; la prise en compte de l'horizon externe des objets constitue une modalité essentielle qui, une fois fixée dans la description, formera une base de connaissance ; au plan de la recherche et de l'expression, plusieurs procédés aident à progresser dans la découverte des choses et à en dire les relations ou l'altérité : les images — et surtout la métaphore — mais aussi les rythmes, les blancs, les effets phoniques...

> Il est probable que de grandes émotions nous font pressentir nos liens avec le monde extérieur, nous suggèrent une vérité cachée et nous font retrouver des images très anciennes qui semblent déposées à une certaine profondeur de la mémoire humaine. Peut-être ces espèces de révélations nous sont-elles accordées parce que nous sommes détachés de nous-mêmes et plus ouverts aux leçons du dehors. C'est alors à nos yeux émerveillés comme si le monde apparaissait autour de nous éclairé de telle façon que nous découvrions les fils qui relient les êtres aux choses, comme la vision d'une œuvre musicale qui se serait immobilisée devant nous avec tous ses rapports, ses silences et ses accents.
>
> *PSA*, 115-116

Si les enjeux de la sensation d'univers sont cognitifs, créatifs et littéraires, ils sont également existentiels : les lieux sont capables d'ébranler l'homme dans la mesure où l'harmonie qui y règne est harmonie pour lui, et de ce fait confère le bien-être et donne sens à sa vie. C'est pourquoi «il est des lieux où marcher vous rend meilleur, même si ce n'est pas pour longtemps» (*SS*, 218). Le poète y connaît ce que Bachelard nomme «santé cosmique» : «Un bien-être diffus sort du rêve. Diffus-diffusant, suivant la règle onirique du passage du participe passé au participe présent. Le bien-être diffusant transforme le monde en *milieu*»²⁹. Chez Jaccottet, nous serions tentée de renverser la proposition et de dire qu'un bien-être diffus émane des lieux ; que les lieux, diffusant la tranquillité dans le corps du poète, l'entraînent dans la rêverie cosmique telle que la définit Bachelard :

> la rêverie cosmique nous fait vivre un état qu'il faut bien désigner comme anté-perceptif. La communication du rêveur et de son monde est, dans la rêverie de solitude, toute proche, elle n'a pas de «distance», pas cette distance qui marque le *monde perçu*, le monde fragmenté des perceptions.³⁰

C'est cette dimension existentielle et «régressive» que Jaccottet reconnaît chez un écrivain comme Pierre-Albert Jourdan dont le jardin constitue le lieu d'élection. Il interroge une expérience dont il se sent proche, et ce que disent les livres des Jourdan, c'est l'exploration de l'instant où s'abolit la distance, figuré par l'entrée dans le jardin :

> Dans ce jardin on voudrait entrer, on ne peut entrer, le juste rapport avec lui est paradoxal : «Les lointains me disent : "Reste, nous sommes plus proches de toi ainsi..."»
>
> *TS*, 283

Cette expérience rassemble les caractéristiques du «rêveur de monde» qui se constitue «auteur de sa solitude», en se détachant du souci de soi et des autres pour contempler le monde :

> il sent, ce rêveur, un être qui s'ouvre en lui. Soudain un tel rêveur est rêveur de monde. Il s'ouvre au monde et le monde s'ouvre à lui.³¹

Mais chez Jaccottet, ce lien vital avec le réel est de plus en plus menacé ; il devient difficile, voire illusoire de s'en nourrir dans une civilisation factice, qui confond artifices et réalités ; notre historicité rend précaires ces moments de relation authentique au monde qui font le sens de la vie, menaçant du même coup la création poétique et les conditions de réception de l'œuvre — sa capacité à faire sens pour les lecteurs :

> Il nous arrive souvent aussi de penser que, dans un monde ordonné tout entier comme ces lieux, non seulement nous aurions accepté, l'eût-il fallu, de nous risquer, de succomber, mais que ce sacrifice, dans ce monde-là, ne nous eût pas paru tel. Derrière les grands moments de civilisation, cet ordre général transparaît. Or la vie, la création deviennent d'autant plus difficiles que cet ordre s'affaiblit davantage. Quand le centre s'éparpille, se dérobe ou s'efface, une tension se produit chez les meilleurs, et les plus grandes œuvres, jetées dans le tumulte ou le vide, prennent quelque chose de grimaçant, d'atroce ou simplement d'excessif. Les monstres surgissent aux confins, jamais au centre.
>
> *PFA*, 129

La sensation d'univers et la recherche des lieux qui la rendent perceptible, engagent donc l'être dans une quête dont les enjeux cognitifs existentiels et créatifs forment un tout indissociable. En outre, ce rêve d'un retour à la plénitude originelle se fonde sur le sentiment d'un manque à combler qui lui confère évidemment une dimension psychique :

> En fait, de toutes mes incertitudes, la moindre (la moins éloignée d'un commencement de foi) est celle que m'a donnée l'expérience poétique ; c'est la pensée qu'*il y a de l'inconnu*, de l'insaisissable, à la source, au foyer même de notre être. Mais je ne puis attribuer à cet inconnu, à *cela*, aucun des noms dont l'histoire l'a nommé tour à tour.
>
> PFA, 179

Ceci confirme qu'à l'ajointement du moi au monde, il y a un double secret qui se dérobe et maintient une frustration assez dynamique pour engager le sujet dans la quête de l'unité perdue dont l'objectif serait la restauration du manque : quête d'un paradis, quête d'une harmonie. Mais cette part d'inconnu oblige chacun à refaire le chemin, à s'interroger et à sortir de soi-même : pulsion pour la vie comme pour l'écriture. *Paysages avec figures absentes* dit ce manque à combler dans le monde et dans l'homme qui a perdu sa perfection originelle :

> Mais, qu'est-ce que je cherche à comprendre ? La jeunesse bel et bien perdue, des corps sans défaut se glissent à la moindre occasion dans mes paysages, comme à l'enfant qui feuilletait les dictionnaires s'offraient toujours les mêmes troublantes peintures. Et pourquoi pas ? Pourront-elles jamais cesser d'aimanter nos regards, elles, les fraîches, les décevantes, les douces, nos bergères, ces lueurs ou ces clés qui tournent dans l'obscurité, qui ouvrent le monde, en déplacent les murs, elles justement qui semblent les habitantes du Jardin, qui les recréent un instant autour de nous [...].
>
> Faut-il briser, chaque fois qu'il se reforme, tout élan vers le Jardin, chasser le plus faible de ses reflets ?
>
> PFA, 95-97, *passim*

Cette part d'inconnaissable « au foyer même de notre être », cet innommable que Jaccottet ne peut désigner que par des tournures neutres, indéfinies, abstraites, le double secret du monde barré par l'horizon qui recule à l'infini, et du moi tendu vers la restauration de son unité perdue, n'est pas sans évoquer l'objet *a* de Lacan. Mais l'image du « corps du monde » nous renvoie aussi à la conception de Merleau-Ponty[32] selon laquelle la « chair du monde » et la « chair du corps » sont faits de la même étoffe élémentaire, ce qui détermine non seulement les rapports de l'homme au monde, mais un mode de connaissance spéculaire, de nature narcissique. Cette métaphore suggère que la quête du secret et le rapport au monde sont de nature désirante comme le montre d'ailleurs le paragraphe qui clôt *L'approche des montagnes*. Jaccottet s'y exprime en des termes qui ne peuvent que confirmer l'idée de Bachelard pour qui la rêverie est du « domaine de l'amour écrit »[33].

> Pour un temps, mon amour, si j'ose vous appeler encore ainsi puisque je ne vous traite pas toujours avec la douceur de l'amour, restez ainsi couchée ; l'homme le plus démuni, même s'il ne peut pas s'exprimer, même dans la poussière et les haillons, a connu le secret de ces pentes, l'attrait de ces vallées qu'éclaire la nuit, de toute cette masse écroulée, abandonnée, bienheureuse d'être écroulée ; et voici maintenant la pluie

> qui commence à tomber dans l'herbe, sous les arbres, une buée qui brouille le regard, une chaleur de lessiverie dans les replis des montagnes.
>
> PSA, 66-67

Regard du désir, langage du désir : le «corps du monde» se fait corps de femme.

3.2. De la sensation d'univers à l'écriture

L'écriture poétique, qui répond à un appel émanant de la profondeur du monde, s'articule donc à un double manque et progresse selon une dynamique générée par un double mouvement de projection vers l'extérieur et de retour à soi. C'est pourquoi on peut considérer l'expérience poétique de Jaccottet comme

> l'aventure d'un sujet engagé tout entier dans une traversée du monde et du langage [... où le] moi tend à devenir un je — un être défini par la parole qu'il profère et le mouvement extatique qui le porte à la rencontre des autres et des choses, à la rencontre de sa propre et plus intime altérité, de son inconscient. L'ex-périence poétique dans ce qu'elle a de plus spécifique, est sortie de soi.[34]

La Promenade sous les arbres aborde le double versant de cette expérience. D'une part, il y a transformation du sujet que l'émotion poétique invite à se détacher d'un mode de vie inconsistant :

> Presque toute notre vie est insensée, presque toute elle n'est qu'agitation et sueur de fantôme. S'il n'y avait ce «presque» avec ce qu'il signifie, nous pourrions aussi bien nous avilir ou nous désespérer.
>
> PSA, 95

Mais il y a ce «presque» qui contraint à s'arrêter pour

> écouter parler en moi une voix sourde, qui n'est pas celle de tous les jours, qui est plus embarrassée, plus hésitante et cependant plus forte.
>
> Ibid., 96

Ecouter, mais aussi «corriger et [...] nourrir ce langage spectral», c'est donc s'engager dans un processus de transformation :

> De nouveau, ce mystère nourricier, ce mystère réjouissant me poussait comme d'une poigne très vigoureuse vers la poésie; plus il semblait se dérober à l'expression, plus je ressentais le besoin de l'exprimer quand même, comme si le travail que j'aurais à faire sur les mots pour y parvenir allait m'aider à l'approcher, c'est-à-dire, aussi bien, à être de plus en plus réel... Je savais, d'autre part, que la poésie des autres m'avait toujours donné ce sentiment d'une plus grande réalité, de sorte que la mienne propre si je «réussissais», pourrait le communiquer à son tour à d'autres personnes et contribuer ainsi, dans une faible mesure, à une certaine sorte supérieure de bonheur.
>
> PSA, 19

Dans le même temps, abandonner la voix spectrale, c'est arracher le réel à l'inconsistance :

> Si je comprends bien, elle dit que le monde n'est pas ce que nous croyons qu'il est. [...] cette voix-ci, avec son incertitude, qui s'élève sans que rien l'étaie de l'extérieur et s'aventure sans prudence hors de notre bouche, on dirait qu'elle est moins mensongère, bien qu'elle puisse tromper davantage ; on dirait surtout qu' elle ranime le monde, qu'à travers elle il reprend de la consistance.
>
> *PSA*, 96-97

C'est dans la mesure où il est happé par — ou porté vers — le secret du monde, confronté à sa résistance, que le moi inconsistant se constitue pleinement comme sujet d'une parole digne d'être proférée, et qui lui confère ce supplément d'être capable de le faire accéder à la réalité (la sienne et celle du monde). L'accession à cette «réalité» se fait à travers une expérience complexe qui comporterait, selon Collot,

> trois moments essentiels que nous nommerons respectivement *appel*, *attente*, *errance*. Appel du monde énigmatique, attente des mots encore inédits, errance de l'écriture entre les lignes du poème et celles du paysage.[35]

Mais chez Jaccottet, ces moments ne constituent pas une séquence chronologique.

L'appel du monde, premier moment de l'expérience poétique, peut se manifester selon des modalités très variables, imprévisibles : parole imperceptible et fugace du troupeau ; séduction mystérieuse du cerisier, d'un lieu :

> Cette fois, il s'agissait d'un cerisier ; non pas d'un cerisier en fleurs, qui nous parle un langage limpide ; mais d'un cerisier chargé de fruits [...]. C'était une fois de plus comme si quelqu'un était apparu là-bas et vous parlait, mais sans vous parler, sans vous faire aucun signe ; quelqu'un, ou plutôt quelque chose [...] c'était fait, j'avais été rejoint, conquis, je n'avais absolument rien à attendre, à demander de plus ; il s'agissait d'une autre espèce d'histoire, de rencontre, de parole.
>
> *CV*, 9-10

> Je me souviens aussi de Sainte-Blaise [...] où, plus nettement encore qu'ailleurs, j'ai pris conscience de la façon dont de tels lieux me parlent.
>
> *PFA*, 132

«Dès le matin la lumière me parle et je l'écoute» (*PSA*, 53) : ainsi se noue la communication entre le poète et le monde, et on peut légitimement se demander avec Bachelard[36] qui parle : le poète, ou le monde ?

Il arrive aussi que cette interpellation se fasse insistante et même violente, une sorte de rapt de l'attention qui con-vertit le sujet au monde, comme le soulignent non seulement le lexique, mais aussi la construction de certains verbes dans l'exemple suivant :

> [...] je fus saisi, plus violemment et plus continûment surtout qu'autrefois, par le monde extérieur. Je ne pouvais plus détacher mes yeux de cette demeure mouvante, changeante, et je trouvais dans sa considération une joie et stupeur croissantes [...]
>
> *PSA*, 18-19

La conversion fascinée au monde, provoquée par l'appel, n'est pas l'extase stérile d'un sujet qui s'abîmerait dans la contemplation; elle est mise en mouvement de la quête, é-motion merveilleuse et merveilleusement exprimée par une référence aux *Mille et Une Nuits* :

> Dès que j'ai regardé, avant même — à peine avais-je vu ces paysages, je les ai sentis m'attirer comme ce qui se dérobe, ainsi que parfois dans les contes, en particulier dans celui, si beau, des *Mille et Une Nuits* où le prince Ahmed, ne retrouvant plus la flèche qu'il a tirée, est entraîné toujours plus loin à sa recherche pour aboutir enfin au lieu aride où se cache la demeure d'une fée. De la même façon, ma pensée, ma vue, ma rêverie, plus que mes pas, furent entraînées sans cesse vers quelque chose d'évasif, plutôt parole que lueur, et qui m'est apparu comme quelquefois analogue à la poésie même.
>
> Je crois que c'était le meilleur de moi qui entendait cet appel, et j'ai fini par ne plus me fier qu'à lui, négligeant l'une après l'autre toutes les voix qui auraient pu m'en détourner et sur lesquelles je ne m'attarde pas ici, leurs objections me paraissant vaines, en dépit de ce qu'elles peuvent avoir de persuasif ou d'autoritaire, contre l'immédiateté et la persistance de cette parole lointaine.
>
> *PFA*, 21-22

Appel du monde, écoute, découverte de l'altérité, quête infinie du secret : les données essentielles de l'expérience poétique sont ici rassemblées, et réaffirmée la force créatrice du manque, des limites, du mystère.

L'attente constitue le second moment de l'expérience poétique. Il s'agit, selon Michel Collot, de l'attente des mots à inscrire sur le blanc de la page, de l'attente des mots générés, mis en branle, par le choc émotionnel, capables d'articuler une réponse à l'appel des choses. Cela suppose une certaine aptitude au silence intérieur, à l'écoute de ce que les choses remuent en nous d'images et de mots. Toutefois, chez Jaccottet, l'attente ne s'inscrit pas entre l'appel du monde et l'errance dans les signes; c'est un moment au moins coextensif à l'appel du monde. Car si potentiellement la nature peut parler à chacun de nous, il y faut certaines pré-dispositions. Le choc émotionnel où se perçoit la parole du monde est souvent pressenti; il n'est ni le résultat d'un dispositif arrangé, strictement volontaire, ni le produit d'une distraction qui serait abstraction du monde. Il suppose un état complexe où se réalise un certain équilibre de présence-absence à soi et au monde, la capacité «d'une observation à la fois acharnée et distraite du monde» (*PSA*, 39), des conditions favorables que Jaccottet propose d'appeler *accueillance* :

> Une certaine insouciance, même une certaine détente [...], le silence pendant de longs jours, et surtout l'ouverture de l'être tout entier (*l'accueillance*, si ce mot existait).
>
> *ON*, 51

Il reconnaît cette faculté à I. Bachman, S. Weil, aux maîtres du haïku, ou encore à Schelling qu'il cite dans ses carnets :

> «[...] *pourquoi cela semble-t-il si difficile, que l'homme voie s'ouvrir à lui son intérieur par lequel il est pourtant en constante relation avec le monde supérieur ? — [...] il y a en particulier un secret que la plupart des gens ne veulent pas comprendre, c'est qu'un tel don n'est jamais offert à celui qui le veut et qu'au contraire la première condition pour l'obtenir est de relâcher et de laisser en repos sa volonté.*»
>
> Cité par Jaccottet, in SS, p. 100-101

L'attente est à proprement parler médiatrice en ce sens qu'elle est attente de la parole du monde, et attente des mots qu'il libère en nous. Evoquant un moment de son itinéraire poétique, Jaccottet s'essaie à dire cette expérience de l'émergence des mots :

> [...] comme je vivais assez seul, à l'écart (ni en ermite ni en anarchiste, plutôt comme un personnage quelconque, presque inexistant, toujours excessivement craintif), une certaine qualité de silence était préservée autour de moi ; à la faveur de ce silence (au reste discontinu), des émotions, des sensations, des rêveries, des souvenirs se condensaient en moi et, de là, à de certains moments, semblaient se déposer presque tout seuls en mots sur la page ; plus qu'ils ne s'y déposaient, en fait, ils s'y accomplissaient, s'y achevaient. Ce qui déterminait ces moments, je suppose que c'était un certain degré de pression de l'émotion au-delà duquel la garder inexprimée eût été pénible ; donc une certaine intensité de la vie que je vivais. C'était faire là, tout bêtement, l'expérience de l'«inspiration», mais alors déjà sans accorder à ce mot une valeur magique, mystérieuse ou sublime.
>
> TS, 319

Mieux encore que lorsqu'il évoque sa propre expérience, c'est en relisant certaines pages de Claudel que Jaccottet saura parler de cette remontée des mots enracinée dans l'écoute du monde :

> [...] on dirait que le poète, d'une voix qui se souvient, à la fois ardente et détachée, nomme le monde avec révérence. La distance qui longtemps l'en sépara s'est abolie, il n'y a donc plus pour le rejoindre ni larmes, ni effort. Il y a seulement l'épanouissement naturel de la lumière en paroles, ou comme une sorte de culte *rendu par l'homme à la lumière*.
>
> PSA, 127

Mais Jaccottet montre dans un article très claudéliennement intitulé «La Terre parle» que ce n'est que le résultat visible-lisible d'un puissant processus de transformation qui suppose une dévoration-absorption du monde :

> [...] n'est-ce pas plutôt, justement, quand elle a pénétré une fois, par surprise sans doute, au plus intime de nous, et qu'alors, ne la regardant plus, mais l'ayant, sans y penser, aperçue, découverte, nous l'avons dévorée et transformée ?
>
> [...] cette rumination du monde, le poète concentré sur lui-même ayant mangé les arbres, les fleurs, la lumière, pour les rendre ensuite merveilleusement visibles dans quelques paroles [...]
>
> EDM, 12-13

Mais la «rumination intérieure» se fait «les yeux fermés». C'est une condition indispensable pour se détacher du visible et le dépasser en vision intérieure : «Eteins cette lumière! Eteins promptement cette lumière qui ne me permet de voir que ton visage!», écrit Claudel dans la dernière phrase de *La Cantate à trois voix*. Fermer les yeux permet d'éprouver son intime solidarité avec le monde, d'entendre «*les choses exister avec moi*», comme le dit Violaine dans *L'Annonce faite à Marie*. Jaccottet insiste sur la «consistance» du moment et du travail qui s'y fait : c'est le «monde qu'on peut vraiment toucher et aussi "manger des yeux"» (*EDM*, 12) que le poète va transformer en paroles, en images. Il est alors «rêveur de monde» :

> Le rêveur participe alors au monde en se nourrissant de l'une des substances du monde [...] suivant le tempérament de son imagination. Et quand un poète vient aider le rêveur en renouvelant les belles images du monde, le rêveur accède à la santé cosmique.[37]

«A chaque appétit, son monde», et Jaccottet n'est pas Claudel.

Par ailleurs, cette rumination intérieure montre que l'attente ne peut être pensée comme un moment de passivité : l'écoute du monde et des mots est ouverture et recherche d'osmose régie par une sorte de diapason intérieur. Plusieurs fois, Jaccottet fait état du double versant de ce «moment» que développe *L'Approche des montagnes* :

> C'est encore une énigme à l'horizon paisiblement campée, une merveille qui nous accompagne tous les jours et semble souhaiter d'être comprise. Mais les mots traînent après eux des représentations machinales qu'il me faut d'abord écarter.
>
> *PSA*, 57

Commence alors une tentative de saisie des choses par les mots :

> Je commencerai donc en disant que ces montagnes-ci ne sont pas des Alpes, et qu'aucune suggestion de chaos ou de sublimité, nulle ambition excessive, nul rêve de victoire, nulle obsession de pureté ne s'en dégagent.
>
> *Ibid.*

Ce n'est qu'au terme d'un long travail d'écoute, d'essais, de dépouillement que sera reconnu — et retenu — ce qui semble capable de «traduire» avec des mots humains — avec «mes» mots — la parole que le monde m'adresse dans une autre langue :

> Ce qui me reste en effet de tous ces instants où j'ai regardé les montagnes, où elles m'ont ému et rendu plus étonné d'être au monde, cela peut tenir en ces mots qui me sont venus plus haut sous la plume : «montagnes légères», «rocs changés en buées», en ces images qui, tour à tour, essayaient de dire la vérité non pas sur le monde ni sur moi, mais peut-être sur nos rapports.
>
> *Ibid.*, p. 66

Dans ce texte, comme dans *La Tourterelle turque* ou *Travaux au lieu dit de l'Etang...* on peut voir l'errance dans les signes, troisième « moment » de l'expérience poétique, se déployer, car il ne s'agit pas de céder à une illusoire inspiration :

> [...] c'est [...] de ce que j'ai appelé faute de mieux l'ouverture sur les profondeurs, que naît, comme automatiquement, chez quelques poètes, le besoin de s'exprimer. Ici pourrait et devrait commencer un autre discours [...] à savoir qu'à cette vie plus profonde et plus dense semble correspondre, à l'intérieur du langage quotidien, un langage également plus dense et plus profond, celui-là même de la poésie qui fut si naturel aux hommes dès les origines; qu'il y aurait une prosodie, une syntaxe, un vocabulaire du secret; et que la première tâche d'un poète serait évidemment, tout en s'efforçant de demeurer attentif à la vie profonde, d'apprendre ce langage et d'en perfectionner lentement l'emploi, ni plus ni moins que tout homme de métier.
>
> *TS*, 294-295

Pour Jaccottet comme pour Baudelaire, s'« il y a, en effet, une manière lyrique de sentir [...] il existe donc aussi nécessairement une manière lyrique de parler »[38]. Mais pour Jaccottet, savoir parler en poète suppose un travail, l'apprentissage d'une autre parole. Sur quelles « lois » se règle ce travail ? Un autre passage d'*Une Transaction secrète* esquisse des éléments de réponse :

> à mesure que je mûrissais, un tri a dû se faire entre les rythmes, les images, les mots étrangers à mon espace intérieur, jusqu'à ce que n'y subsistent plus que les moins étrangers d'entre eux, toujours plus secrets et plus rares. [...]
>
> Je cherchais à saisir le langage évasif du paysage où je vivais ; l'équivalent ne m'en venait pas du premier coup. C'était, cette fois, à ma conscience de choisir les mots qui ne trahiraient pas ce que semblaient me dire ces lieux émouvants.
>
> *TS*, 320-321

L'errance entre les signes est donc motivée par une double fidélité : fidélité au monde et fidélité à soi. A cela s'ajoute un troisième pôle qui ne constitue pas un a priori mais qui permet d'authentifier la parole poétique : les autres, leur possibilité d'adhésion.

> [...] en maintenant la possibilité de ce travail qui n'en était pas un, je gardais un lien avec ces profondeurs, en nous, par où nous pouvons rejoindre le monde, et les autres, et je devine bien que si ces poèmes, aujourd'hui, atteignent parfois un inconnu, ils ne le peuvent que pour avoir puisé à ce fonds commun dont nous ne pouvons être coupés, semble-t-il, sans dépérir.
>
> *Ibid.*

Mais de même que le concept d'« inspiration » n'est pas accepté sans réserve, celui de « métier », de « travail » n'est revendiqué que pour être réexaminé et dépouillé de tout excès. Entre l'inspiration venue d'en haut et la gloire du « combat avec l'œuvre » que Jaccottet juge parfois trop

exhibé chez Ponge, il reste à chercher une voie médiane, à redéfinir le
« travail du poète » :

> Si, maintenant, j'essaie de mieux comprendre ce qui s'opérait en moi plus ou moins
> consciemment en période « créatrice », dans ces trop rares moments de concentration à
> l'écoute des profondeurs, je me dis que le travail consistait beaucoup moins à « bâtir »,
> à « forger », à « ériger » une œuvre qu'à permettre à un courant de passer, qu'à enlever
> des obstacles, à effacer des traces; comme si, en fin de compte, le poème idéal devait
> se faire oublier au profit d'autre chose qui, toutefois, ne saurait se manifester qu'à
> travers lui.
>
> Dès lors, il était moins étonnant que mon travail fût analogue à une espèce de pilo-
> tage en rivière — où la force du courant compterait plus encore que les corrections,
> pourtant indispensables, du gouvernail, et l'effort des rames à l'occasion. Se colleter
> dramatiquement avec l'œuvre ? Non. S'effacer à demi au profit des forces anonymes
> qui nous traversent, nous soulèvent et nous bousculent.
>
> *Ibid.*, p. 322

Pourtant, Jaccottet insiste sur la nécessité de transformer cette écoute. Quel terme pour ce « pilotage en rivière » entre courant et guidage ? Sans doute, quelque toison dorée (*Po*, 26), quelque objet de désir toujours reculé, comme en témoigne la fin des errances de *L'Approche des montagnes* ou *Travaux au lieu dit de l'Etang*. Poésie sans fin, si « nourrissonne et servante des énigmes » (*PSA*, 93); poésie ininterrompue en raison de la dynamique qui l'alimente, fondée sur le sentiment d'altérité du monde le plus proche.

Moins qu'une distance objective, l'éloignement des choses provient du sentiment que « le monde n'est jamais ce que nous croyons qu'il est » (*PSA*, 96). Dès lors, ce qui est apparemment donné comme proche ne peut être compris qu'à condition de préserver ou d'instaurer une certaine distance. Jaccottet rejoint ainsi le paradoxe sous-jacent à l'œuvre de Hölderlin découvrant la proximité de la distance :

> *Patmos* commence par ces deux vers :
> *Tout proche*
> *Et difficile à saisir, le dieu!* (p. 867)
> Il en va de même, alors, du chêne, du cerisier, de la grappe, des abeilles.
> [...]
> Le Plus Haut, le Meilleur, ne serait-ce pas ce qui est aussi le plus proche, et que l'on ne
> voyait pas ?
>
> *PFA*, 153; 160

Si le secret des montagnes vient de ce qu'elles paraissent effectivement dans le lointain, voilées d'une lumière qui les exalte, il faut aussi savoir situer les choses les plus proches dans un certain éloignement pour se donner une chance d'en saisir l'altérité : de les saisir. S'enfoncer dans l'épaisseur du réel, non pour s'y abîmer, mais pour le creuser sans fin, en est une autre modalité.

La distance, à la fois liée à la structure d'horizon et inhérente à la structure psychique, constitue une donnée fondamentale de l'homme et du poète contemporain auquel elle impose ses lois :

> Il semblerait qu'en nous éloignant de l'origine, nous nous soyons en effet éloignés aussi d'une source de force, d'un centre de vie, d'une espèce de plénitude intérieure. Quelque chose en effet nous laisse supposer, dans les poèmes et les œuvres d'art des périodes dites «primitives», que ce sentiment de plénitude leur était comme naturel. L'impression tout à fait particulière que nous retirons par exemple de la lecture d'Homère, mais aussi bien de celle de textes orientaux plus anciens encore (impression peut-être trompeuse, il est vrai), est que le poète était alors au cœur même de cette plénitude et n'en avait donc pas conscience; alors que depuis nous n'aurions cessé de nous en éloigner [...]
>
> *PSA*, 107

Il apparaît clairement que la distance est à la fois fait de conscience et fait historique, ou plutôt conscience de notre historicité. L'homme contemporain, pour avoir perdu la plénitude de l'origine, n'en est pas irrémédiablement disjoint. Mais il devra éviter l'illusion d'un retour absolu à l'origine, et se contenter de travailler dans l'intervalle du réel fragmenté et d'une totalité perdue pour retrouver ce contact :

> Pour moi, en tout cas, j'éprouve violemment, à chaque fois que, après de longs mois de travaux forcés ou même de plus brèves interruptions, j'essaie de revenir à la poésie, la distance grandissante, et peut-être incommensurable, qui me tient séparé de ce lieu intérieur, non situable où elle peut encore, si imparfaite, si précaire soit-elle, ressurgir. [...] Comme si l'origine n'était pas absolument perdue pour nous, qu'on ne dût pas la confondre avec l'origine temporelle, qu'on pût la retrouver en soi et donc ne pas désespérer tout à fait de l'avenir. On comprendra, dès lors, que rien ne reste [...] de la splendide assurance, de la netteté et de l'autorité «primitive» : ce sont là des qualités qu'on ne singe pas. On comprendra également que si la poésie d'aujourd'hui semble à beaucoup tortueuse, incertaine et obscure, ce peut être le signe qu'elle est vraiment fidèle au souci de notre temps et qu'elle en a accepté même les erreurs.
>
> *PSA*, 108-109

Une phrase des carnets de Joubert «pourrait [...] servir de règle : *Il vaut mieux s'occuper de l'être que du néant. Songe donc à ce qui te reste, plutôt qu'à ce que tu n'as plus.* Une règle d'or, en vérité» (*SS*, 225). La conversion à cette réalité contradictoire qui se dérobe mais constitue une promesse va permettre à la parole d'advenir dans un mouvement d'aller-retour entre ici et ailleurs, moi et le monde. Le creusement réciproque et infini qui s'instaure dans le processus d'extériorisation-intériorisation engage le sujet sur le chemin des origines. C'est le cheminement qu'accomplissait Hölderlin, celui dont Russell était un précurseur, ou un initiateur malgré ses égarements. Et, comme en réponse à Gide qui associait poètes et prophètes dans la recherche incessante du Paradis, la parole du poète est littéralement pro-phétique tendue vers les lointains qu'elle interroge, portée au devant de soi, mais toujours originée ici, et dans le sujet, comme le suggère l'image du poète qui marche «dans un jardin de braises fraîches.../...un charbon ardent sur la bouche» (*Po*, 109). Subtilement, un poème d'Emily Dickinson rappelle que l'écriture ne peut assumer sa fonction herméneutique sans ascèse quotidienne :

> les choses les plus simples font office de clefs ouvrant sur de profonds espaces [...]
>
> J'imagine qu'Emily Dickinson, proche elle-même par la légèreté et la vivacité des oiseaux et des abeilles, nous invite discrètement, si nous voulons retrouver l'*« entrée du jardin »* (de Jourdan), la *« clef du festin ancien »* (de Rimbaud), à nous déprendre de nous-mêmes, à nous laver de nos chagrins, toujours trop troubles pour l'air libre.
>
> *SS*, 90

Une telle conception des rapports entre le poète et sa pensée du monde est hautement contraignante quant aux pratiques de l'écriture. Elle impose une prise en compte de la réalité qui implique la description du monde, mais aussi son dépassement. Elle tend vers l'élaboration d'une poétique du descriptif associant de manière indissoluble réflexion sur et mise en œuvre de trois actes d'écriture : décrire, nommer et figurer. Car si la description assure le support référentiel et le maillage du visible, le recours aux figures, malgré le risque d'égarement qu'il comporte, est rendu inévitable, tant par les insuffisances de la nomination que par la nécessité de (re)créer l'invisible pour le donner à voir dans l'espace de la page.

NOTES

[1] Collot, *L'Horizon fabuleux* II, p. 13-14.
[2] Eliade, *Le Sacré et le profane*, p. 35-36.
[3] Eliade, *op. cit.*, p. 16-17.
[4] Eliade, *op. cit.*, p. 23.
[5] Bonnefoy, *Entretiens sur la poésie*, p. 356-357.
[6] Bachelard, *La Poétique de l'espace*, p. 28.
[7] Eliade, *op. cit.*, p. 24.
[8] Eliade, *op. cit.*, p. 39-40.
[9] Eliade, *op. cit.*, p. 32.
[10] Bachelard, *La Poétique de l'espace*, p. 72.
[11] Bachelard, *op. cit.*, p. 75.
[12] Bonnefoy, *op. cit.*, p. 358.
[13] Eliade, *op. cit.*, p. 80.
[14] Bachelard, *op. cit.*, p. 27.
[15] Bonnefoy, *op. cit.*, p. 353.
[16] Ricœur, introduction aux *Idées directrices pour une phénoménologie*, p. XVIII.
[17] Ricœur, *Ibid.*, p. XXVIII.
[18] Par principe, une chose ne peut être donnée que «sous une face» ce qui signifie non seulement incomplètement, imparfaitement en tous les sens du mot; le mot désigne une forme d'inadéquation requise par la figuration au moyen d'esquisses. Une chose est nécessairement donnée sous de simples «*modes d'apparaître*», on y trouve donc nécessairement un *noyau* (Kern) constitué de ce qui est «réellement figuré» (wirklich dargestelltem) et, autour de ce noyau, au point de vue de l'appréhension, tout un horizon de *co-données* (Mitgegebenheit) dénuées du caractère authentique de données (uneigentlicher) et toute une zone plus ou moins vague d'*indétermination*.
    Husserl, *Idées directrices pour une phénoménologie*, p. 140-141.
[19] J.-Y. Pouilloux, «Le paysage», in *La Poésie de Philippe Jaccottet*, p. 103-105, *passim*.
[20] Husserl, *Expérience et jugement*, p. 38.
[21] Collot, *La Poésie moderne et la structure d'horizon*, p. 19.
[22] Bachelard, *La Poétique de l'espace*, p. 200.
[23] Collot, *op. cit.*, p. 25.
[24] Gide, *Traité du Narcisse*, in *Romans, récits...*, p. 7.
[25] *Aeon* : pseudonyme de G.W. Russell.
[26] Gide, *op. cit.*, p. 7.
[27] Gide, *ibid.*
[28] Valéry, «Variété», in *Œuvres complètes. I*, p. 1363-1364.
[29] Bachelard, *La Poétique de la rêverie*, p. 149 et 153.
[30] Bachelard, *Ibid.*, p. 149-150.
[31] Bachelard, *La Poétique de la rêverie*, p. 148.
[32] Merleau-Ponty, *Le Visible et l'invisible*, p. 183.
[33] Bachelard, *La Poétique de la rêverie*, p. 7.
[34] Michel Collot, *op. cit.*, p. 155-156.
[35] Michel Collot, *op. cit.*, p. 156.
[36] Bachelard, *La Poétique de la rêverie*, p. 161.
[37] Bachelard, *ibid.*, p. 153.
[38] Baudelaire, «Réflexions sur quelques-uns de mes contemporains», *OC*, p. 482.

Chapitre 3
Nécessité et limites de la description

> On peut décrire, décrire encore... la surprise, l'émotion venaient d'un foyer plus secret, antérieur à la description.
>
> *S*, 81

Le retour du référent dans une écriture poétique vouée à l'intelligence et à la célébration du visible implique la description comme procédure de saisie : penché sur le « texte » du monde pour en déchiffrer la secrète organisation, le poète met en œuvre des pratiques descriptives dont la structuration et la dynamique montrent comment il s'approprie le visible selon un double dessein : situer les éléments disjoints pour en fixer les liens, et mettre au jour les moins visibles pour tenter de dépasser l'hétérogénéité du monde perçu, et approcher son unité — tout ce que Jaccottet a pu admirer chez Claudel :

> Saisir les liens qu'il y a, pour notre esprit, notre cœur, entre le mouvement des barques sur un fleuve, l'écho lointain des rires et des airs de musique, la présence du foin parfumé, l'idée de la noce ; faire sentir la lenteur et la longueur du cortège en montrant d'une part la lumière lunaire et de l'autre celle que cachent encore les roseaux ; arriver à cela au moyen de quelques mots, c'est se ranger parmi les grands poètes, parmi ceux dont l'autorité et l'originalité ne sont pas discutables. On reconnaît Claudel, à de tels passages, comme on reconnaît un peintre à telle touche, à tel accord de couleurs, à tels rythmes de composition.
>
> *TNDP*, 112

Mais l'analyse des pratiques descriptives, pour autant qu'elle renseigne sur la manière dont Jaccottet traite le réel, dévoile aussi les limites de la description, et les difficultés qui se présentent, notamment quand il s'agit de travailler sur les ruptures et les discontinuités du visible pour en manifester la cohésion profonde. Il s'engage dans deux voies divergentes, mais complémentaires : celle de l'inflation descriptive qui, dans la mouvance de Ponge, donne à voir comment le poète traverse le monde sensible et celui du langage ; et celle de l'ellipse, sans doute induite par la pratique des notations, qui tend vers la nomination des choses mais travaille le plus souvent à la frontière de la métonymie et de la métaphore; elle est idéalement incarnée par le haïku qui donne au blanc de la page autant de densité qu'au texte qui s'y inscrit, et rend lisible le visible en rendant visible le lisible.

Il est des textes de Jaccottet qui comportent des réflexions sur sa pratique et sa conception de la description. *Travaux au lieu dit de l'Etang* rappelle *La Fabrique du Pré* de Ponge. Mais la plupart du temps, il s'agit de gloses incidentes qui accompagnent une ébauche de description ou commentent un travail d'élaboration, voire de brèves remarques pour une description virtuelle. Les carnets poétiques offrent de manière discontinue et fragmentaire l'essentiel de ces réflexions. Un extrait de *La Semaison* fixe le cadre d'une pratique descriptive qui se démarque catégoriquement de la classification propre aux savants :

> D'une lettre d'un conservateur de Museum : « Il y a un certain temps déjà, mon collègue, M.B., me remettait un ensemble de fossiles provenant de la molasse burdigalienne zoogène proche de la localité de M... Je tiens à vous remercier très vivement pour l'ensemble faunistique que vous avez récolté, en particulier pour les dix-huit échantillons d'oursins irréguliers, (appartenant aux genres Clypeaster et Echinolampas)... »
>
> Aurais-je à parler de ces mêmes fossiles, je devrais, pour me conformer à mon exigence propre, décrire le lieu et le moment où nous les avons découverts, les champs de blé fauché et, à côté, de lavande, où ces sortes de disques bombés dessus et légèrement creusés dessous, avec le dessin plus ou moins bien conservé de leurs fines sutures, se voyaient parmi les pierres, exhumés par la charrue ou de fortes pluies; j'essaierais de comprendre pourquoi nous sommes touchés et réjouis par cette trouvaille comme les enfants qui fouillent parmi les épaves que rejette une mer troublée. Autrement dit, ce serait la recherche d'une totalité qui inclut le temps, la vie, le particulier, le subjectif, alors que le savant classe hors du temps vécu, situe et fixe à l'écart de la vie.

S, 140-141

Ces quelques lignes suggèrent les principaux problèmes qui se posent à Jaccottet : attitude du descripteur à l'égard de l'objet, pratique circonstanciée de la description, solidarité de la partie et du tout, des objets décrits et de l'homme apparemment exclu de la description[1].

1. LE VISIBLE ET LE LISIBLE

La description du monde est inhérente à la conception de Jaccottet pour qui le poète déchiffre le visible pour le rendre lisible et le donner à voir :

Monde né d'une déchirure
apparu pour être fumée

néanmoins la lampe allumée
sur l'interminable lecture

Po, 151

Ce poème invite à penser le monde comme objet de lecture, étant lui-même «ouvert» comme un livre. La représentation du monde comme livre est d'ailleurs récurrente chez Jaccottet :

> A la fenêtre, lire les signes, la page du ciel. Tout l'espace est couvert de bourrelets gris bordés de noir dans le bas.
>
> *S*, 226

L'idée n'est pas neuve. Par exemple, on voit Hugo «feuilleter la nature», «lire un champ, page fleurie»[2] et Claudel analyser le «texte forestier»[3] surpris au détour d'une promenade relatée dans *Connaissance de l'Est*[4]. Malgré une conception très différente de la transcendance, Jaccottet se saisit des réalités sensibles selon des modalités qui nous semblent entretenir des affinités éclairantes avec la démarche de Claudel.

Décrire, ce n'est peut-être que se hasarder à organiser ce qu'on a cru déchiffrer dans le livre du monde.

1.1. Déchiffrer le réel

Car si le monde «parle» au poète, et l'interpelle parfois, insidieusement ou brutalement, il cèle aussi bien des secrets qui nécessitent une participation active du regard et de l'intellect. Lire ne peut se limiter à «cueillir» des paroles éparses dans la nature, plus ou moins intelligibles. Lire se décline en une série d'actes comme *saisir, déchiffrer, traduire, comprendre* :

> C'est une autre inscription fugitive sur la page de la terre, qu'il faut **saisir**, que l'on voudrait **comprendre**. Sans que l'on sache pourquoi, elle semble prête à livrer un secret; sinon, comment nous aurait-elle arrêtés? [...]
>
> Ainsi dois-je reconnaître pour le moment qu'il m'a été plus facile de céder à la rêverie des sens que de **déchiffrer**, et surtout de **traduire, l'inscription** que je suppose véridique.
>
> *PFA*, 59; 66

Or, comme le souligne Claudel, comprendre, c'est à la fois «lire dans...» et faire tenir ensemble :

> *Intelligere*, «inlire». «Lire», s'assimiler et le sens au sens. «Comprendre», saisir en même temps, réunir par la prise. Comme on dit que le feu prend, ou que le ciment prend, ou qu'un lac se prend en hiver, ou qu'une idée prend dans le public, c'est ainsi que les choses se comprennent et que nous les comprenons.[5]

Selon cette conception, le poète répond aux signes du monde par un regard capable de prendre la mesure du réel, d'évaluer des distances, des rapports, des complémentarités ou des accords entre les objets du monde, comme en témoigne cette expérience de Claudel :

> Jadis au Japon, comme je montais de Nikkô à Chuzenji, je vis, quoique grandement distants, juxtaposés par l'alignement de mon œil, la verdure d'un érable combler l'accord proposé par un pin. Les présentes pages commentent ce texte forestier [...][6]

Claudel arpente et s'assimile le monde :

> Pour moi, le mouvement égal de mes jambes me sert à mesurer la force de plus subtils appels. L'attrait de toutes choses, je le ressens dans le silence de mon âme.[7]

De même, muni du «roseau qui mesure», Jaccottet répond aux signes qui lui sont adressés.

La saisie des choses, leur com-préhension est certes métonymique, mais elle est aussi métaphorique selon Claudel, qui substitue à une logique de la causalité une logique de la métaphore pour dire

> l'énonciation arborescente, par Juin, d'un nouvel Art poétique de l'Univers [...]
>
> La seconde logique en est comme la syntaxe qui enseigne l'art de les [mots] assembler, et celle-ci est pratiquée devant mes yeux par la nature même. [...] La métaphore, l'ïambe fondamental ou rapport d'une grave et d'une aiguë, ne se joue pas qu'aux feuilles de nos livres [...]. Je comprends que chaque chose ne subsiste pas sur elle seule, mais dans un rapport infini avec toutes les autres.[8]

Une position privilégiée pour s'engager dans cette saisie métaphorique du monde consiste à se tenir aux limites — *exstare* —, dans un état d'attention propre à en saisir le secret, à entrevoir un au-delà : au-delà de la fenêtre, des montagnes, des nuages, de la terre ou de la surface de l'eau :

> Ne serait-ce pas que la terre s'est ouverte, que des oiseaux pourraient la traverser? Fontaine. Fenêtre à même le sol.
>
> *PFA*, 67

Le poète s'éprouve alors comme foyer qui capte et recueille des s i g n e s ; de sa position, de son regard, de la qualité de sa participation, dépendent comme chez Claudel le sens des choses et celui de la vie.

Pas plus que chez Claudel, la démarche n'exclut totalement l'attention ; mais il s'agit d'une attention seconde. Le regardant se fait alors voyant, mais d'une manière humble et patiente, par une présence attentive au monde qui en déjoue l'opacité. C'est ainsi que Claudel discerne des solidarités aussi inattendues qu'entre Waterloo et un pêcheur de perles dans l'Océan Indien ; mais

> il y a [...] un lien entre ces deux faits. Tous deux écrivent la même heure, tous deux sont des fleurons commandés par le même dessin.[9]

De même, Jaccottet voit l'espace lui dévoiler le temps — celui de l'Histoire, des racines, de l'aventure culturelle, comme l'établissent si justement les notes qu'il consacre à la découverte de la Grèce :

> Simplement, c'était comme si une vérité qui avait parlé plus de deux mille ans avant dans des lieux semblables, sous un ciel assez proche, qui s'était exprimée dans des œuvres que j'avais pu voir ou lire [...], continuait à parler non plus dans des œuvres, mais dans des sites, dans une lumière sur ces sites, par une étrange continuité (que certains aspects de l'Histoire nous cachent). Encore était-ce trop préciser ; pour être tout à fait exact, je devrais, après avoir évoqué l'image de la Grèce, l'effacer, et ne plus laisser présents que l'Origine, le Fond : puis écarter aussi ces mots ; et enfin, revenir à l'herbe, aux pierres, à une fumée qui tourne aujourd'hui dans l'air, et demain aura disparu.
>
> Ainsi, sans que je l'eusse voulu ni cherché, c'était bien une patrie que je retrouvais par moments, et peut-être la plus légitime : un lieu qui m'ouvrait la magique profondeur du Temps. Et si j'avais pensé le mot «paradis», c'était aussi, probablement, parce que je respirais mieux sous ce ciel, comme quelqu'un qui retrouve la terre natale.
>
> *PFA*, 30-31

Comprendre ici l'espace, déchiffrer le lieu, c'est bien déplier le temps qu'il tient comprimé.

1.2. «Servir le visible»

Le concept de «service» vient se substituer à celui de «déchiffrement» dans *«Remarques sans fin»* où le poète se voit «comme un serviteur du Visible, et non plus comme son déchiffreur» (*PSA*, 131). Ce glissement de sens confirme une dimension métaphysique déjà sous-jacente (car déchiffrer le réel, c'est le traiter comme texte, ce qui suppose une transcendance ordonnante et «écrivante»), en même temps qu'il éclaire différemment le statut du poète en lui assignant une tâche moins de divination que de célébration.

Jaccottet adhère à une forme de transcendance ; mais si cette adhésion peut se dire avec les mots de Claudel, elle inverse l'ordre des termes. Alors que Claudel conclut «Le Promeneur» par cette phrase : «Je comprends l'harmonie du monde ; quand en surprendrai-je la mélodie ?»[10], le questionnement de Jaccottet prendrait plutôt la forme inverse : je surprends la mélodie du monde, quand en comprendrai-je l'harmonie ? — dans la mesure où celle-ci n'est perceptible que de manière fragmentaire, dans des lieux disjoints.

La forme de transcendance perceptible au-delà de la saisie du monde ne coïncide pas pour lui avec les modèles de notre civilisation. Elle n'en implique pas moins une ferveur et une exigence égales dans la quête comme dans l'acte poétique. Certains paysages, comme ceux de la Grèce, «ouvertures proposées au regard intérieur», permettent d'

> appréhender l'immémoriale haleine divine (en-dehors de toute référence à une morale ou à notre religion); et, du même coup, rester fidèle à la poésie qui semble en être une des émanations.
>
> Ces paysages, j'y insiste, n'étaient donc ni des musées proposés à la curiosité de l'archéologue, ni des temples ouverts à quelque culte panthéiste, ni ce que le romantisme a vénéré, non sans excès d'effusions, sous le nom de Nature. Ils m'avaient paru simplement cacher encore (quand bien même il n'y aurait plus eu en eux le moindre monument, la moindre ruine, la moindre trace de passé humain) la force qui s'était traduite autrefois dans ces monuments, et que je pouvais à mon tour espérer recueillir, essayer de rendre à nouveau plus visible. Peut-être même était-ce parce qu'il n'y avait plus en eux de marques évidentes du Divin que celui-ci y parlait encore avec tant de persévérance et de pureté... mais sans bruit, sans éclat, sans preuves, comme épars. C'est ce que j'ai voulu dire à la fin d'un petit poème[11] où le regard, entre les arbres, croyait s'avancer d'une grotte de verdure à l'autre, jusqu'à la plus lointaine, mystérieuse, comme sacrée, où l'on eût attendu en d'autres temps quelque stèle :
>
> *Peut-être, maintenant qu'il n'y a plus de stèle*
> *N'y a-t-il plus d'absence ni d'oubli...*

PFA, 31-32

Dans ce poème dont Jaccottet cite ici la fin, le regard est guidé vers un lieu à peine discernable de son environnement, cette «grotte à peine plus profonde» dont le décalage à peine perceptible avec son environnement apparaît comme une promesse de vérité. Persévérance et pureté de la parole dans les lieux semblent inversement proportionnels à leur discrétion, aucun monument ne suffisant à consacrer un lieu ou à en garantir la pérennité; seules le peuvent la puissance de la mémoire et celle du regard, ratifiées par l'écriture. Bien que se tenant aux marges d'une transcendance monothéiste ou d'un panthéisme animiste, la pensée développée dans ces lignes laisse percevoir l'écho d'une nostalgie supposant l'adhésion implicite à quelque mythe de la chute ou de dérélection, qui oriente la recherche du poète et lui assigne une éthique du regard. C'est d'ailleurs dans cette perspective que s'inscrit la fin du texte cité :

> Plus de scènes, aujourd'hui, plus de figures, et ce n'est pourtant pas le désert. J'ai pensé encore, pour finir, à ce *Paysage avec la chute d'Icare*, de Breughel, où le laboureur est si proche, et le héros presque indiscernable; et j'ai cru voir commencer maintenant une nouvelle ère du regard, où nos travaux quotidiens et nos rêves les plus hardis ne seraient plus, sur l'écran du monde, que vagues de labours, chute d'une larme lumineuse et sillons dans les eaux tombales.

PFA, 34

A l'inverse de Hugo chez qui
> Le grave laboureur fait ses sillons et règle
> La page où s'écrira le poème des blés[12]

la terre selon Jaccottet ne peut conserver intacte l'inscription de l'hymne ou du cantique ; ce que porte le monde contemporain, ce ne sont plus que traces d'une unité perdue, difficile à déchiffrer. Alors que Claudel voyait dans la modernité une chance de saisir «l'inextricable chiffre»[13], pour Jaccottet, elle ne fait qu'en accroître l'opacité. La pensée de la modernité s'est inversée, passant d'une polarité positive chez l'un à une pensée négative chez l'autre. Mais si nostalgie il y a, elle n'est pas vécue négativement, dans la mesure où elle s'accompagne d'une lucidité qui assigne au poète une fonction à la fois humble et constructive : réunir les traits épars du Paradis, à l'instar de Novalis (*PFA*, 28). Dans ce manquement à la complétude, dans ses lacunes, le visible va convoquer le poète, lui offrir sa place, et c'est précisément ce qui fixe ou justifie sa fonction ; si Mallarmé œuvrait pour «rémunére[r] le défaut des langues»[14], Jaccottet œuvre pour rémunérer les lacunes et les discontinuités du visible, activité créatrice et poétique par excellence :

> [...] A mes moments d'assurance, je me voyais comme un serviteur du Visible, et non plus comme son déchiffreur. J'imaginais toute la matière aspirant à se métamorphoser lentement, même et peut-être surtout ses parties les plus basses et les plus dédaignées ; appelant notre esprit au secours pour qu'il l'arrache à sa pesanteur ; aspirant à passer à travers nous, à ressortir par notre bouche ; comme si toutes choses cherchaient à devenir de plus en plus graciles et de plus en plus lumineuses, à monter sans relâche, grâce à l'amour qu'elles nous inspirent, vers une sorte de cime ; et cette cime atteinte, toute peine, tout mouvement, toute parole cesseraient automatiquement dans un état qu'il est absolument vain de vouloir évoquer ou même comprendre. La réponse (provisoire) à toutes mes questions était ainsi qu'il ne fallait rien refuser des difficultés, des limites et des fautes attachées à notre monde ; qu'il ne fallait pas non plus les rechercher, mais, très simplement somme toute [...], vivre la vie de tous les hommes, avec les yeux bien ouverts ; regarder intensément le monde, adorer le monde dans sa figure mortelle, mais sans oublier que ce regard, cette adoration, cette patience dans un travail à la fois plaisant et difficile, tendent à l'exaltation toujours plus triomphante de la lumière ; et que la lumière est peut-être à sa fine pointe, l'instrument du passage dans ce qui ne peut plus être ni lumière ni obscurité.
>
> *PSA*, 131-132

Cette quête d'unité et d'équilibre se joue à travers une tension permanente entre l'horizontal et le vertical (tension qui régira les pratiques descriptives), la verticalité n'étant accessible que ponctuellement dans les lieux — définis comme «une sorte de centre mis en rapport avec un ensemble» —, ce qui permet non seulement de dépasser les discontinuités «horizontales», mais aussi d'instaurer une communication «entre le haut et le bas».

Remontée vers l'unité, la cohérence, l'harmonie, tel nous paraît être ce service du Visible qui suppose non seulement lecture, mais aussi conversion, transformation du visible apte en certains lieux à s'ouvrir au «regard intérieur» (*PFA*, 31). Déjà se profilent les limites de la description... Cependant, rien n'autorise Jaccottet à la certitude et à la complétude qu'énonce Hugo dans sa vision totalisante de la remontée du divers à l'unité : «Tout cet ensemble obscur, végétation sainte» qui «Compose en se croisant ce chiffre énorme : DIEU»[15].

Pour sa part, Jaccottet considère les choses en tant qu'individus, et c'est dans leur particularisation (*le pré de mai, un verger de cognassiers...*) qu'il s'essaie à percevoir quelque chose de l'ordre du monde. Au point de vue du devin ou du mage, il substitue celui d'un homme qui assume sa finitude.

Ecrire, décrire, ce sera donc seulement saisir ce texte du monde et en construire la cohérence, ou plutôt en inventer une cohérence possible. Mais si décrire permet de fixer les choses pour saisir leurs rapports, le service du visible impose en outre de les «traduire», comme le dit Jaccottet dans son commentaire du *Flambeau de la vision* :

> Pour moi, voici ce que j'avais rêvé à la suite de ces premières pages : que A.E., ayant pris conscience de l'intelligibilité du monde visible, ne songeait plus dès lors qu'à l'interroger comme on déchiffre un texte; que ces fleurs dont il nous dit qu'elles étaient «un mot, une pensée», il n'aurait de cesse de les traduire; que cette perfection oubliée et cachée, il s'acharnerait à nous la faire découvrir dans les choses.
>
> *PSA*, 28-29

Qu'est-ce que «traduire», et comment faire comprendre le «texte du monde»? Nous ne pouvons éluder cette question qui pose à la fois la nécessité de la description et de son propre dépassement en une poétique du descriptif où la figuration et l'inscription du texte dans l'espace de la page contribueront à «donner à voir» les traces qui désignent le lieu où «tiennent» toutes choses.

1.3. Rendre lisible le visible

L'enjeu de cette poétique où la description a son rôle à jouer est fondamental et problématique, car la notion de lisibilité implique de la part du destinataire une activité d'interprétation, de construction de sens. La notion de «texte-traduction» du perçu doit donc être interrogée selon la double perspective de la production et de la réception.

Il s'agit de traiter le perçu en évitant le piège des fausses évidences ou des fausses transparences pour rendre sensible ce qui dépasse le visible et lui donne sens; cela suppose un travail d'élaboration textuelle assez puissant pour faire du destinataire un co-lecteur du texte du monde par la médiation du texte inscrit sur la page, et un réglage rigoureux et juste des moyens disponibles pour ne pas intellectualiser l'expérience :

> Mais je sais aussi que cette suggestion [de fraîcheur, de pureté] ne doit pas être abstraite de la chose, qu'elle doit rester à l'intérieur, donc cachée aussi dans le texte. C'est à la condition d'être plus ou moins cachée qu'elle agit; autrement, on n'a plus qu'une formule qui intéresse l'intelligence, que l'on admet ou réfute, et nous voilà sortis du monde que je crois le seul réel, engagés dans le labyrinthe cérébral d'où l'on ne ressort jamais que mutilé.
>
> [...] Leur mouvement [des vaguelettes] compte sans doute aussi dans la phrase qui semble, de là-bas, m'être soufflée. Ce sont d'ailleurs ces vagues presque imperceptibles qui, en se brisant sans bruit contre la barrière de roseaux, blanchissant en écume, se changent en plumage; en se heurtant à la légère, à la mystérieuse barricade, elle-même sensible, mobile, elle-même emplumée, empanachée à son sommet.

PFA, 62-63, *passim*

C'est dans la mesure où il saura traiter la matière textuelle que le lecteur deviendra co-lecteur du texte du monde. En tenant compte, par exemple, de la manière dont la réflexion précédente se développe en une saisie descriptive qui convoque métonymiquement les éléments du lieu (eau, air, terre, roseaux, herbe, écume) pour les faire signifier métaphoriquement (*barrière de roseaux; plumage d'écume*), manifestant leur solidarité, et s'essayant à en percer le secret; mais l'intelligibilité du lieu, de la métamorphose qu'il subit au regard de celui qui tente de le déchiffrer, passe par une expérience sensible qui mobilise les ressources formelles du langage. Le mode discret de la rencontre des éléments, les flux et les souffles, la fraîcheur, tout cela est rendu par des allitérations en [s] [ʃ] [b], des assonances en [ɑ̃] [e] [ɛ], des réitérations phoniques plus ou moins approximatives, capables d'évoluer imperceptiblement, comme [blɑ̃] [ɑ̃...bl] [ɑ̃p]; [ɛr] [ɛf]; des groupes de souffle tantôt binaires, tantôt ternaires. S'il paraît déjà acquis que la description mobilise toutes les ressources formelles du langage, il ne faudrait pas pour autant méconnaître le rôle de son organisation. On verra les pratiques différer selon que Jaccottet choisit d'associer le lecteur à sa démarche de compréhension du monde, ou de le confronter directement à une vision.

Les proses discursives et les poèmes-discours relèvent du premier cas. Ils invitent le lecteur à entrer dans l'expérience de la vision, et dans le travail de conversion des perceptions en lisibilité. Ils déploient la démarche d'une double lecture : « lecture » du réel, et lecture du processus de production de sens avec ses erreurs et ses errances, ses tâtonnements. C'est notamment le cas de textes comme « Travaux au lieu dit de l'Etang », « Mai », « Le pré de mai... » que nous analyserons dans ce chapitre.

Les notes des carnets et les poèmes-instants qui, à des degrés d'élaboration divers, saisissent un lieu à un moment précis sont plutôt représentatifs de la deuxième option. Dans ces textes, généralement courts, la structure lacunaire ou parabolique exige du lecteur qu'il retrouve le pouvoir d'unité, les propriétés d'irradiation propres à un noyau ou un centre :

Dans l'étendue
plus rien que des montagnes miroitantes

Plus rien que d'ardents regards
qui se croisent

Merles et ramiers

Po, 134

La description se saisit du contingent pour aller au signifiant, esquissant des lignes qui cherchent à s'organiser. Dans l'étendue amorphe de la page, le texte, constitué de réseaux disjoints, se donne comme analogon d'un monde épars aux lieux disséminés; lire ce sera, symétriquement à la tâche du poète, déceler dans la discontinuité textuelle les traces d'un ordre, suturer ces réseaux disjoints pour accéder à une image unifiée à partir de la diversité voire de l'incohérence d'images multiples.

Avec ou malgré leurs lacunes, ces textes apparaissent souvent comme le lieu d'une tension entre l'horizontalité et la verticalité : le jeu du syntagmatique et du paradigmatique y régit l'organisation descriptive.

2. DES TEXTES DESCRIPTIFS

Pour étudier les procédures descriptives qui participent à cette lecture-recréation du monde, nous les inscrirons dans le cadre d'une grammaire textuelle et d'une rhétorique de l'*amplificatio* :

> Le descriptif peut être d'abord appréhendé comme une tendance du texte à la digression, à l'expansion (*amplificatio*). Aussi est-ce n'importe quel endroit du texte, n'importe quelle unité sémiologique du texte, qui peut devenir description, déclencher l'apparition d'un système descriptif. Par essence, ce dernier serait donc, avant tout, imprévisible dans son ouverture.[16]

Ceci appelle plusieurs observations. D'une part, l'extrême liberté ou plasticité du texte descriptif — qui ne connaît pas les contraintes du texte narratif à l'égard de la temporalité par exemple — devra nous rendre attentifs aux procédures récurrentes, si nous voulons saisir la spécificité et le «sens» des descriptions de Jaccottet. D'autre part, définir le descriptif comme système d'expansions pourrait nous conduire à privilégier dans notre étude les poèmes-discours et les proses longues, au détriment des poèmes-instants et des notations. Or, la brièveté n'exclut pas la description, voire une certaine complexité dans la description. Car si l'idéal de Jaccottet est de tendre vers la simple nomination des choses, il est rare dans la pratique qu'elle puisse se suffire à elle-même. Le plus souvent, elle constitue le point de départ ou d'arrivée d'un travail descriptif qui prend parfois des allures discursives. Ainsi, dans cette notation de *La Semaison* comme dans beaucoup d'autres, l'expansion se développe à partir de l'acte de nomination :

> Neige. La neige d'ici, qui vole et ne se pose pas, qui semblerait plutôt monter. Qui rend l'enfance. Heureuse. Pareille aux vols de moucherons en été, qui cèdent au vent. Nuages.

S, 151

Complexité et dynamique apparaissent dès lors qu'on se demande si le texte parcourt verticalement l'espace, remontant métonymiquement de la neige aux nuages, ou si *neige* et *nuages* ne se maintiennent pas dans un équilibre à la fois paronymique et métonymique. Inversement, des proses descriptives d'une certaine extension (d'une dizaine de pages par exemple, comme celles d'*A travers un verger* ou *Cahier de verdure*) se rétractent épisodiquement par un travail de condensation qui fait «respirer» le texte. C'est ainsi que, dans *Paysages avec figures absentes*, l'exploration d'un paysage «certain soir d'après Noël» se condense en une seule phrase-image : «Un paysage couleur de paille et de fumier, une grande écurie glacée» (*PFA*, 17); dans *Blason vert et blanc*, la reprise anaphorique du prédicat *vert et blanc* vient ponctuer l'ensemble du texte (*CV*, 23-34).

Au lieu d'établir une typologie des descriptions fondée sur le descriptif restreint et le descriptif développé, nous privilégierons plutôt l'examen des procédures d'expansion dominantes impliquées par la conception et la saisie du monde, ainsi que les problèmes de lecture liés à la pratique de l'ellipse et de la polyisotopie.

2.1. Procédures d'expansion

Philippe Hamon définit un système descriptif comme «un jeu d'équivalences hiérarchisées : équivalence entre une *dénomination* (un mot) et une *expansion* (un stock de mots juxtaposés en liste, ou coordonnés et subordonnés en un texte)»[17]. Un tel système peut présenter des configurations extrêmement variables; mais certaines procédures d'expansion sont particulièrement fréquentes et/ou signifiantes chez Jaccottet.

La première consiste à développer le pantonyme par un prédicat ou une série de prédicats de propriétés.

> De hautes **graminées** mobiles, légères, d'espèces diverses (qu'il ne servirait sûrement à rien de distinguer, de nommer), et parmi elles **des fleurs jaunes**, ou roses, indistinctes, nombreuses et diverses elles aussi, à peine mieux connues. **L'herbe** haute, légère, qui tremble sans aucune apparence d'effroi ou seulement d'agitation, qui vibre plutôt, et c'est le soir, le long soir d'été où volent les martinets. **Des iris d'eau** fleurissent en jaune, **des grenouilles** commencent à coasser (plus tard, elles étonneront par le volume de leur voix). **Un nid de roseaux** tressés à fleur d'eau porte des œufs ivoire tachés de brun ou de gris, on ne peut s'approcher, les berges sont traîtres. On pense à des histoires, à l'Histoire [...]

ATV, 88-89

Cette séquence essentiellement descriptive, entrecoupée de quelques commentaires, est extraite d'une prose dont le titre «Mai» fonctionne comme pantonyme qui se trouvera spécifié après une série de réajustements ou «accommodations» :

> J'ai dit le pré de mai [...] mais aujourd'hui [...] ce sont plutôt des prés plus vagues, plus vastes.

Ibid., p. 88

Ainsi redéfini, restreint, le pantonyme est expansé en une liste hétérogène qui associe le règne végétal et le règne animal. Il s'agit en fait de métonymes — *graminées, herbe, iris d'eau, grenouilles, nid de roseaux* — qui énumèrent les éléments constitutifs du paysage entretenant des relations de contiguïté. Chacun de ces éléments est à son tour thématisé et expansé en une série de prédicats qui se présentent sous la forme d'un adjectif, d'une proposition ou d'un syntagme verbal.

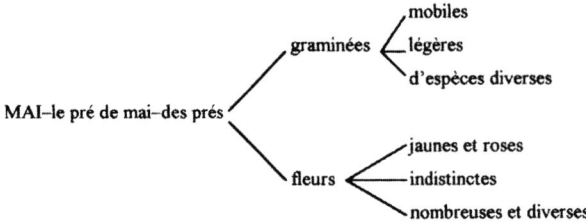

Ce type de procédure témoigne d'un regard qui s'affine jusqu'au point de rupture ou de résistance, qui fragmente ou traverse les choses pour en dépasser l'apparence, accéder à leur secret.

La seconde consiste en l'expansion du pantonyme par des prédicats de situation :

Mars (1966)
> Le petit pêcher rose, dans la distance, sur un coin de pré vert clair. Rien que cela, flèche qui creuse au plus profond de nous.
>
> *S*, 95

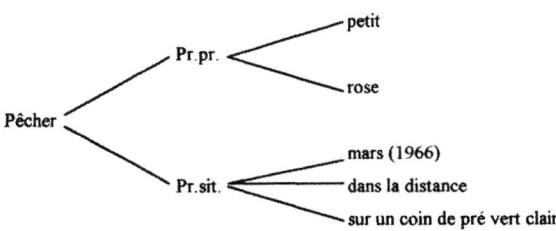

Ici, avant d'être métaphoriquement repris par un prédicat d'assimilation, le mot « pêcher » est développé par deux séries d'expansions : la première consistant en prédicats de propriétés, et la seconde en prédicats de situation temporelle d'abord puis spatiale.

Dans le poème « Là où la terre s'achève »[18], c'est tout le début du texte qui est constitué par des prédicats situationnels expansés à des niveaux différents (*là où la terre s'achève.../dans la lumière.../entre pierre et songerie*), et le thème n'apparaît qu'au dernier vers pour s'équilibrer par un prédicat d'assimilation et constituer la clausule : « cette neige : hermine enfuie ».

Dans ces deux cas, les prédicats de situation ponctuent et organisent la séquence descriptive par des effets de reprise qui visent à déterminer au plus près — ou au plus juste — les coordonnées spatiales ou temporelles du thème : saisir l'espace où se joue le sens ; saisir les circonstances essentielles à l'avènement d'un phénomène et révélatrices de son sens. Cette pratique caractérise non seulement le « poème-instant », mais aussi des notations comme celles de *La Semaison* :

> **Dans la lumière** de la fin de l'hiver, qui est de la poussière rose — **et dans le silence**, qui semble étrange, **d'un après-midi**, comme s'il allait arriver on ne sait quoi — : le vol proche des mésanges, leurs couleurs : jaune pâle, gris, bleu pâle et noir, leurs couleurs du nord, de messagères affairées du nord. Oiseaux de Norvège.
>
> *S*, 239-240

Tantôt éléments d'expansion, tantôt éléments expansés, les prédicats de situation ont un statut particulier : ils soulignent l'inscription dans l'histoire du poète de ses perceptions et de sa compréhension du monde, en montrent le caractère ponctuel, transitoire.

Un troisième type d'expansion est assuré par des prédicats d'assimilation : d'où le caractère souvent métaphorique des descriptions chez Jaccottet. C'est ce type de prédicat qui clôt le texte «Mars» par simple juxtaposition au thème : «Qu'est-ce que le regard? [...]/un rapace». Mais la copule *être* peut aussi, et de manière plus explicite, articuler le prédicat d'assimilation au thème : «Montagne à contre-jour dans le matin d'été : **c'est**, simplement, de l'eau» (*CV*, 43).

Ce mode descriptif introduit à la dialectique de l'être et du paraître, du visible et de l'invisible, dans la mesure où il dévoile au lecteur l'altérité des choses, tantôt de manière immédiate, tantôt de manière progressive.

2.2. Dynamique descriptive

Si les textes descriptifs présentent des configurations remarquables, nombre d'entre eux se caractérisent surtout par une «respiration» engendrée par un double mouvement d'expansion et de condensation.

Parfois, c'est le mouvement de condensation qui prédomine. Ainsi, dans la prose intitulée «Eaux de la Sauve, eaux du Lez» (*ABA*, 21-28), la partie consacrée au Lez (p. 26-28) est essentiellement régie par un mouvement de condensation qui aboutit à la nomination de l'objet. Le texte s'ouvre sur un développement de divers prédicats qui se déploient sur plus de deux pages, avant que ne s'opère la condensation, par l'acte de nomination : «Ce sont les eaux du Lez». Si le nom apparaissait dans le titre, les deux occurrences de l'acte de nomination en position initiale et en position finale n'ont pas les mêmes effets de sens : on pourrait dire que la première était non signifiante, et que les expansions se sont employées à la charger de sens — du sens que ces eaux ont «pour moi», *hic et nunc*. Quelques brèves expansions reviennent aux propriétés essentielles des eaux et esquissent une possible méditation dont l'émergence est précisément tributaire du moment et du lieu de l'observation :

> Ce sont les eaux du Lez, en avril, au gué dit de Bramarel. On regarde encore un instant avant de rentrer chez soi : brèves, et comme éternelles. Quand on se retourne vers l'ouest, on voit qu'elles s'évasent, qu'elles s'élargissent à la mesure du ciel, dont la lumière éblouit.
>
> Eaux prodigues, et qui ne reviendront jamais sur leurs pas.
>
> *ABA*, 28

On verra de manière plus nette, comment un processus d'expansion-condensation assure la progression du texte qui décrit un figuier :

> Au petit jour : le vert sombre du figuier, le jaune d'un arbre plus lointain, les taches de vigne, et la brume. Couleurs graves. Silence, mutisme plutôt. On surprend un aspect

du monde, du jardin, plus caché. Encore une chose qui me désarme, qui m'enlève les mots. Ces couleurs, et la brume, avant que le soleil se lève.

S, 147

Le premier paragraphe développe la description d'un paysage, ou plutôt d'un moment (*Au petit jour*) selon quatre données : *le vert sombre du figuier, le jaune d'un arbre plus lointain, les taches de vigne, la brume*. L'ensemble, au centre du paragraphe, est condensé dans l'expression *couleurs graves* avant la mise en place d'une nouvelle donnée *(silence, mutisme plutôt)*, d'une phrase de commentaire, et d'une seconde réduction : *ces couleurs, et la brume*. Le paragraphe se clôt par un dernier segment — *avant que le soleil se lève* — qui reprend l'ouverture même du paragraphe — *Au petit jour*.

On pourrait en schématiser ainsi la construction :

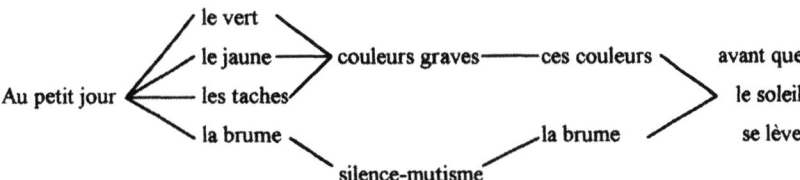

Le paragraphe suivant commence par un commentaire du précédent ; commentaire qui se résorbe dans « Le mot Limbes. Lazare ». A leur tour, ces données nouvelles relancent l'expansion descriptive jusqu'au moment où est évoquée la fontière du jour et de la nuit qui se condense à son tour dans une donnée nouvelle : « aucune lumière directe : celles de la nuit éteintes, celle du jour pas encore allumée. Entre-deux. Purgatoire ». Et la notion de Purgatoire va elle aussi relancer l'expansion descriptive de cette lumière. Ainsi toute la première partie de l'évocation du figuier respire-t-elle selon ce schéma d'expansion-condensation particulièrement apte à rendre compte de la capacité de métamorphose des choses selon le jeu des circonstances et la puissance de pénétration du regard.

Mais si ce schéma permet d'appréhender une dynamique textuelle fréquente chez Jaccottet, il est des cas où l'on ne sait si on a affaire à un mouvement de condensation ou d'expansion. Par exemple, dans ce bref poème :

Rose, soudain comme une rose
apparue à la saison froide.

*Il n'y a pas beaucoup de neige,
mais beaucoup d'eau vaillante dans les roches
et des violettes en plein sentier.*

De l'eau verte à cause de l'herbe.

Rose, portière de l'année.

CV, 21

La mise en page du texte, et la reprise anaphorique de *rose* permettent de visualiser un fonctionnement circulaire que nous aurions envie d'assigner à ce double mouvement d'expansion-condensation, le prédicat *portière de l'année* reprenant, sous une forme condensée par l'image, les éléments antérieurement développés. Mais dès lors que nous considérons *rose* comme thème et *portière de l'année* comme prédicat, nous devons aussi admettre que ce syntagme constitue une expansion de *rose*. A moins de considérer qu'il ne soit une nomination de la rose, non pas donnée par le lexique, mais secrète, cachée, à trouver. L'interprétation met en jeu les conceptions de la métaphore que nous aborderons au chapitre suivant.

2.3. Cohérence et lisibilité

Nous avons vu que les textes de Jaccottet progressent essentiellement par un mouvement d'expansion-condensation de la description (description qui peut elle-même s'ouvrir au commentaire). Mais ce mouvement est le plus souvent oblique en ce sens qu'il s'accompagne de dérivations métaphoriques qui, en multipliant les isotopies selon le dépli du visible et du caché, posent des problèmes de cohérence, et donc de lisibilité. Comme préalable à la construction de sens, la cohérence suppose pour Ducrot «l'obligation, pour tous les énoncés de se situer dans un cadre intellectuel relativement constant»[19]. Ce cadre permet de réguler les stratégies de lecture des textes descriptifs, conduisant éventuellement le lecteur à compenser les lacunes ou les incohérences perçues par un traitement figuré des éléments descriptifs. C'est ce qui arrive dans les descriptions métaphoriques où la multiplicité des isotopies obscurcit la cohérence :

La foudre d'août

Une crinière secouée
balayant la poudre des joues

Si hardie que lui pèse
même la dentelle

Po, 122

En outre, les problèmes de lisibilité s'accroissent quand des isotopies se côtoient sans articulation syntaxique. L'ellipse, qui est facteur d'allègement syntaxique, devient facteur d'obscurité sémantique, comme on peut le voir dans le poème suivant :

Cascade noire suspendue
Chose mystérieuse, chevaline
Plumage
Chose à tordre
Brûlant tout près de notre centre
Toison, tison, torche inversée
Flamme de la nuit dans le jour
Fer dans notre cœur.

S, 71

Les isotopies sont multiples (cascade ; cheval ; oiseau ; flamme ; fer ; homme) et leur articulation problématique (comment passer de *chevaline* à *plumage*?), voire contradictoire (*cascade/flamme*?). La progression se laisse appréhender sous plusieurs angles : celui des ressemblances de mots (paronymie *tison-toison*) ; des effets phoniques (allitérations dans *toison-tison-torche ; flamme-fer*), des analogies (*cascade*-crinière-*plumage-chose à tordre-torche*). C'est le jeu sur ces différents plans qui assure le passage de *cascade noire suspendue* à *Flamme de la nuit dans le jour/Fer dans notre cœur* ; en revanche, la cohésion repose essentiellement sur les images qui viennent se greffer sur les deux groupes nominaux abstraits *chose mystérieuse*, *chose à tordre*. La structure syntaxique (syntagmes nominaux avec ou sans expansion) participe à la fois à la progression et à la cohésion de l'ensemble, dans la mesure où elle instaure un système d'équivalences qui crée un effet de stabilité mais qui peut aussi être pensé comme effacement de ce qui a été posé antérieurement. Deux attitudes de lecture peuvent être adoptées : la mise en mémoire, qui conserve, superpose l'ensemble des prédicats et privilégie l'aspect clos du texte écrit, se centre sur une cohérence obtenue par stratification ; ou l'effacement des prédicats antérieurs, qui privilégie la progression et suit le geste de l'écriture, l'élaboration du texte s'acheminant vers sa fin.

La lisibilité d'une description peut en contrepartie être facilitée par divers moyens, en particulier la connaissance du thème ou la possibilité de le nommer, et la reconnaissance de grilles descriptives ayant un degré de fréquence assez élevé pour que le lecteur puisse anticiper une cohérence globale et situer le détail relativement à cet horizon d'attente. Chez Jaccottet, la lisibilité est assez souvent facilitée par le titre ou l'incipit des textes ; mais elle l'est surtout par la mise en place de grilles descriptives plus ou moins prévisibles. Si celles-ci sont rarement simples, et pas toujours explicites, nous pouvons cependant mettre au jour des schèmes dominants, d'autant plus significatifs que l'ordre de la description n'est pas régi par des contraintes aussi fortes que celles du récit.

Dans des textes si souvent consacrés aux paysages, les grilles spatiales sont évidemment nombreuses. Elles proposent une découpe de l'horizon fréquemment coordonnées au descripteur, qu'il soit fixe (point de vue de l'observateur), ou mobile (marcheur qui parcourt un espace). Dans ce cas, les grilles spatiales peuvent s'articuler à une grille temporelle (la progression dans l'espace supposant la durée et le déroulement chronologique, un fil conducteur pseudo-narratif sous-tend l'organisation de la description) :

> Une double coupe, un double bassin : d'abord l'enceinte des chênes ; plus loin, plus haut, celle des montagnes. Double bassin pour le ciel. Nous sommes au milieu. Nous regardons tourner l'espace.
>
> *S*, 126

D'emblée, *double* annonce une liste fermée qui se déploie, au plan spatial, en profondeur et en altitude (*d'abord/plus loin*) ; mais cette verticalité est orientée en fonction de la position du sujet regardant : *nous sommes au milieu*.

Si première et troisième dimension se combinent selon une saisie visuelle, le passage suivant est essentiellement organisé selon la deuxième dimension :

> Amandiers, de loin : écume dans les terres, sur ces fonds sombres de terre, de cendre.
>
> De près : vert, blanc, jaune, cet accord si bref qu'à peine a-t-on le temps de le saisir. Couleur de lait.
>
> *S*, 124

Les organisateurs spatiaux, tout à fait explicites et rigoureux, permettent ici au lecteur d'anticiper le mouvement de l'observateur, et d'adhérer à sa perspective.

Mais dans «Paysage de la Lance», le schéma spatial se greffe sur un schéma temporel.

> Paysage de la Lance. Combes plantées de lavandes. On les cueille ; serpes. Cueillies, cela fait des gerbes grises, presque noires, couleur d'ardoise, dans le champ de pierres.
>
> Ravins probablement à sec. Puis des forêts, où domine le hêtre avec des framboisiers, des mûriers, des églantiers, de grands buissons de chardons bleus, plus haut des pierriers de pierres grises comme taillées net [...] Au cours de la montée, il y a une clairière en pente avec une maison en ruine et une source ; c'est comme un parc dont les pentes regardent les collines proches et lointaines [...]
>
> Dans l'étendue, les plis sont harmonieux, sans mollesse ni brisures, couverts par l'ombre des forêts.

> Pus bas, dans une baume où la même propreté de parc règne autour de la ferme, les moutons sur la pente ressemblent à des œufs de fourmi.
>
> *S*, 87

Le pantonyme global *paysage de la Lance* est développé par l'énumération *combes, ravins, forêts, clairière*; mais l'ordre est celui des espaces rencontrés *au cours de la montée* par un descripteur qui reproduit le mouvement du marcheur et permet ainsi de moduler la distance et, corrélativement, l'extension du champ visuel. L'ambiguïté de *puis* joue ici pleinement, car l'adverbe indique un ordre de la description, mais aussi un déroulement chronologique. L'espace s'ordonne à partir de la position du descripteur : *plus haut/plus bas*; ou bien d'un élément du paysage pris comme point de référence : *c'est comme un parc dont les pentes regardent les collines proches et lointaines*. Chaque espace est successivement détaillé, tantôt selon un principe de contiguïté — *au cours de la montée, il y a une clairière en pente avec une maison en ruine et une source* —, tantôt selon un principe de classification — *des forêts où domine le hêtre, avec des framboisiers, des mûriers, des églantiers, de grands buissons de chardons bleus [...]; des essences inattendues : saules et pins*.

L'effet de liste est encore plus marqué dans cette description d'une ferme :

> Ferme — Sous les grands chênes : herse, meule à aiguiser, fontaine, tombereau bleu, douves de tonneau. Ombre et vent.
>
> Pus loin, les peupliers dans un cercle d'ombre à leur pied (midi), devant blés et lavandes.
>
> *S*, 83

Le principe d'énumération est ici hétérogène puisque celle-ci juxtapose des outils agricoles, des constructions, des notations atmosphériques. Mais tout ceci s'organise dans un plan spatial qui conjoint la juxtaposition (fermes, chênes), les plans verticaux (*sous*...) et l'énumération (*plus loin* présuppose un premier plan, celui qui se trouve précisément détaillé dans le paragraphe précédent). On approche alors de l'effet de tableau qui caractérise certains textes de Jaccottet. Ces plans de textes font percevoir le rôle structurant de la position du descripteur pour saisir un ordre dans l'espace ou des liens entre les choses. Ici, le parcours métonymique de l'espace et des objets montre comment tout cela « tient ensemble » : la ferme est située dans un espace végétal qui comporte chênes, peupliers, blés, lavandes; mais elle est aussi détaillée en ses parties ou objets caractéristiques. La loi de contiguïté n'a pas nécessairement besoin de se concrétiser en figures rhétoriques pour fixer comment des choses hétérogènes sont solidaires dans l'espace visible.

Les poèmes — mais aussi certaines proses et notations — tendent davantage vers une structuration d'ordre métaphorique, qui se réalise souvent en figures aptes à suggérer d'autres types de rapports, un autre ordre du monde :

FRUITS

Dans les chambres des vergers
ce sont des globes suspendus
que la course du temps colore
des lampes que le temps allume
et dont la lumière est parfum

On respire sous chaque branche
le fouet odorant de la hâte

*

Ce sont des perles parmi l'herbe
de nacre à mesure plus rose
que les brumes sont moins lointaines
des pendeloques plus pesantes
que moins de linge elles ornent

*

Comme ils dorment longtemps
sous mille paupières vertes !

Et comme la chaleur

par la hâte avivée

leur fait un regard avide !

Po, 119-120

La verticalité n'est pas ici d'ordre spatial ; elle est « empilage », paradigme, surimpression ou superposition aux fruits d'autres réalités, selon l'état dans lequel ils sont perçus :

- fruits dans le verger/globes éclairant la chambre ;
- fruits dans l'herbe/perles ornant un corps de femme, un corps qui s'offre aux regards ;
- fruits dans l'arbre, parmi les feuilles,/yeux sous les paupières.

La description alors ne se contente plus d'organiser l'espace perçu selon une procédure particulière apte à représenter la manière dont on l'appréhende au plan émotionnel et/ou intellectuel ; elle devient acte de mise en relation d'éléments disjoints, invention et construction du monde : en ce sens, Jaccottet accède pleinement à ce qu'il a le plus admiré chez Claudel dans *La Cantate à trois voix*; il passe de la description à la « redescription » du monde, de la vue à la vision.

3. VERS UNE POÉTIQUE DU DESCRIPTIF

Une telle organisation des descriptions, avec ses plans divers et ses fractures, implique une lecture qui ne procède pas de seules opérations «réalistes», mais suppose un traitement qui dépasse largement la seule connaissance du référent et déclenche des opérations propres aux textes poétiques; ce qui nous autorise à parler de poétique du descriptif. Cette poétique oscille entre deux tentations : celle de l'inflation descriptive, et celle de la réduction.

3.1. La séduction de l'inflation descriptive

Nécessaire au «maillage» du réel, la description constitue une base travaillée par l'écriture poétique : en termes pongiens, le parti pris des choses est indissociable du compte tenu des mots. Steinmetz montre d'ailleurs la parenté qui existe entre les poétiques de ces deux écrivains qui cultivent une même attention au monde, et une même exigence pour le dire :

> La démarche de Jaccottet, malgré la modestie qu'elle revendique (et il convient de lire là le sens d'une Mesure essentielle) se situe près de celle de Ponge, distincte évidemment, mais complice. Ce fut d'ailleurs avec Ponge qu'il entretint des rapports d'écriture et de parole dont l'œuvre témoigne selon la plus juste reconnaissance. A lire les «proses», on se rend compte des relations existant entre ces deux recherches.[20]

Jaccottet se situe avec lui du côté des poètes de la présence au monde :

> [...] en dépit de différences considérables, depuis longtemps j'ai lié dans mon esprit les noms de Ramuz, de Claudel et de Ponge, et je crois savoir où est le lien : dans une certaine passion de la *matière* et une certaine méfiance de l'*esprit*, des *idées* [...]; dans la présence parmi leurs images, dans leur vocabulaire et plus encore dans la démarche de leurs phrases, du poids des choses visibles; en particulier, justement, de tout ce qui n'est pas ces lueurs, ces éclairs, ces passages, ces souffles, cette fluidité dont je me sens plus naturellement proche. Ces galets, ces murs de vignes, ces rocs, ces montagnes; ces bœufs ou ces porcs; ces tables, ces outils : cela saute aux yeux. Sans abuser du parallèle, il faut lui reconnaître quelque justesse. A tailler ainsi, de préférence, dans le brut, il me semble que ces trois poètes, chacun à sa façon, ont trouvé un sol plus sûr dans ce «remue-ménage de fantômes» qu'est, selon Ponge, notre époque.
>
> *EDM*, 115

Mais il relève aussi avec humour ce qui les sépare : «*Les morphèmes, oui, bien sûr; mais, quant à moi, j'aime autant Polyphème*». Quelques pages plus loin, il confronte plus explicitement ses conceptions littéraires à celles de Ponge :

> Polyphème, oui, l'enthousiasme au sens originel, oui, un Ponge à l'état naissant en quelque sorte [...]. Ce Ponge incomparable du choc initial [...]

> Ou alors celui du grand texte abouti, comme, j'y reviens, «La chèvre», où se conjuguent souverainement l'observation aiguë et une vision élargie, qui ne craint même plus ce dont Ponge naturellement se défie toujours : lyrisme, mythologie, pourvu qu'ils contribuent à l'éclat radieux de la parole, dans un équilibre entre fougue et maîtrise qui réconcilie ses deux «côtés», le côté Chardin et le côté Fautrier, à première vue difficilement compatibles.
>
> Entre les deux, entre le cueilleur de premières notes et le compositeur du poème non pas clos, mais accompli, il m'arrive d'abandonner en route — et à ses exégètes infatigables — celui dont il me semble, quelquefois, qu'il s'éprend un peu trop de ses ratures.
>
> *TS*, 242-243

Jaccottet reconnaîtra d'ailleurs son influence sur «des textes de prose où, sans doute fier de *travailler* enfin, mais surtout encouragé à cela par l'exemple de Ponge, [il] allai[t] jusqu'à exposer les états de ce travail» (*TS*, 321). On pense bien sûr à *Travaux au lieu dit de l'Etang* où Jaccottet décline explicitement les étapes et les errances de l'écriture comme Ponge dans *La Fabrique du Pré*. Mais nous préférerons saisir la complicité et la spécificité des deux poètes-descripteurs en confrontant au texte canonique de Ponge deux textes de Jaccottet qui traitent du même «objet» : «Le pré de Mai» et «Mai» — que Jaccottet associe dans sa pensée comme dans l'écriture :

> J'ai dit une fois le pré de mai, une fête gaie et fragile, mais aujourd'hui ce n'est pas le même, ni à la même heure ; ce sont plutôt des prés, plus vagues, plus vastes, et qui sont vus non pas en plein soleil, mais le soir [...]
>
> «Mai», *ATV*, 88

En dépit de la différence référentielle et de la variation circonstancielle, la solidarité des deux textes est doublement assumée : par l'intervention de l'énonciateur, et par le lexique (*pré-mai*) qui délimite un espace isotopique commun. De l'un à l'autre, un travail d'approfondissement s'effectue pour saisir ce qu'il y a de moins «voyant», de moins visible, de plus secret. Plus précisément se développe dans la seconde prose ce qui se frayait un chemin dans la première et tranchait avec l'ouverture étonnamment éclatante :

> Toutes ces «trouvailles» le trahissent, le dénaturent. Il est aussi bien plus étrange. Plus vénérable même peut-être, malgré tout ?
>
> Il est la chose simple, et pauvre, et commune [...]
>
> A ras de terre, ces mille choses fragiles, légères, ce vert jaunissant déjà, ce rouge éclatant et pur, et pourtant, entre terre et ciel [...]
>
> «Le pré de mai», *PFA*, 84

«Le pré de mai» s'achève d'ailleurs sur une diffraction des images, mais aussi une intériorisation :

> pré de mai dans mes yeux, fleurs dans un regard, rencontrant une pensée. [...]

herbes, coquelicots, terre, bleuets, et ces pas entre des milliers de pas, ce jour entre des milliers de jours.

Ibid., p. 85

Cette gravité latente, et la conversion de l'«exaltation» à l'horizontalité appellent le second texte :

> Sous le ciel argenté comme un immense miroir où les derniers oiseaux seraient des reflets sifflants, violents, d'autre chose.
>
> Les prés chantonnent à ras de terre contre la mort; ils disent l'air, l'espace, ils murmurent que l'air vit, que la terre continue à respirer.

«Mai», *ATV*, 93

Pour être discontinus, ces deux points de vue sur le(s) pré(s) n'en sont pas moins indissociables dans la recherche du secret du pré. La recherche s'inscrit ici dans des textes qui incluent les mouvements mêmes de leur engendrement, tandis que Ponge dissocie «Le Pré» de *La Fabrique du Pré*, qu'il sépare l'œuvre accomplie de son sous-sol.

Mais les affinités entre Ponge et Jaccottet sont perceptibles : en ce qui concerne leur rapport aux choses, une certaine manière d'être présent au monde, et la recherche des mots de l'é-motion. Car au commencement, il y a l'émotion.

Chez Jaccottet :

> Longer le pré aujourd'hui m'encourage, m'égaie. C'est plein de coquelicots parmi les herbes folles [...]

«Le pré de mai», *PFA*, 83

> Encore une chose qui me surprend quand je passe, qui me touche de sa flèche tendre et presque silencieuse, qui me sollicite [...]

«Mai», *ATV*, 88

Et chez Ponge :

> Voici d'abord de quelle émotion il naquit (mais il n'est pas né). [...]
>
> Je fus, je ne sais pourquoi, saisi d'une sorte d'enthousiasme secret, calme (tranquille); pur, tranquille ! Je sus immédiatement que cette vision demeurerait telle quelle, intacte dans ma mémoire. Et donc, qu'il me faudrait essayer de la dire. Pour la comprendre ? comprendre n'est pas le mot. Pour essayer d'en conserver la jouissance primitive et de la pénétrer, de la communiquer. Pourquoi ?

Ponge, *La Fabrique du Pré*, p. 243-244[21]

Chacun, à sa façon, témoigne de son expérience de la «sensation d'univers» : plus allusive chez Jaccottet, plus circonstanciée chez Ponge.

Le désir-de-texte — «Ce que j'ai envie d'écrire, c'est Le pré» dit Ponge — se double très vite d'un sentiment de difficulté. L'ouverture enthousiaste du «Pré de Mai» est, elle aussi, vite tempérée par le scrupule : «Toutes ces "trouvailles" le trahissent, le dénaturent»; et «Mai» fait état d'une tension paradoxale, d'une difficulté à répondre à l'appel :

> Encore une chose qui me surprend [...], qui me sollicite — et je ressens déjà qu'elle sera parmi les plus difficiles à dire, étant des plus discrètes et communes.
>
> [...] Une abondance sans luxe, une foison sans opulence : je me doutais bien que j'allais m'empêtrer à son propos plus que jamais.
>
> «Mai», *ATV*, 88-89

Chez Ponge, la difficulté peut se mesurer quantitativement : aux quatre années de gestation du poème, et au rapport entre la longueur du texte final et des recherches (un dixième environ). L'enthousiasme des débuts est parfois miné par le doute :

> A partir d'ici sur ma page voici le galop. Le galop de l'écriture, selon l'inspiration. Les marques des sabots du poulain qui y galope (dans le pré) ou des bestiaux qui s'y lentement précipitèrent puis le piétinèrent vers, jusqu'à l'abreuvoir : pilonnage — Herbes couchées, écrasées, la terre végétale reprenant le dessus.
>
> Ponge, *FP*, 202-203

Trois ans plus tard, il parle «d'inhibition [...] à poursuivre», et son sentiment d'impuissance se dit parfois avec des mots très proches de ceux de Jaccottet :

> Me voici ce soir tout à fait découragé, et comme perdu. [...]
> Le pré est une des choses du monde les plus difficiles à dire.
>
> *Ibid.*, p. 228

La difficulté d'écrire s'origine dans une exigence commune par rapport à l'objet décrit : il s'agit pour Ponge d'être juste, d'une justesse qui rende justice à «la merveilleuse platitude du pré», et pour Jaccottet de préserver dans le texte le juste rapport aux choses :

> Je cherchais à saisir le langage évasif du paysage où je vivais; l'équivalent ne m'en venait pas au premier coup. C'était, cette fois, à ma conscience de choisir les mots qui ne trahiraient pas ce que semblaient me dire ces lieux émouvants. Et néanmoins, même alors, dans ces textes de recherche, j'étais amené à reconnaître qu'il ne fallait pas trop intervenir [...]
>
> *TS*, 321

Il s'agit aussi de se méfier autant de l'excès de travail que des «trouvailles» qui dénaturent l'objet. C'est précisément la conscience de ce risque qui constitue le pivot du «Pré de mai» et de «Mai» :

> Sur le moment, je n'ai noté que cela. Bien conscient qu'une fois de plus je bâtissais ainsi une réalité à côté de l'autre ou autour d'elle, qui en avait gardé quelques traits mais en cachait et en déformait d'autres et, de ce fait, découragé d'avance.
>
> «Mai», *ATV*, 91

La saisie de l'objet — les propriétés saisies par les poètes ou qui les ont saisis — montrent aussi des affinités, malgré des différences référentielles patentes. Le pré de Ponge s'inscrit dans un dans un «petit sous-bois mi-ombre mi-soleil», alors que le pré de mai est lumineux, taché de rouge. Toutefois, dans «Mai», le pré partage certaines caractéristiques avec le pré de Ponge :

> J'ai dit une fois le pré de mai, une fête gaie et fragile, mais aujourd'hui ce n'est pas le même, ni à la même heure ; ce sont plutôt des prés, plus vagues, plus vastes, et qui sont vus non pas en plein soleil, mais le soir ; dans un vallon où les terres malgré les drainages sont restées humides, vite détrempées, et où semblent flotter de grands buissons sauvages mais d'une forme régulière, telles des coupoles abritant un chœur de rossignols, entre des murs bas et des chemins eux-mêmes herbeux, sous un ciel gris.
>
> «Mai», *ATV*, 88

Prés ombreux, humides, enclavés ; mais à la netteté et à la régularité du petit pré de Ponge s'oppose le pluriel, le vaste et le vague des prés de Jaccottet. Au-delà des différences circonstancielles, quelque chose de commun — d'essentiel ? — est saisi. D'abord la verdeur, et on ne saurait s'en étonner tant elle est liée à la réalité de l'objet comme à sa représentation. Mais ici, il s'agit d'autre chose : de la *vérité-verte* du pré chez Ponge, saisie par la paronymie ; de son secret, indissociable de l'être des choses, chez Jaccottet :

> Au-dessous des yeux, autour de nos pas, comme l'eau sur la grève qui touche les chevilles, de couleur plutôt sombre et sans éclat, un vert sourd (amical, peut-on dire intime ? nullement étranger en tout cas) [...]
>
> «Mai», *ATV*, 89-91

A l'humble horizontalité du pré, à son horizontalité d'eau étale, répond chez Ponge sa platitude :

> La merveilleuse platitude et simple perfection du pré viendra à mon secours.
>
> La merveilleuse platitude du pré viendra ainsi à mon secours.
>
> Ponge, *FP*, 229-230

L'énoncé de — le fait d'énoncer — l'horizontalité précède et génère la découverte d'une autre propriété — beaucoup moins évidente — la *verticalité* du pré, qui va se décliner en *verte qualité* :

> L'eau qui, s'évaporant vers le ciel (*excelsior*), entraîne avec elle, les suscitant, les ressuscitant, les restes organiques étroitement mêlés et les débris minéraux qui constituent la terre végétale (improprement dite végétale),
> cette sorte de cendrier universel.
> Tel est le lyrisme des prés ;
> l'organisme des prés
> (au sens où l'organisme est le même que les *orgues*) :
> le *novum organum* des prés.
>
> Ponge, *FP*, 231-232

La verticalité n'est pas seulement suggérée par la vitalité de l'herbe, mais dressée par la métaphore des orgues. De même, dans « Le pré de mai », l'horizontalité du parcours s'efface d'emblée au profit de la verticalité de la végétation :

> Longer le pré aujourd'hui m'encourage, m'égaie. C'est plein de coquelicots parmi les herbes folles.
>
> [...] Ne dirait-on pas autant de petits drapeaux à peine attachés à leur hampe, de cocardes que peu de vent suffirait à faire envoler? ou de bouts de papier de soie jetés au vent pour vous convier à une fête, à la fête de mai? [...]
>
> Choses innocentes, inoffensives. Enracinées sans doute par en bas, mais un peu plus haut, presque libres, détachées.
>
> « Le pré de mai », *PFA*, 83 ; 85

« Mai » développe l'exaltation du pré « qui se divise, s'allège, s'anime et monte » par une métaphore musicale, non pas triomphale, comme chez Ponge, mais imperceptible : « On ne saurait parler d'un chant, à peine d'un chantonnement » (« Mai », *ATV*, 90).

Tout cela ramène le pré à l'élémentarité, à une *élémentarité-alimentarité* substantielle, que Ponge s'essaie à dire :

> [...] car il s'agit en vérité d'une métamorphose de l'eau, laquelle au lieu de s'évaporer directement, à l'appel du feu, en nuages, choisit ici en se liant à la terre et en passant par elle, c'est-à-dire par les restes pétris du passé des trois règnes et en particulier par les granulations les plus fines du minéral [...]
>
> Ponge, « Le Pré »

C'est dans cette même terre pétrie d'eau que s'enracinent chez Jaccottet les graminées du pré de mai, tournées vers le ciel et les pétales des fleurs champêtres ; cependant leur verticalité témoigne moins d'un enracinement, d'un enfoncement dans la matière, que d'un acte de sublimation :

> Et s'ils étaient des morceaux d'air tissé de rouge, révélé par une goutte de substance rouge, de l'air en fête ?
>
> « Le Pré de Mai », *PFA*, 84

Une tension verticale qui conduit Jaccottet à interroger dans « Mai » l'horizon qui recule pour y chercher des signes, des trajectoires :

> Le soir, quand la source de la lumière, du jour, s'est recachée, avant la nuit. Le ciel argenté apparaît comme un immense miroir où les derniers oiseaux seraient les reflets d'autres oiseaux, des traces noires et rapides, sifflantes.
>
> « Mai », *ATV*, 92

Alors qu'ici les oiseaux suggèrent l'inscription du secret, chez Ponge le vol de l'oiseau n'est plus que la figure de la littéralité, qui règle le jeu du « Pré » et de sa « Fabrique » :

> L'oiseau qui le survole en sens inverse de l'écriture
> Nous rappelle au concret, et sa contradiction,
> Accentuant du pré la note différentielle
> Quant à tels près ou prêt, et au prai de prairie,
> Sonne brève et aiguë comme une déchirure
> Dans le ciel trop serein des significations.
>
> Ponge, «Le Pré»

Le motif est le même, mais les enjeux divergent. Au terme du «Pré» comme au terme de «Mai», il y a la mort, la pensée de la mort. Mais le traitement diffère. Le duel qui se joue sur la page avec la matière des mots conduit Ponge à coucher son nom sous le (texte du) pré, en guise d'épitaphe, après avoir couché le texte sur la page :

> Voici donc, sur ce pré, l'occasion, comme il faut,
> Prématurément, d'en finir.
>
> Messieurs les typographes,
> Placez donc ici, je vous prie, le trait final.
>
> Puis, dessous, sans le moindre interligne, couchez mon nom,
> Pris dans le bas-de-casse; naturellement,
>
>> Sauf pour les initiales, bien sûr,
>> Puisque ce sont aussi celles
>> Du Fenouil et de la Prêle
>> Qui demain croîtront dessus
>> ----------------------------------
>> Francis Ponge.
>
> *FP*, 208-209

Ce n'est donc qu'au terme d'un parcours — d'un conflit entre matérialité du monde et matérialité du texte — que se trouvent réintégrés la matière du pré, le cycle de la mort et de la vie.

Chez Jaccottet, l'approche de la nuit sur les prés invite à entrer dans la proximité de la mort, ou plutôt convie à une sorte de rite initiatique où le pré, «enraciné» mais tourné vers le ciel, témoignerait de la verte vitalité de la terre, des échanges élémentaires tout à la fois infimes et forts qui réassurent contre la mort :

> Vert et argent. Hautes herbes le soir, prés avant la nuit. Entre le jour et la nuit. Pas besoin de soleil, au contraire. Un répit. Est-ce comme un sommeil? Un lit qui invite à s'y étendre.
> [...]
> Les prés chantonnent à ras de terre contre la mort; ils disent l'air, l'espace, ils murmurent que l'air vit, que la terre continue à respirer.
>
> Je n'ai jamais su prier, je suis incapable d'aucune prière.
> Là, entre le jour et la nuit, quand le porteur du jour s'est éloigné derrière les montagnes, il me semble que les prés pourraient être une prière à voix très basse, une sorte de litanie distraite et rassurante comme le bruit d'un ruisseau, soumise aux faibles impulsions de l'air.

> Je ne veux pas pour autant m'agenouiller en ce lieu, ni même prétendre que je me suis trouvé là sur des traces divines. Ce serait une autre espèce d'erreur.
>
> « Mai », *ATV*, 93-94

Nous sommes alors très loin de la dérision de Ponge qui opère une réduction logico-rhétorique d'un problème métaphysique en le ramenant

> [...] au cœur des pléonasmes
> Et au seul niveau logique qui nous convient.
>
> Ici tourne déjà le moulin à prières. [...]
>
> Ponge, « Le Pré »

3.2. Dangers de la clôture et de la littéralité

On voit donc qu'une expérience poétique comparable — la « rencontre » d'un pré — manifeste très vite des divergences malgré la saisie et le traitement de traits communs plus ou moins hautement prévisibles. Ces différences se creusent dans les modes d'élaboration du texte, et s'appuient sur des conceptions sensiblement différentes du rapport aux mots et aux choses.

On pourrait dire globalement que le texte se construit par stratifications chez Ponge, et par évidement chez Jaccottet.

La *Fabrique du Pré* retrace une démarche de compilation-agglomération. En accord avec ce qu'il écrit dans *Méthodes*, Ponge instrumente sa recherche par la consultation de dictionnaires, la recherche d'homonymes, mais aussi de références culturelles, tant littéraires que picturales (Virgile, Góngora, Malherbe, Rimbaud, du Bouchet, Botticelli, Chagall).

Les documents iconographiques qui illustrent *La Fabrique du Pré* sont autant de pièces versées au dossier qui jalonnent la période d'accumulation — d'instruction. Progresser dans l'écriture, ce sera développer ces pièces, les articuler, les polir. Ainsi, l'organisation ternaire du texte montre-t-elle successivement ce qu'ont engendré les recherches étymologiques et formelles autour de *pré* et de ses homophones (*près-prêt-préparer*), les notions de platitude, et les souvenirs de la scène originelle; puis la métaphore rimbaldienne du *clavecin des prés* et la méditation sur Bach; enfin la seconde acception du Littré : *pré aux clercs*.

Les fragments successifs font apparaître une volonté de cadrer et de contrôler l'objet. Elaborer le texte, ce n'est pas seulement construire l'objet-texte, c'est aussi conquérir, s'approprier l'objet-pré, on pourrait presque dire vider le pré de sa substance pour donner consistance au texte en le saturant de sens, pour s'assurer que le défi lancé aux mots par les choses est bien relevé. Tout semble y concourir :

– la manière de cadrer l'objet, de le réduire à ce fragment d'espace par «l'évidence» de l'expression lexicalisée

> **Tiré à quatre** rochers ou à quatre haies d'aubépines,
> Guère plus grand qu'un mouchoir
>
> Ponge, «Le Pré»

– et la manière de traiter techniquement, littéralement, matériellement (grain, couleur du papier) sa platitude :

> Prendre un tube de vert, l'étaler sur la page,
> Ce n'est pas faire un pré.
> Ils naissent autrement.
> Ils sourdent de la page.
> Et encore faut-il que ce soit page brune.
>
> Préparons donc la page où puisse aujourd'hui naître
> Une vérité qui soit verte.
>
> *Ibid.*, p. 203

Malgré l'emploi du verbe «sourdre» qui pourrait faire penser à quelque forme d'inspiration, la «fabrique» charge plutôt l'objet-texte.

Il en va tout autrement chez Jaccottet. Même si ses deux textes n'ont pas la même précision de journal que *La Fabrique du Pré*, ils permettent tout de même de suivre les mouvements de leur élaboration. Dans les deux cas, il s'agit d'un travail d'évidement, ou d'appauvrissement. Tous deux procèdent selon une démarche semblable qui consiste à revenir sur un premier jet, déclenché par la rencontre : jaillissement métaphorique du «Pré de mai», ou description circonstanciée de «Mai». Pas de détour par l'extérieur, pas de compilation : les métaphores, comme la description, rendent compte d'une rencontre sensible, intime avec l'objet. Revenir sur le premier jet, ce n'est pas l'augmenter, mais le dépouiller pour tenter de saisir ce qu'il a de plus ténu, de remonter à la source de l'émotion — retrouver «ce qui me parle» dans le pré — en variant le point de vue, ou en essayant un autre mode — mineur :

> Le pré revient. Il est tout autre encore que cela, bien plus candide, bien plus simple. Toutes ces «trouvailles» le trahissent, le dénaturent.[...]
> Il est la chose simple, et pauvre, et commune ; apparemment jetée tout au fond, par terre, répandue, prodiguée [...]
>
> «Le pré de mai», *PFA*, 83-84

Dans «Mai», au point de vue rapproché qui s'attache à collecter les détails (nids, œufs dans l'herbe des prés) succède un autre point de vue, plus lointain — plus impressionniste aussi —, qui s'essaie à capter l'essence impalpable des choses :

> Une multitude de choses fines, sans poids, bien qu'enracinées dans la terre et porteuses de graines. Les «hautes herbes».
>
> Il ne faut pas s'en approcher de trop, on ne le peut pas, au fond. Tout proche, cela reste infiniment lointain.

«Mai», ATV, 91

Le pittoresque, les détails initiaux s'estompent au profit de notations plus abstraites; la nomination précise des choses fait place à une nomination générique et abstraite, à quelques prédicats de propriétés.

Dans «Le pré de mai», on passe de «Ne dirait-on pas autant de petits drapeaux à peine attachés à leur hampe, de cocardes que peu de vent suffirait à faire envoler? ou de petits bouts de papier de soie jetés au vent pour vous convier à une fête, à la fête de mai?» à «Et s'ils étaient des morceaux d'air tissé de rouge, révélé par une goutte de substance rouge, de l'air en fête?». La matérialité des coquelicots se dissout jusqu'à laisser transparaître leur essence euphorisante faite de couleur et d'air.

Dans «Mai», les reprises tentent un dévoilement des objets qui s'exprime dans un lexique de plus en plus pauvre, élusif, mais aussi par des procédures syntaxiques ou morpho-syntaxiques de retouche ou de retrait :

> Du vert, **oui, mais ni** sombre **ni** clair, **à peine** une couleur, **plus in**distinct, plus effacé ou secret que celui des arbres.
>
> De l'espace, au-dessous des yeux, autour des pas, lui aussi vague, **mais** animé d'une vibration incessante, légère, tranquille, **ne** faisant **que** peu de bruit, **ou pas** du tout.

«Mai», ATV, 91

Le désir de raréfaction, d'abstraction — qui seul peut garantir la saisie de l'être des choses — conduit encore Jaccottet à souhaiter qu'images et descriptions s'abolissent dans le seul acte de nomination :

> [...] Bien conscient qu'une fois de plus je bâtissais ainsi une réalité à côté de l'autre [...]. M'avouant par moments que le seul mot de «pré» ou mieux de «prairie», en disait plus que ces recherches toujours menacées de préciosité.

Ibid.

L'orientation du propos interdit de s'abandonner au jeu verbal <i>pré-ciosité</i> exploité par Ponge. Mais dans ce texte, même si le mot <i>pré</i> apparaît dès le début, et à plusieurs reprises, il semble que la nomination ne puisse faire sens qu'au terme d'un extrême dépouillement — notamment attesté par l'emploi réitéré du mot «choses» :

> Il est **la chose** simple, et pauvre, et commune [...]. **La chose** naïve insignifiante, bonne à être fauchée ou même foulée [...]
>
> A ras de terre, **ces mille choses** fragiles, légères [...]
>
> **Choses** innocentes, inoffensives. [...]

> **Ces choses**, herbes et fleurs, ces coloris, cette foule entraperçus par hasard, en passant, au milieu d'un plus vaste et vague ensemble [...]
>
> « Le pré de mai », *PFA*, 84-85

Ainsi, l'acte final de nomination — « pré de mai » — ne peut être proféré avec assez de précision que parce que le travail du texte a pu dissoudre l'apparence matérielle pour l'intérioriser et pénétrer l'être des choses. La nomination n'enferme pas le pré; mais elle assure la tenue de ce qui est fragmenté ainsi que l'osmose du pré et du moi, restituée à l'illimité :

> pré de mai dans mes yeux, fleurs dans un regard, rencontrant une pensée,
> éclats rouges, ou jaunes, ou bleus, se mêlant à des rêveries,
> herbes, coquelicots, terre, bleuets, et ces pas entre des milliers de pas, ce jour entre des milliers de jours.
>
> *Ibid.*, 85

La fin du texte réalise un équilibre subtil entre la légèreté du pré assurée par le [e] [ɛ] et sa capture, son assimilation par le brassage insistant du [m]. Outre l'opposition entre « le poids des choses visibles » et « ces lueurs [...] cette fluidité » que Jaccottet reconnaissait entre Ponge et lui, c'est la différence de « méthode », de démarche, d'approche du monde à travers les mots qui se manifeste ici. Pas de triomphe sur les choses, pas d'appropriation, mais, en réponse à l'appel initial, un maillage du réel, une « capture » provisoire par la description, le temps de restituer la compréhension acquise par assimilation des choses. Paradoxalement d'ailleurs, la pénétration de l'objet se fait moins par effraction que par éloignement, mise à distance. Cet écart nous ramène à la pertinence de cette réplique faite en rêve à Ponge : *« Les morphèmes, oui, bien sûr, mais, quant à moi, j'aime autant Polyphème »*.

Ponge se trouve ainsi pris en flagrant délit de prendre un peu trop le parti des mots et de trahir en quelque sorte son « parti pris des choses compte tenu des mots ». En énonçant le principe d'égalité, il prévoyait d'ailleurs quelques aménagements avec lui :

> En somme, voici le point important : PARTI PRIS DES CHOSES *égale* COMPTE TENU DES MOTS.
>
> Certains textes auront plus de PPC à l'alliage, d'autres plus de CTM... Peu importe. Il faut qu'il y ait en tout cas de l'un et de l'autre. Sinon, rien de fait.[22]

Son traitement du pré donne raison à la critique de Jaccottet, car Ponge semble surtout rencontrer le pré dans sa littéralité : la recherche de Francis Ponge a montré que le pré était surtout un lieu culturel, un lieu de convergences linguistiques, le lieu métaphorique de l'« objeu ». Pré-prétexte au jeu des signes (accents, traces, mots, expressions) qui viendront s'inscrire sur les pages aux couleurs du pré. Le trait final vient d'ailleurs ratifier la littéralité, en même temps que la fin du conflit pour faire advenir l'objet. Le texte, saturé par une recherche d'adéquation des mots aux choses, selon une conception somme toute assez mallarméenne, peut se clore sur lui-même, comme la mousse[23] saturée peut se détacher de son support. Décrire le pré, écrire le pré, c'est créer un objet clos à l'image du pré carré, «tiré à quatre haies d'aubépines». Dès lors, on en viendrait presque à douter de la réalité d'un référent initial. Mais la *Fabrique du Pré* nous entraîne sans doute un peu trop sur un versant de la méthode de Ponge, et nous fait oublier l'autre, celui qui consiste à regarder les objets en ouvrant certaine *trappe de son esprit*[24] pour les considérer avec la plus grande bienveillance. Jaccottet lui rend justice en identifiant le Polyphème de son rêve à celui de Góngora :

> Plutôt que de celui d'Homère ou d'Ovide, il devait s'agir du héros de Góngora («...Montagne était de membres éminente...») [...]. Polyphème, donc, à cause du grand Don Luis de Cordoue, de sa hardiesse poussée parfois jusqu'à l'insolence, [...] à cause, enfin, de la mythologie, qui me reconduirait aux textes de Ponge parmi ceux que je préfère, «Le soleil», bien sûr, ou «La chèvre» [...]
>
> Je veux dire qu'en de tels textes, porté par l'enthousiasme à culbuter les barrières parfois un peu étroites qu'il s'était d'abord à lui-même imposées, Ponge me paraît [...] avoir parfois rejoint, sans qu'on puisse parler de retour en arrière, ce que la mythologie signifie encore de plus vivant pour nous, une espèce de source abrupte, fraîche — au bord de laquelle je m'avise que Du Bouchet, certains jours, pourrait le croiser.
>
> *TS*, 241-242

Simple coïncidence ? Dans la *Fabrique du Pré*, nous avons précisément relevé, à une page de distance, la double référence à Góngora et du Bouchet : au «pré où dort Atys dans Góngora (*Polyphème*)», et à «un poème d'André du Bouchet où il parlait à propos d'herbe ou de pré, de "bouteilles"» (p. 214-215).

Les références se croisent, et les pratiques, mais Jaccottet regrette de voir Ponge privilégier parfois le morphème — et plus largement, forme, littéralité, clôture, détail — et s'enfermer par excès de formalisme dans le pré carré, ou enfermer le pré comme d'autres objets dans une formule. A cela, il oppose l'ouverture mythique de Polyphème, et pourquoi pas aussi l'ouverture au polymorphe ou à la polyphonie ?

Pas de jeu de mots patent chez Jaccottet qui se défend de céder aux séductions de la littéralité — ce qui ne signifie nullement le rejet du travail sur les mots. Les mots s'essaient à décrire — à épeler ou convoquer le réel — avec la distance nécessaire pour que s'établisse le jeu, le double jeu des mots et des choses, du moi au monde. Le pouvoir de diffraction des mots, le réseau qu'ils tissent, tient autant de l'évanescence, de leur capacité à estomper les contours, qu'à créer un miroitement; loin d'être un «effet», ce pouvoir de diffraction est autant procédure de découverte que d'expression.

Non seulement les mots dissolvent la matière : ils créent des effets de tangence à l'instar des objets co-présents dans l'horizon externe. La description assure l'ancrage nécessaire dans le réel, pour qui ne veut pas être davantage un moulin à paroles qu'un moulin à prières; c'est la prise sur le réel à partir de quoi l'écriture pourra se déprendre des apparences pour saisir et prendre aux mots le jeu secret des choses. Voilà pourquoi nous sommes tentée d'appeler «descripture» cette hybridation de l'écriture qui inclut la description, mais la travaille et la dépasse.

Alors que l'inflation du texte — avec ou sans pré-texte — aboutit chez Ponge à une certitude, à l'affirmation de la *qualité différentielle*[25] ou de la tension contradictoire dont se soutient l'*objeu* et qui triomphe dans la figure adéquate ou la formule finale accordée à la chose, rien de tel chez Jaccottet : au terme de la description, si formule il y a, elle se tient dans un équilibre instable, comme signe de l'instabilité des choses, ou bien, insolite, elle indique cette part d'insaisi(ssable) qui est ouverture, incitation à poursuivre la recherche.

Alors que Ponge barre d'un trait la fin de son texte, affirmant littéralement sa clôture, Jaccottet achemine le sien vers l'évanescence, le recul des apparences, le «comme si», le «peut-être» :

> [...] On les [les prés] longe à la fin d'une journée, de n'importe quelle journée, quand la lumière se fait moins distincte, le pas plus lent, et c'est **comme s'il** y avait une ombre à côté de vous revenue d'infiniment loin, alors qu'on ne l'espérait plus, et qui, **si** on se retournait pour la voir, ne s'effacerait peut-être même pas.
>
> «Mai», *ATV*, 94

ou il dissout dans la généralité la singularité d'une expérience ponctuelle :

> Ces choses, herbes et fleurs, ces coloris, cette foule [...]
>
> «Le pré de mai», *PFA*, 85

La description chez Ponge est vouée à la complétude, et cette complétude se décline ou se fixe souvent dans une figure à fort degré de motivation, même quand elle s'attarde sur un aspect singulier, obscur ou caché des objets. Chez Jaccottet en revanche, conclure la description des iris (*S*, 158) par la métaphore *clefs célestes*, ce n'est pas effectuer une clôture, mais dessiner une ouverture. La formule ne circonscrit pas l'objet en exhibant une évidence; elle suggère plutôt comment elle se dérobe au regard et se montre autre. Sémantiquement, ce terme constitue le point de passage de la vue à la vision : car si les clefs invitent à ouvrir des portes, l'image céleste montre comment l'objet échappe au regard qu'il aspire dans une perspective sans terme. Même cette brève description qui, somme toute, commence de manière assez pongienne, se résout en « autre chose », par déplacement métonymique :

> Figue : feu dans une enveloppe de nuit, ou aussi espèce d'éponge, de corail spongieux et rose
> toujours sur le point de pourrir.
> Frelons frénétiquement accouplés.
>
> S, 84

L'attention portée aussi bien à la matérialité de l'objet qu'à celle des mots, au lieu de se refermer sur le jaillissement verbal et figural qu'on pressent, se déplace métonymiquement — et paronymiquement.

L'image se fait possible, sans plus, selon une pratique peut-être ici ancrée dans celle de la notation — mais dont Jaccottet a reconnu l'exercice accompli dans le haïku.

3.3. La leçon du haïku

A ce point de divergence entre l'orientation de la pratique descriptive chez Ponge et Jaccottet, la prise en compte de la découverte du haïku nous permettra de mieux saisir la spécificité et surtout les enjeux de la description dans sa poétique. Cette rencontre, datée d'août 1960, n'est pas fortuite, mais plutôt préparée par la recherche personnelle d'une écriture capable de dire son rapport au monde :

> Autre chose devrait être tenté peut-être, où trouvent accord non pas paisible, mais vivant, légèreté et gravité, réalité et mystère, détail et espace. L'herbe, l'air. Des entrevisions infiniment fragiles et belles — comme d'une fleur, d'un joyau, d'un ouvrage d'or — situées dans l'extraordinaire immensité. Astres et nuit.
>
> S, 20

L'observation patiente du monde, l'accueil du proche et du quotidien, l'amorce descriptive du haïku, tout cela devait retenir l'attention d'un poète comme Jaccottet, « serviteur du Visible » habité par le désir de parler sans images, de s'en tenir à la simple nomination des choses. Nous interrogerons donc quelques haïkus, les notes que Jaccottet leur a consacrées, et nous mettrons en perspective les deux pratiques descriptives de Jaccottet pour saisir l'incidence du haïku sur sa poétique du descriptif.

Dans « L'Orient limpide », la manière dont Jaccottet rend compte de la nomenclature des topoï descriptifs du haïku montre l'importance qu'il accorde à la nature et aux circonstances météorologiques.

> Presque tous les haïkus doivent contenir un mot qui définisse la saison où ils se situent ; à l'intérieur de ce cadre temporel très simple, un autre classement à peine moins simple s'opère, selon les sujets traités, dont les plus fréquents sont les météores : pluie, vent, neige, nuages, brume ; les animaux : oiseaux surtout ; les arbres et les fleurs ; enfin les affaires humaines, fêtes ou menues occupations quotidiennes.
>
> *TS*, 124

Un rapide coup d'œil sur la table des matières d'*Airs* suffit pour percevoir la concordance thématique : le titre du recueil, ceux des sous-parties («Fin d'hiver»; «Oiseaux, fleurs et fruits»; «Champ d'octobre»; «Monde»; «Vœux») forment un contrepoint presque parfait à cette nomenclature, et, de manière plus distendue, des œuvres qui ne présentent aucune parenté formelle avec le haïku — notes et proses — puisent dans le même fonds, comme par exemple les «Trois fantaisies» intitulées «Mars» «Avril» et «Mai», ou encore le texte «Etourneaux» qui clôt *A travers un verger*. Toutefois, si topographie et chronographie occupent une place importante dans les descriptions, le plus souvent les données spatiales et temporelles constituent le cadre dans lequel quelque chose prend sens — un ensemble d'éléments dont l'agencement singulier, à un moment donné, peut faire sens ou peut faire advenir le sens. Ainsi, cette note de *La Semaison* invite à dépasser l'impression globale, mais surtout à passer par l'impression première, la source du Lez aux eaux pures, à enfoncer son regard dans la matière et l'obscurité pour toucher la déréliction d'une humanité séparée — presque frappée de dégénérescence.

> Le hameau de Teyssières, vers la source du Lez, aux eaux pures. Sur la face est de la Lance, escarpée, maintenant sombre, des pins se mêlent à d'autres arbres, pareils à des éventails rose foncé. Au fond d'une combe, un ruisseau court sous la glace. La terre est humide, lourde, froide. Au bord du chemin poussent mûriers et buis. Le hameau, dans une ombre neigeuse, frissonnante, est comme une porcherie perdue, où n'habitent plus que des vieillards. On voit derrière les vitres, sur fond de suie, leurs visages stupides ou hagards.
>
> *S*, 75

L'heure, la saison, le temps qu'il fait, la lumière sont autant de facteurs essentiels à la révélation de l'altérité des choses, ou de l'accord profond qui en règle l'harmonie :

> Acacia en fleur **la nuit**; cascade parfumée, de miel. **Accordée** fortement aux premières roulades d'oiseaux, **à la lune, à la flûte** des petits-ducs. Rosier blanc, couronne ou diadème. **Vastitude claire, sans épaisseur ni poids.**
>
> *S*, 52

De manière beaucoup plus elliptique dans les poèmes, les circonstances construisent et ouvrent la voie du sens :

Cette nuit,
un vent glacé fouette les astres ;
on dirait
qu'eux aussi flambent plus avides.

Y aurait-il même pour eux
de l'impossible ?

CV, 48

Ainsi topographie et chronographie constituent-elles les assises souvent indissociables de l'objet décrit, où les choses du monde et les travaux humains trouvent à s'inscrire. Ce mode d'inscription nous éloigne un peu plus de l'objet et de l'« objeu » pongiens pour nous rapprocher des « maîtres japonais du haïku, qui saisissent au passage une lumière dans l'impermanence et qui donnent au plus frêle le plus de prix et de pouvoir » (*NR*, 10), modèles de patience dans l'écoute du monde et dans l'acte d'écrire.

Pour un poète épris de dépouillement et d'attention au monde, le haïku ne peut être perçu que comme un modèle inégalable. Pourtant, son « insignifiance apparente » (comme Jaccottet le dit des toiles de Morandi[26]) le rend peu accessible à l'esprit occidental. Il faudra l'ouvrage de Blyth pour que se dissipe ce malentendu :

> Tout le monde a lu, une fois ou l'autre, un haïku. Quant à moi, je me souviens fort bien d'avoir feuilleté, il y a près de vingt ans, une petite anthologie française de Bashô, due à je ne sais plus qui, et de ma vive déception. Sans doute saisit-on dans ces petits textes, tels qu'ils nous sont transmis d'ordinaire, une extrême délicatesse, un dépouillement exquis : mais plus souvent de la mièvrerie, un excès de légèreté et de fragilité. A cet égard, le travail de M. Blyth est sans prix [...], ce passionné du haïku nous révèle la profondeur, la densité et le poids d'un genre dont nous n'avions vu d'abord, au mieux, que le raffinement et la grâce.

TS, 125

En découvrant le poids de la légèreté, Jaccottet trouve dans le haïku l'inverse de ce qu'il reprochait à Russell : une vision qui ne nous emmène pas hors du monde, mais qui est vision dans la mesure où il suggère quelque chose de l'ordre et de la vérité du monde. Pour Blyth, le haïku ne serait qu'une

> [...] simple passerelle, que l'on oublie pour s'éblouir de la région où elle mène.
>
> Mais le plus remarquable est que cette région ne soit, pour ainsi dire, ni extraterrestre ni même lointaine ; qu'il s'agisse, dans tout haïku, de la vie quotidienne et du monde donné au premier venu. Une vision particulière permet à n'importe quelle existence, serait-elle aussi difficile et démunie qu'apparaît par exemple celle d'Issa, d'être en dépit de tout, la vie lumineuse à laquelle tout homme aspire.

TS, 129

Le haïku conforte Jaccottet dans ses choix en lui donnant l'évidence du bien-fondé de la conversion totale aux apparences, à ce qu'il y a de plus proche, de plus banal ; car il enseigne qu'on peut y trouver le support d'une philosophie de l'existence, d'une sagesse :

> *La lune près de paraître :*
> *Tous ceux qui sont là cette nuit*
> *Ont leurs mains sur leurs genoux.*

[...] dans ce qui apparaît d'abord comme simple notation, tableau ou scène en miniature, constatation souvent indifférente, il n'est pas difficile de retrouver une pensée, une morale, une chaleur de cœur, et aussi bien tout l'espace, toute la profondeur du monde.

Ibid., p. 128

Le monde prend sens sous le regard patient du poète attaché aux apparences, et le haïku lui donne forme dans cette pratique de l'ellipse, de la juxtaposition, de la mesure, propre aux poètes japonais :

> *Une glaçante nuit de larmes :*
>   *Le bruit de la rame*
> *Battant contre la vague.*

Bashô, in *Haïku*.

Nous avions pu comprendre la description comme « maillage » du réel et ancrage référentiel à partir de quoi pouvait s'opérer le travail de compréhension du monde — ne fût-ce qu'à travers ces fragments dont elle traite. La lecture que fait Jaccottet du haïku lui apprend, selon la formule de Rilke, admirablement mise en œuvre par Eluard, que « notre tâche était d'apprendre non pas la possession, mais le rapport ».

Peindre, écrire : situer, décrire. La description ne saurait être ce qui enferme, ce qui encadre — à moins que le cadre ait pour fonction, comme la fenêtre de Hölderlin, d'empêcher la dispersion du regard et de permettre une meilleure saisie du paysage dans le retour des saisons, le passage, le changement des choses ; ou, comme chez Issa, d'aiguiser l'étonnement et de jeter un regard neuf sur le spectacle du monde en le détachant de la continuité qui empêche de voir :

> Par un trou de mur
> mon premier ciel de l'année
> d'une telle beauté[27]

Chez Jaccottet, la notation descriptive se donne plutôt comme l'inscription transitoire dans la page des traces des choses, de leurs rapports, de leur capacité de métamorphose :

> Beau temps. Hier soir, entre les branches d'un arbre, vers l'ouest, le croissant de la lune est apparu, la serpe ; au moment où, en bas, les moissons pourraient presque commencer. Cette ombre, la nôtre, celle de la terre, qui ne laisse briller que ce mince

croissant orange, enflammé, qui crée cette image — comme un vêtement, un voile qui ne montrerait d'un visage ou d'un corps, qu'un indice, et d'autant plus aigu. Ou comme une lettre qui serait différente de nuit en nuit.

SS, 134

Moins que les choses en elles-mêmes, ce sont leurs traces, leurs mouvements secrets et imperceptibles qui importent; et surtout l'empreinte qu'ils laissent en nous :

> Première neige : comment le flocon fond à l'approche de la terre, des toits; disparaît. Je pense au baiser qui s'approche d'un corps, de la peau. Aussi à ce qui change et qui semble disparaître. Comme une mort d'oiseaux, de papillons, une dissipation.

S, 116

Plus tard, dans un poème, cette empreinte se formulera de manière encore plus ténue :

> Comme la rose furtive à la joue,
> la neige qui s'efface avant de toucher le sol, bienfaisante.

CV, 21

Décrire, c'est aussi s'engager dans la recherche du vrai nom des choses, dans la tentative d'épellation du vrai nom qui n'est peut-être pas un invariant indissolublement et conventionnellement lié aux choses; cela peut advenir au terme d'un long parcours, comme nous avons eu l'occasion de le montrer précédemment, dans l'examen des pratiques descriptives, ou être saisi d'emblée, par une rapide notation :

> Peupliers, tuteurs d'ombre, à contre-jour, dans le suspens du jour.

S, 73

> Cette neige : hermine enfuie

Po, 103

> Le soir, vers dix heures, les feuilles deviennent noires, les fleurs du laurier s'éteignent, le ciel s'argente, comme un miroir.
> L'eau, le serpent liquide et rapide.

S, 243

Si les mots n'ont ni l'autorité ni l'exactitude nécessaires pour convoquer le monde — tout acte de nomination est plutôt épellation hasardeuse, dépourvue de la certitude d'atteindre son objet —, la surimpression d'esquisses descriptives peut faire apparaître quelque chose de son organisation.

Malgré une lecture du haïku sensiblement différente de celle de Jaccottet, il nous semble qu'Yves Bonnefoy met en évidence l'une des particularités descriptives communes au haïku et à Jaccottet : la subordination des objets à leur disposition pour suggérer une organisation invisible de l'espace :

> Ce que les poètes du haïku aiment donner à voir, aussi bien, ce sont moins des choses, moins des êtres, que des frémissements, des rides tôt disparues de la surface sensible, traces du tout, ou du rien, que la pensée conceptuelle ne peut ni ne voudrait retenir. Quand nous lisons :
>
> > *Sautant sur la lentille d'eau,*
> > *dérivant avec elle*
> > *la grenouille,*
>
> on ne doit pas chercher dans ces mots ce qu'un Francis Ponge recueillerait, une idée de la grenouille comme total de ses aspects ou façons : car le saut sur la feuille mouillée n'est objet de l'attention du poète que comme un au-delà d'une forme, si rapide a été son entrevision avant la dérive qu'en éteint la mémoire. De même esprit :
>
> > *Touchée par le fil*
> > *de la canne à pêche*
> > *la lune d'été,*
>
> où il s'agit moins de voir, par analogie, une lanterne au bout d'une hampe, ou un poisson brillant dans un fleuve-monde, que de briser toute organisation, tout haut et bas, de l'espace, pour faire place à simplement une lueur, un reflet.[28]

Or, si les descriptions de Jaccottet privilégient souvent des grilles spatiales qui articulent le proche et le lointain, le haut et le bas, il arrive que, par le jeu des reflets, les pôles s'inversent chez lui comme chez le poète japonais, et que l'altitude puisse être paradoxalement dévoilée par l'enfoncement dans les profondeurs :

> Il y aura toujours dans mon œil cependant
> une invisible rose de regret
> comme quand au-dessus d'un lac
> a passé l'ombre d'un oiseau

Po, 142

On remarque aussi que, lorsque la description opère une saisie en recul, elle estompe le caractère identifiable des coordonnées qui tendent à s'abolir dans le foyer qui les fonde :

> Hier soir, surpris par la lumière d'avant-printemps — et d'abord par cela qu'elle commence à s'attarder, qu'il était sept heures et que l'on y voyait fort clair ; en même temps il y avait des étoiles très brillantes, l'asphalte mouillé brillait aussi. Peut-être y avait-il déjà du vert. On peut décrire, décrire encore... la surprise, l'émotion venaient d'un foyer plus secret, antérieur à la description.

S, 81

La description tente de capter ce qui dépasse la nomination, ce qui lui échappe ou s'en échappe : c'est le champ où s'exercent (et se règlent ?) les conflits entre deux pôles essentiels dans l'écriture de Jaccottet : l'acte de nomination, et l'acte de figuration.

Dans sa forme réduite de notation, elle tend vers la nomination et en dévoile l'irréductibilité; mais son inadéquation appelle l'acte de figuration au bord duquel joue le haïku. En préférant *avec* à *comme* — le parallélisme à la comparaison, voire à la métaphore — le haïku suggère des passages possibles entre solidarités métonymiques et solidarités métaphoriques. A l'inverse du jeu pongien qui prévaut dans *Le Parti pris des choses*, où la pratique descriptive trouve par un artefact rhétorique à motiver le rapport des mots et des choses, à enclore les choses dans les limites d'une figure, Jaccottet préfère le modèle descriptif offert par le haïku : un modèle ouvert, capable de réparer l'arbitraire du signe, non pas en le réduisant, mais en le suppléant, dans la mesure où il fait paraître le monde en l'«imitant» dans la transparence et l'incertitude des rapports perçus. Comme dans le haïku, la description ne constitue qu'une base où les dispositions, les rapports, ne seront plus seulement soutenus par une sémantique et une syntaxe, mais s'inscrivent dans une poétique où la figure — rhétorique et textuelle — aura un rôle déterminant à jouer, en travaillant notamment sur la notion d'espace ou d'espacement.

NOTES

[1] *Cf.* la notion de «paysages avec figures absentes».
[2] Hugo, *Les Contemplations*, III.8, *OP*, p. 407.
[3] Claudel, *Connaissance du temps III*, *OP*, p. 143.
[4] Claudel, «Le Promeneur», *Connaissance de l'Est*, *OP*, p. 84.
[5] Claudel, *Art poétique*, *OP*, p. 179.
[6] Claudel, *ibid.*, p. 143.
[7] Claudel, *Connaissance de l'Est*, *OP*, p. 85.
[8] Claudel, *Art poétique*, *OP*, p. 143.
[9] Claudel, *Ibid.*, p. 144.
[10] Claudel, *Connaissance de l'Est*, *OP*, p. 85.
[11] Jaccottet, *Airs*, *Po*, 139.
[12] Hugo, *Les Contemplations* VI.10, *OP*, p. 459.
[13] Claudel, *Art poétique*, *OP*, p. 145.
[14] Mallarmé, *Crise de vers*, *OC*, p. 364.
[15] Hugo, *Les Contemplations* III, *OP*, p. 406.
[16] Hamon, *Introduction à l'analyse du descriptif*, p. 97.
[17] Hamon, *op. cit.*, p. 141.
[18] Cité ch. I, p. 35.
[19] Ducrot, *Dire et ne pas dire*, p. 87.
[20] Steinmetz, *La Poésie et ses raisons*, p. 270.
[21] Pour *La Fabrique du Pré* (qu'on désignera par *FP*), les notes renvoient à l'édition Skira (La Pléiade *OC II*, p. 436 *sq.*).
[22] Ponge, *Méthodes, OC I*, p. 522.
[23] Ponge, «La mousse», *Le Parti pris des choses*, *OC I*, p. 28.
[24] Ponge, *Méthodes, OC I*, p. 531.
[25] Ponge, *Ibid.*
[26] Jaccottet, *SS*, p. 71.
[27] Issa, in *En Village de miséreux*, p. 91.
[28] Bonnefoy, «Du haïku», *op. cit.*, p. 139-140.

Chapitre 4
La redescription
ou l'invention du monde

> La poésie est elle-même non pas dans le maintien à tout prix de telle ou telle prosodie, mais dans l'usage de la comparaison, de la métaphore, ou de toute autre *mise en rapport*. [...] Tout poète est au plus pur de lui-même dans sa façon singulière de les saisir.
>
> *EDM*, 303-304

Si la description joue un rôle important dans l'œuvre de Jaccottet, elle ne constitue pas une fin en soi. On en trouve très tôt la confirmation, même dans des écrits aussi peu «littéraires» que les billets publiés entre 1956 et 1964 dans la *Feuille d'avis de la Béroche* :

> [...] que je parle exclusivement de livres [...] ou que j'évoque aussi des personnages, des paysages, voire des problèmes d'actualité [...], presque toujours, j'essayais tant bien que mal de communiquer une chaleur qui m'avait été d'abord apportée par ces scènes, ces livres ou ces lieux dont aucun n'était resté pour moi simple objet de description et d'analyse.
>
> *TNPD*, 7

«Description» et «analyse» sont-elles des opérations exclusives? L'un des textes du recueil, intitulé «Avant-printemps en Provence» conclut un parcours descriptif en inscrivant la description dans une perspective de compréhension du monde, et en esquissant les enjeux de cette tâche :

> Mais quel est ce besoin de dire les choses, au lieu de se contenter de les regarder? D'où vient aux écrivains cette manie de tout changer en mots, de ce qui les touche ou retient leur attention? Ne serait-il pas plus sage de tailler, de traiter ces arbres, avant que de les décrire? Mais l'un et l'autre sont nécessaires. Autrefois, les hommes pensaient que prononcer le vrai nom d'un dieu, c'était s'assurer tout pouvoir sur lui : aussi les prêtres avaient-ils soin de le garder pour eux. Il y avait une vérité profonde dans cette croyance. Celui qui saisit un paysage, un moment, une lumière, avec les mots convenables, les guérit au moins provisoirement de cette maladie qu'ont toutes choses de se dissoudre, de disparaître, de nous échapper. Où s'en vont tous ces moments, ces vies, et notre vie? Un beau poème, une phrase accomplie les gardent, les enferment, donnent une forme à ce qui n'est qu'insaisissable fumée. Ainsi l'homme

croit-il, et sans se tromper complètement peut-être, qu'il est un peu moins étranger au monde, un peu moins impuissant devant les ruses brillantes du temps.

Ibid., p. 78-79

La prise en compte de l'invisible et de l'entre-deux permet seule de mener à bien ce travail d'ordonnancement. Décrire, c'est certes quadriller le monde pour «fixer» ce qui en est visible en le prenant aux rets du langage; mais il y faut un langage «capable» : capable de fixer et de révéler, capable de soustraire au temps un fragment de réel parce que capable de l'informer. «Dire les choses» suppose donc la description du visible mais implique son dépassement.

«Tout changer en mots», la part du visible et de l'invisible, de la lumière et de l'ombre procède du pouvoir démiurgique des poètes : pouvoir de créer ou recréer le monde, de le tenir avec et entre leurs mots, dans l'espace du texte où ils s'inscrivent et inscrivent leur figure. C'est pourquoi la pratique de la description est indissociable chez Jaccottet d'une poétique du descriptif qui réactive l'interrogation sur le rapport des mots et des choses et sur les pouvoirs de l'image. La confrontation brutale des mots avec la réalité prend des accents tragiques dans *A la Lumière d'hiver* :

> Y aurait-il des choses qui habitent les mots
> plus volontiers, et qui s'accordent avec eux
> — ces moments de bonheur qu'on retrouve dans les poèmes
> avec bonheur, une lumière qui franchit les mots
> comme en les effaçant — et d'autres choses
> qui se cabrent contre eux, les altèrent, qui les détruisent :
>
> comme si la parole rejetait la mort,
> ou plutôt, que la mort fît pourrir
> même les mots?

ALH, 47

Le chemin du sens se retrouvera dans une pratique moins nominaliste que discursive, engageant pleinement le sujet à travers ce «regarder/dire» qui implique non seulement un voir, mais aussi un «voir comme» et restaure donc dans la compréhension du monde la dimension imaginaire d'un discours.

Pour Jaccottet, deux actes fondamentaux de l'écriture sont éminemment problématiques dans les rapports qu'ils entretiennent avec le monde, et dans leurs possibilités de signifier : nommer et figurer. Car s'il aspire à tenir dans un mot ou une image un fragment du monde, il n'en reconnaît pas moins que cet horizon est fuyant, et qu'il ouvre l'espace du langage moins pour décrire, désigner ou sommer le monde que pour le redécrire ou le figurer. Dès lors, on comprendra ses conflits avec les images, et le refus d'une conception purement ornementale des figures au profit d'une conception interactionnelle, capable d'activer ce qui pour beaucoup est invisible, insaisissable. Alors seulement reprend sens le «bien métaphoriser»[1] d'Aristote que Ricœur traduit par «Bien métaphoriser, c'est voir — contempler, avoir le coup d'œil pour — le semblable»[2].

Ce qui exige non seulement de le percevoir mais de le construire.

1. LES MOTS ET LES CHOSES

1.1. Nommer

Tendre vers la simple nomination des choses constitue un idéal poétique plusieurs fois avoué. Mais certains mots semblent si déconnectés de ce qu'ils désignent que Jaccottet pourrait parler, avec Mallarmé, de la perversité de la langue française qui afflige par exemple les papillons d'un nom si peu conforme à leur légèreté :

> Mais le mot «papillon» est impossible : à cause de ce que «papillonner» évoque, à cause de «papille», à cause de ces deux *p*. Il faudrait les rebaptiser, ou ne les nommer que par leur espèce, quand on la connaît, et si cela ne fait pas trop savant. Ils sont comme des choses *détachées* d'un tout, des fragments — un peu comme des cendres ; parce qu'ils semblent flotter au hasard, se laisser porter, hésiter.
>
> *SS*, 14

La fracture entre le mot et la chose se solde par un déficit de pouvoir d'évocation qui tient aussi bien à l'arrimage phonographique du mot — qui contredit l'envol —, qu'à sa dévaluation sémantique par l'usage des mots dérivés — qui assignent à la légèreté des sèmes négatifs — qu'à des paronymies impertinentes — qui disloquent l'unité sémantique.

Inversement, l'églantier porte bien son nom, cautionné par l'étymologie du mot, alors que le nom vulgaire semble incompréhensible. En outre, la paronymie *églantines/enfantines* s'avère productive, car elle permet de fonder une autre histoire, d'engager une redescription du monde en faisant de ces fleurs, «parures enfantines des arbres, des sous-bois. Et tout à fait sauvages» les «sources des roses». Et la justesse du lien qui unit le mot et la chose est telle qu'elle l'institue comme grille de lecture du monde, et permet de démentir, par contre-coup, la pertinence du mot lorsqu'il est employé comme prénom pour une femme qui n'évoque rien de ces fleurs :

> Déjà presque passées, les églantines. Brèves, donc, frêles dans leur fouillis d'épines. Pourquoi appelle-t-on la plante «rosier de chien»? Je l'ignore. Le mot «églantines»

vient d'*acus*, acéré, par *aquilentum*. Mes parents ont eu une servante prénommée Eglantine que nous aimions beaucoup. [...] Elle avait le visage rond et rose d'une pomme, elle était fine et chaleureuse.

SS, 211

Mais rares sont les cas d'adéquation qui confinent à l'évidence, comme «Hiver au nom si juste, au nom d'oiseau rapide» (*S*, 73), ou encore «tilleul» dont Jaccottet déploie les motivations et le pouvoir d'évocation :

> Le mot «tilleul», bien accordé au bourdonnement des abeilles sur ses fleurs, comme à l'image d'une pluie sèche, faite de poussière et de pollen. Qui en cueille est captif de cet étoilement parfumé ; ainsi rêve-t-on quelquefois de fourrer sa tête dans une chevelure crépitante.
>
> Un arbre tel un arbre blond, tel un essaim d'abeilles désarmées ; pour quelques jours de douceur, désarmées.
>
> Ces moments de la vie où le dard est ce qu'il y a de plus tendre et de plus désiré. «*Une contrée où coulent le lait et le miel*» : telle est l'amie, parcourue par le rêve ou par les mains, la langoureuse.
>
> Je réécoute le «Tilleul» du *Voyage d'hiver*. «Lindenbaum» : le mot allemand est plus caressant ; «linde», d'ailleurs, peut aussi signifier «doux». Ce mot est comme un baume pour l'ouïe. Et, dans le lied, l'arbre est la halte du voyageur, le havre espéré, le repos que dit aussi le célèbre *Wanderers Nachtlied* de Gœthe, mais qui est, pour finir, la paix de la mort.

SS, 89-90

Sans doute les propriétés phoniques du mot jouent-elles ici un rôle essentiel qui assure la cohésion des relations métonymiques, comme celle des relations sémantiques lorsqu'on fait le détour par la langue allemande.

Le désir d'accéder à la simple nomination des choses est grand chez Jaccottet, mais il constitue un idéal inaccessible :

> Il fut un temps où quelques mots simples auraient suffi à dire cela. Ces mots, nous en disposons encore, mais il n'ont plus ce pouvoir. [...]

ATV, 12

Toutefois, Jaccottet ne se situe pas dans la perspective classique de la nomination selon laquelle l'énoncé du nom abolirait tout le discours dont il se soutient[3]. Chez lui, le discours qui peut conduire à la nomination n'est jamais complètement aboli : il peut s'effacer, s'estomper, mais pour mieux faire percevoir sa trace comme élément constitutif du sens, comme on a pu le voir au chapitre précédent dans certaines pratiques descriptives. En outre, le mot n'épuise pas la chose : il la contient — ou plutôt, il contient une force toujours prête à l'expansion pour peu qu'on s'abandonne à son pouvoir : il est aussi bien potentialité métaphorique que potentialité de rêve ou d'action. Et quand, dans un mouvement inverse, la description de l'objet va à la rencontre du nom, ce n'est pas pour s'y abolir, mais pour s'y établir ou s'y rapatrier :

> La cascade inversée du polygonum, ce foisonnement blanc, léger, cette exubérance, mais silencieuse et tranquille, ces fleurs arborées par les tiges ou le mur, cette écume, ce nuage plein d'abeilles. Le nom commun est la renouée. C'est juste : il y a là comme un réseau de nœuds, une résille mousseuse et bourdonnante.
>
> SS, 122

Le nom savant se trouve ici dévalué par la pertinence du nom commun, pleinement motivé par les images qu'il suscite. Et si l'évocation des sauterelles ne traite pas des rapports entre le mot et la chose, c'est parce que leur adéquation est implicite, inscrite dans un texte conjointement fondé sur les relations des mots (*sauterelles, étincelles, craquelle*) et des choses (sauterelles, sol sec, herbes, chaleur), ce qui fait que l'énoncé même du nom permet de déployer non seulement un texte organisé, mais un monde organisé :

> Sauterelles, étincelles jaillies du sol en feu ; du sol sec qui par endroits se craquelle déjà. Herbes couleur de paille, légères, arquées, mobiles, versatiles — dans la chaleur intense qui donne à toutes choses une force accrue.
>
> La buse passe, rapide, dans le jour aveuglant.
>
> SS, 17

De manière récurrente, *La Semaison* fait état d'une recherche constante d'adéquation entre les mots et leur référent. De brefs commentaires viennent s'intercaler dans le corps des textes pour indiquer que ni le nom, ni le prédicat ne sont vraiment ajustés. Ainsi, «*Fumée est un mot trop gris, trop mou*» (*S*, 30), «le mot bleu **ne suffit pas**» (*Ibid.*, p. 13). Dans d'autres cas, le poète enregistre une adéquation partielle, très rarement totale :

> Pommiers dans le verger. Ce rouge pourpre, ce jaune de cire ; saisir leur sens. [...]
>
> Parler de braise, de globes de braise, comme je l'ai fait dans un poème d'*Airs*, est une **approximation insuffisante**, en partie fausse. Le mot «pourpre» dit **quelque chose de juste, pas tout**. Il y a la rondeur, la dureté de la pulpe ; mais il ne s'agit pas de voir tout cela à la loupe.
>
> *Ibid.*, p. 92

A la séduction des images, Jaccottet avoue préférer le pouvoir des mots. Le choix des mots est dicté par la fonction de communication du langage, mais il la dépasse en mettant en œuvre sa fonction d'expression qui

> rend [...] aux mots leur potentiel symbolique [...] en éveillant des résonances «affectives», grâce à la disposition que le poète a imposée à la matière des mots. [...] par les effets dont il se charge, le poème [...] échappe à la vocation de communication du langage, il habite à la frontière du mot et de la chose, l'écrit devient comme un objet.[4]

Dans cette perspective, on peut penser que si « le mot braises est trop ardent » (*S*, 228), c'est parce que sa substance phonique, en particulier [ɛz] évoque un crépitement excessif par rapport à une certaine idée du feu, plus précisément par rapport à « sa sensation » (*ibid.*) suscitée par la vue de terres labourées en automne. L'excès d'ardeur, d'intensité, inhérents au mot ne sied ni à la couleur, ni à la saison.

Mais la capacité à éveiller des représentations, des associations, fait inversement la pertinence de certains mots, et en guide le choix. Elle peut se fonder sur la paronymie : celle du mot *pourpre* en consonance avec *rouge* dans le syntagme « rouge pourpre », mais aussi avec *pommiers* et *pulpe*; ainsi, la prononciation du mot approche-t-elle certaines propriétés du fruit : rondeur du mot articulé autour de son [u] central, enclos par les deux [p] qui l'encadrent; rebondissement suggéré par la répétition du [r]. Il eût sans doute été plus pertinent aux yeux du poète que la servante de ses parents s'appelât Pomme plutôt qu'Eglantine...

Pourquoi « Hiver au nom si juste » ? A cause peut-être de la coupure centrale du mot en deux syllabes : au plan phonique, elle est étayée par une consone au timbre clair ([i] et [ɛ]); au plan graphique elle est redoublée par le **v** central qui découpe le mot en esquissant un coup d'aile « d'oiseau rapide ». Par ailleurs, ce texte de *La Semaison* s'ouvre par *hiver* et se clôt par *verre* précédé de *terre* — accord réussi entre la disposition circulaire du texte et son image centrale : « Saison courbée comme un arc » (*S*, 73).

De même, dans *Cristal et fumée*, les mots *Andalou*, *Andalousie* se trouvent motivés à plusieurs niveaux et comme surdéterminés, saturés d'être le lieu où se croisent et se suturent divers axes de signifiance. Une première chaîne se constitue, sur une base explicitement phonique :

> Les mots « Andalou », « Andalousie », ce qu'ils ont de langoureux, comme des regards d'yeux noirs dans un visage olivâtre; ce qu'ils ont d'à la fois sonore et tendre, de sonore, clair et voluptueux comme le mot velours, et rimant avec « jaloux » et « jalousie » [...]
>
> *CF*, 9

Plus qu'un effet de rime riche — [alu]/[aluzi] —, c'est un effet d'inclusion qui se crée, comme si jaloux et jalousie étaient des propriétés moins associées aux mots précédents qu'internes, inhérentes, explicitables par une simple opération de détachement des mots *Andalou*, *Andalousie*. Cette opération n'entraînant qu'une altération consonantique — [d]/[z] — rend plus perceptible encore la douceur contenue qui s'exprime dans la finale féminine [ziə]. Rétroactivement, les termes *langoureux* et *velours* trouvent place et sens dans cette chaîne phonique caractérisée par [α̃]-[u] et sémantique qui s'exprime dans un lexique à la fois auditif (*sonore, clair, timbre*) et affectif (*tendre, voluptueux*), avec projection d'une série sur l'autre. En fait, c'est toute la séquence qui diffracte les phonèmes [a], [α], [α̃], [u] et [i] (*langoureux, regards, noirs, dans, visage olivâtre, à la fois, rimant*) relayés par le [ɔ] de *sonore* et le [v] de *velours* anticipé par *visage olivâtre*. Les phonèmes dessinent un réseau de significations qui vont se fixer, jouant sur la polysémie de *jalousie*, en images emblématiques de l'Andalousie, en scène de rue muette et intense, d'autant plus forte qu'elle se réduit à ses quelques éléments essentiels : «[...] des regards et des fenêtres, des cils et des stores, le soleil dans les rues blanches». En outre, cette scène réactualise la première approche des «mots "Andalou", "Andalousie", ce qu'ils ont de langoureux, comme des regards d'yeux noirs dans un visage olivâtre». Cet effet de bouclage n'est que provisoire, car une nouvelle ouverture est proposée avec «ce qui les lie aussi, confusément au cheval». Et si une médiation est proposée par la référence au flamenco et l'analogie danseurs-cheval, c'est pour être aussitôt soumise à la critique : «On ne peut savoir ce qui, dans l'écho de ces mots, revient à des images convenues de ce pays, à des clichés d'une poésie d'ailleurs suspecte tant le tourisme l'a contaminée». Sans doute faut-il chercher ailleurs «ce qui les lie confusément» : dans la forme des mots peut-être, et revenir à la propriété sonore des mots *Andalou, Andalousie*, à leur articulation nette, à leurs syllabes détachées et cadencées qui font entendre «un piaffement au-delà de la porte» et apparentent si bien le mot à cet autre *cavalcades* tant par la forme que par le sens. Car c'est effectivement sur des propriétés phono-sémantiques que se referme ce texte :

> [...] je comprends qu'ont dû y faire bon ménage autrefois l'audace et l'insolence, les cavalcades et les sérénades, comme à Grenade la neige est tout près des orangers — et tout cela, en fin de compte, tellement arabe [...]

CF, 10

Et comme *Andalousie* vient en quelque sorte équilibrer la fougue un peu dure et sauvage d'*andalou* par l'alanguissement de sa syllabe finale, c'est dans une structure marquée par la dualité et le contraste que s'écrit cette réflexion sur la propriété et le pouvoir des mots.

Leur pouvoir de suggestion, fondé sur leurs propriétés formelles, conduit donc à s'interroger sur le mot qui s'accorde le mieux à l'objet qu'on veut désigner. Cette interrogation porte sur les affinités contextuelles du mot, mais aussi sur ses propriétés différentielles. Ainsi la dénomination usuelle de *montagne* comporte-t-elle aussi l'inscription d'une propriété de l'objet, peut-être suggérée par la courbe mélodique du mot :

> Je comprends mieux le mouvement des montagnes : à la fois lente ascension et concentration. Et, du même coup, si je dis : « montagne », il y a la chose et, par-dessous, sensible ou non l'idée ; tandis que le mot « ascension », en abstrayant, prive l'idée de sa vie, donc de sa plénitude de vérité. Peut-être est-ce là le défaut de la peinture abstraite : d'avoir voulu mettre en avant ce qui était, dans l'autre, caché, modestement, et même quelquefois inconscient.
>
> S, 98

Tout acte de nomination est aussi lourd de sens que de conséquences, car il engage la responsabilité du sujet parlant à l'égard de soi, des autres et du monde.

1.2. « Contre et avec les mots »

Pour être un idéal inaccessible, l'acte pur de nomination n'est pas pour autant abandonné, même si le poids du nom ne se révèle qu'au terme d'un parcours qui le motive ou qu'il fonde. La plupart des textes sont générés par le sentiment d'inadéquation des mots, ou la recherche d'adéquation :

> de nouveau ils font écran, je n'en ai plus
> le juste usage,
>   quand toujours plus loin
> se dérobe le reste inconnu, la clef dorée [...]
>
> ALH, 82

La recherche de Jaccottet se situe donc dans une conception moderne du rapport entre les mots et les choses, coupé de toute garantie ontologique ; c'est pourquoi le poète « tâtonne entre les anciens mots » (*S*, 26), dans les ruines d'un univers où ils sont séparés des choses. Car il éprouve « le sentiment confus qu'il faut dépasser cette opposition entre mots et choses » (*ATV*, 21).

Mais que reste-t-il au poète quand les mots lui manquent pour dire « une beauté lointaine, imprenable, une lumière inconnue. Portant toujours un autre nom que celui qu'on s'apprêtait à lui donner » (*ATV*, 11) ? Il lui reste l'expansion descriptive et l'espace des figures où les images ont encore ce pouvoir de « converger vers le dérobé et le sans nom » (*SS*, 26). Il faudra donc contextualiser le mot, mais aussi contextualiser le référent :

> Le griottier couvert de fruits : une miniature persane, note avec sa justesse coutumière notre ami J.E. Un éclat tout à fait singulier, d'émail. Les fruits sont d'une couleur rutilante, mais en même temps comme des billes presque translucides. Nombreux, légers. Rencontre entre toutes intraduisible. Dès que l'on parle de sang ou de rubis, on se fourvoie. Alors ? Que faut-il ajouter au mot cerise ? au mot rouge ? au mot fruit ? Une sultane qui les cueillerait ?
>
> SS, 80

Il suffit ici de l'adjonction d'un élément métonymique pour instaurer une cohérence sémantique. Expansions et déplacements s'essaient à saisir non seulement les rapports des mots et des choses, mais aussi les effets de sens qu'ils suscitent ou que nous leur accordons. Ils sont considérés dans leur relation à l'être sensible et connaissant, dans leur participation à une parole, et même pleinement comme parole. C'est vers ce traitement des mots que se tourne Jaccottet, comme Pierre-Albert Jourdan chez qui

> [...] le travail intérieur et le travail sur les mots se mêlent indistinctement [...]. Souvent, quand il s'essaie à saisir sans l'étreindre la lumière des choses, il procède par touches et retouches juxtaposées qui finissent par dessiner une figure un peu à la manière des écailles de l'aile des papillons. Il nomme, il désigne, mais de façon telle que les choses nommées, loin d'en périr, apparaissent. Il recense les signes, inlassablement; et inlassablement, il en tire des leçons.
>
> *TS*, 282

Le travail d'écriture contextualise et joue sur la proximité des mots pour créer ce sémantisme neuf auquel aspirait Mallarmé : travail capable de dépasser le sens donné en proposant des représentations construites.

En convoquant les mots, le poète convoque aussi son expérience pragmatique des mots pour les «recharger» : leur rendre une partie de leurs pouvoirs perdus, ou leur conférer des pouvoirs inédits. Car le fonctionnement conventionnel du langage, autant que son usage constituent un handicap pour le poète.

Selon Saussure, la contrepartie de l'immotivation du signe linguistique est son immutabilité[5] : elle rend la convention indispensable à la fonction de communication. Pour tout locuteur d'une communauté linguistique donnée, chaque signifiant appelle donc une même «image mentale». Par ailleurs, si nous admettons que le découpage de la langue par les mots informe notre perception du monde, nous admettrons qu'ils induisent un «modèle commun» de perception et de représentation du monde.

Non seulement la convention fixe l'usage des mots au risque de les figer, mais l'usage contribue à leur usure, à leur dévaluation. Plusieurs fois, Jaccottet doit renoncer à un mot qu'il juge affaibli par l'usage, car les mots «traînent après eux des représentations machinales», et des représentations culturelles fixées. Le mot *rose* par exemple :

> [...] la terre rose... Mais «rose» est un mot inadéquat, depuis trop longtemps associé à des faveurs, à des dessous, à des joues de chérubins pour convenir à la terre basse, robuste; en fait, elle avait exactement la teinte du cacao, mais ce qui est exact pour une définition se révèle faux pour l'expression d'une beauté infinie, le soir, après que le soleil s'est retiré, laissant une lumière comme intériorisée [...]
>
> *TNPD*, 53

De même, le rouge-gorge est trahi par son nom :

> Comment montrer la couleur de sa gorge ? Couleur moins proche du rose, ou du pourpre, ou du rouge sang, que du rouge brique ; si ce mot n'évoquait une idée de mur, de pierre même, un bruit de pierre cassante, qu'il faut oublier au profit de ce qu'il évoquerait aussi de feu apprivoisé, de reflet du feu ; couleur que l'on dirait comme amicale, sans plus rien de ce que le rouge peut avoir de brûlant, de cruel, de guerrier ou de triomphant.

EN, 58

Ce qui est efficace au plan pragmatique s'avère stérile au plan créatif. De ce fait, la norme linguistique impose au poète de se battre « contre et avec les mots » (*ON*, 41). Pour rendre au langage sa force expressive, Jaccottet œuvre sur deux fronts : celui de la contextualisation, quand il crée un sémantisme neuf reposant sur le jeu formel des signes en réseau ; celui de la recharge subjective quand il replace les mots dans leur contexte subjectif d'émergence. Un champ d'avoine peut ainsi motiver la paronymie grillons/graines :

> Au sortir d'un bois de chênes envahi par le buis et le lierre [...] paraît, au creux d'une combe, un champ d'avoine : alors, de nouveau, un saisissement, un émerveillement, une joie, pourquoi ? [...]. Puis, si je regarde mieux : cette multitude légère, sèche, presque blanche, cette mobilité incessante, ce bruissement. Le lien entre grillons et graines.

SS, 13

Si certains mots ont encore un pouvoir, c'est moins un pouvoir de désignation qu'un pouvoir émotionnel. Le mot « embuée », par exemple, est complètement saturé par des souvenirs d'enfance ramenés à la mémoire par une simple observation qui réveille toute une atmosphère :

> OCTOBRE.
>
> Feux de feuilles qui sentent le cheval, l'écurie.
>
> Au matin, la terre embuée, fumante. Ce qui s'attache pour moi au mot *buanderie*. Elle était située à L., dans l'étrange quartier du Tunnel [...] A la buanderie se trouvait la piscine où le maître de gymnastique, en hiver, aurait dû m'apprendre à nager. A ce lieu s'est toujours lié dans mon esprit quelque chose de sinistre et de louche, dans l'odeur et la vapeur des lessives.

S, 94

La rencontre avec le monde impose des mots dont la justesse — à défaut de motivation — ne réside pas dans le lien conventionnel entre les deux parties du signe linguistique, mais dans la charge émotionnelle et subjective que le commentaire narratif tente de restituer pour substituer à un signifié conventionnel et stéréotypé un signifié original parce que subjectif, qui ne saurait sans lui s'imposer et s'échanger. Mais l'histoire individuelle comporte aussi une dimension culturelle qui n'est jamais très loin chez Jaccottet, comme le rappelle le mot *pavillon* :

> *Arbres et oiseaux.* Ce qu'est l'arbre pour l'oiseau [...] Une sorte de pavillon à nombreux étages, ou de tour aux souples tremplins — éclairée en ce moment, s'il s'agit d'un acacia, de lanternes blanches, en mauvais papier, qui se friperont bientôt.
>
> Le plaisir, l'émotion confuse associés au mot « pavillon », pour moi, ne sont pas sans rapport avec cela. On y habite une lieu ouvert, poreux, proche de la nature végétale et traversé par l'air. Les jardins chinois où les poètes composaient leurs éloges subtils du monde.
>
> S, 179-180

La charge émotionnelle des mots tient donc aussi à leur capacité de parler à la culture, avec la culture du sujet : non pas à côté d'elle, mais avec elle. Des potentialités de sens peuvent être éveillées par des circonstances imprévisibles ; alors, les mots les plus usuels « ne sont plus les mêmes », comme le dit Claudel : ils étonnent et sont porteurs de découvertes, pour peu qu'on soit ouvert à ces harmoniques imperceptibles, toujours prêtes à s'activer si on est attentif : « Le mot "joie" : prendre le temps de penser à ce mot. Surpris qu'il me revienne tout à coup » (*S*, 274) — et Jaccottet prendra le temps d'écouter, de le recueillir et de le faire vibrer, plus tard, dans *Pensées sous les nuages*.

Le poids des mots semble aussi lié au secret du monde. S'ils sont dotés d'une telle charge affective, c'est qu'ils ne se limitent pas à la simple articulation du signifiant et du signifié, mais qu'ils « font signe avec le monde », qu'ils ne sont pas de simples items épinglés comme papillons morts dans les pages inertes d'un dictionnaire qui en répertorie les possibilités de sens accessibles à tout sujet, mais qu'ils font sens en pesant de tout (tous) leur(s) sens grâce à la connaissance de leur référent, à la révélation du sujet et du monde :

> L'un. — Dire comme je l'ai fait, à la légère, que ces arbres étaient nus, nous égare déjà vers des souvenirs ou des rêves qui ne sont pas de saison ; ces arbres sont beaux, mais d'une beauté d'arbres. Ce que nous voyons d'eux, simplement, c'est le *bois*, encore sans feuilles ; sentez-vous que ce seul mot, déjà, loin de nous égarer, nous aide à pénétrer dans l'intimité de ce moment ? Quand nous considérons ces troncs nus et ces branches, ou plutôt quand ils nous sautent ainsi aux yeux, tout à coup, avec la brusquerie et la fraîcheur de ce qu'un coup de projecteur illumine et révèle, c'est du bois que nous voyons ; et sans que nous le sachions clairement, je crois qu'au fond de nous est touchée notre relation intime avec une matière essentielle à notre vie et presque constamment présente en elle ; et, sans que nous le sachions, encore une fois, sont plusieurs états du bois qui apparaissent en nous dans la mémoire, créant par leur diversité un espace et un temps profonds : ce peut être le tas de bois bûché devant la maison, c'est-à-dire l'hiver, le froid et le chaud, le bonheur menacé et préservé ; les meubles dans la chambre éclairés par les heures du jour ; des jouets même, très anciens, une barque peut-être ; l'épaisseur d'un tel mot est inépuisable ; mais nous n'en sentons maintenant que l'épaisseur, et non pas les couches diverses dont je viens d'imaginer quelques-unes ; nous ne sommes donc pas dispersés, mais nous avons le sentiment d'avoir posé le pied sur de profondes assises.
>
> *PSA*, 98-99

Cette pesée du monde sur les mots, qui leur confère gravité et requiert la plus grande authenticité, pose aussi le problème de la communicabilité du sens, car elle suppose qu'il n'y aurait de connaissance que subjective — connaissance de l'intime par l'intime :

> [...] le monde, qui est là, fait lever en nous des mots qui correspondent au lien qui existe entre le monde et nous, mais ce lien, nous ne le connaissons pas encore. Et c'est ce lien, me semble-t-il, que Jaccottet tente d'interroger au moment où il essaie de se dire, au moment où Jaccottet essaie de dire lui aussi quelque chose qui n'est pas la montagne «telle qu'en elle-même», mais qui est ce que le paysage a inscrit en lui sous forme de mots qui ne sont pas encore venus à la bouche. C'est au lent travail de remontée des mots qu'est confiée la charge de rendre voyant; c'est par le travail des mots qu'on peut voir. Et ce travail des mots, il ne peut être qu'un travail repris, un travail de reprise.[6]

Une telle réflexion s'accorde parfaitement à ce que Jaccottet écrit dans *La Semaison* :

> Ai-je su parfaitement saisir certaines «échappées» que j'aie le droit de ne pas poursuivre le travail de les mieux «traduire»? Ou est-ce vraiment qu'elles peuvent «se dire», mais non pas «être dites», qu'elles doivent se frayer un chemin à travers moi, non pas être saisies?
>
> *S*, 167

C'est de cette écoute des mots que témoignent les mots *joie*, *Tibet*, ou le couple *Limbes-Lazare*, qui remontent à travers les textes, tout chargés d'émotions et de souvenirs.

Tantôt, pour pallier ces discordances, «rémunérer le défaut des langues», il faut passer par le détour des images ou de la description. Pour dire le bleu de la mer, par exemple :

> MAI - MAJORQUE.
>
> Le soir, verger d'amandiers, leurs troncs noirs. De hauts buissons de palmes comme des tas d'éventails verts. Bois de pins, et au-delà les montagnes sombres. Ou alors le bleu de la mer entre les troncs et les verdures, mais le mot bleu ne suffit pas, trop doux, on voudrait presque dire noir, et ce serait faux encore. Un bleu accumulé, concentré, épais, comme un mur. En tout cas pas une ouverture. Une richesse bleue. Rien de mobile ni de scintillant non plus. Pas davantage une touche. Intense, mais calme, immobile, opaque, profond. Une présence bleue, aussi forte que de la terre, aussi lourde, aussi riche, mais une, sans détails. Tout le paysage, d'ailleurs, vu ainsi de l'intérieur d'une forêt, plutôt immobile quoique aéré, fort et léger tout ensemble, vibrant et calme, puissant sans ostentation, plutôt debout qu'étendu.
>
> *Ibid.*, p. 13

Est-ce le mot, sa forme sensible, qui est ici inadéquat? ou plutôt le concept, l'idée de bleu? Entre deux inadéquations, *bleu* et *noir*, se crée une ouverture que le texte va remplir par une série d'expansions : expansions adjectivales, anaphores, comparaisons. Au cours de la recherche, *bleu* change de statut : de substantif, il devient adjectif, prédicat de propriété; le syncrétisme apparaît comme une sorte de passage obligé qui permet de compenser l'insuffisance du mot. Les expansions constituent une grille qui découpe l'expérience du sujet parlant, qui fait lever des représentations ciblées, restreignant et précisant ainsi le champ des possibilités de sens. Elles découpent l'expérience sensible de manière plus fine que ce qui est donné par le système de la langue en faisant appel à la connaissance de l'art pictural et à un cadre référentiel — mur et terre — qui relèvent de la connaissance du monde et permettent de donner au mot la substance, la matière qui lui fait défaut.

Car les relations du langage au monde sont loin d'être univoques : le monde fait signe et appelle le langage[7], et le texte fait signe en direction du monde et avec lui. Mais l'expérience sensible, en suscitant le texte, convoque le langage avec son épaisseur culturelle, tisse avec la culture la trame du texte.

Tantôt, il faut intégrer des représentations culturelles indissociables des mots : si les mots *Andalou-Andalousie* appellent des référents culturels, dans un mouvement inverse, la brume au petit petit jour appelle le mot *limbes*, et la figure du figuier le nom de Lazare, qu'on retrouvera dans plusieurs autres textes :

> Au petit jour : le vert sombre du figuier, le jaune d'un arbre plus lointain, les taches de vigne, et la brume. Couleurs graves. Silence, mutisme, plutôt. On surprend un aspect du monde, du jardin plus caché. Encore une chose qui me désarme, **qui m'enlève les mots**. Ces couleurs, et la brume, avant que le soleil se lève.
>
> Le monde alors est autre, plus singulier, peut-être qu'à aucun autre moment. Plus grave, oui, plus caché, plus intérieur. **Le mot Limbes. Lazare.**
>
> Ce figuier serait-il comme Lazare dans ses bandelettes de brume ? Ce qui se passe avant que la vie reprenne, avant qu'il y ait aucun bruit, aucune lumière directe : celles de la nuit éteintes, celle du jour pas encore allumée. Entre deux, **Purgatoire**. Une lumière indirecte (un peu spectrale encore ?). Ce n'est pas vraiment de la lumière, c'est avant la lumière, avant la chaleur, la vie.

S, 147

Le paysage enlève-t-il les mots ? ou les fait-il lever, et avec eux images et représentations ? Certes, les mots de stricte désignation n'apparaissent pas — sont-ils ici impossibles ? — mais dans ce retrait de la désignation s'ouvre l'espace de la représentation que draine la culture.

Les considérations de Jaccottet sur le mot *joie* nous font entrer encore plus avant dans les relations très subjectives qu'entretiennent les mots et les choses de la nature et de la culture. Elles développent une note de *La Semaison*, datée de mai 79 :

> *Je me souviens qu'un été récent, alors que je marchais dans la campagne, le mot joie, comme traverse parfois le ciel un oiseau que l'on n'attendait pas et que l'on*

> *n'identifie pas aussitôt, m'est passé par l'esprit et m'a donné, lui aussi de l'étonnement. Je crois que d'abord, une rime est venue lui faire écho, le mot soie ; non pas tout à fait arbitrairement, parce que le ciel d'été, à ce moment-là, brillant, léger et précieux comme il l'était, faisait penser à d'immenses bannières de soie qui auraient flotté au-dessus des arbres et des collines avec des reflets d'argent tandis que les crapauds toujours invisibles faisaient s'élever du fossé profond, envahi de roseaux, des voix elles-mêmes, malgré leur force, comme argentées, lunaires. Ce fut un moment heureux ; mais la rime avec joie n'était pas légitime pour autant.*
>
> *Le mot lui-même, ce mot qui m'avait surpris, dont il me semblait que je ne comprenais plus bien le sens, était rond dans la bouche, comme un fruit ; je me mettais à rêver à son propos, je devais glisser de l'argent (la couleur du paysage où je marchais quand j'y avais pensé tout à coup) à l'or, et de l'heure du soir à celle de midi. Je revoyais des paysages de moissons en plein soleil ; ce n'était pas assez ; il ne fallait pas avoir peur de laisser agir le levain de la métamorphose. Chaque épi devenait un instrument de cuivre, le champ un orchestre de paille et de poussière dorée ; il en jaillissait un éclat sonore que j'aurais voulu dire d'abord un incendie, mais non : ce ne pouvait être furieux, dévorant, ou même sauvage. (Il ne me venait pas non plus à l'esprit d'images de plaisir, de volupté.) J'essayais d'entendre mieux encore ce mot (dont on aurait presque dit qu'il me venait d'une langue étrangère, ou morte) : la rondeur du fruit, l'or des blés, la jubilation d'un orchestre de cuivres, il y avait du vrai dans tout cela ; mais il y manquait l'essentiel : la plénitude, et pas seulement la plénitude (qui a quelque chose d'immobile, de clos, d'éternel), mais le souvenir ou le rêve d'un espace qui, bien que plein, bien que complet, ne cesserait, tranquillement, souverainement, de s'élargir, de s'ouvrir, à l'image d'un temple dont les colonnes (ne portant plus que l'air ainsi qu'on le voit aux ruines) s'écarteraient à l'infini les unes des autres sans rompre leurs invisibles liens ; ou du char d'Elie dont les roues grandiraient à la mesure des galaxies sans que leur essieu casse.*
>
> *Ce mot presque oublié avait dû me revenir de telles hauteurs comme un écho extrêmement faible d'un immense orage heureux. [...]*
>
> PSN, 25-26

Le monde appelle un mot, et le mot organise le monde. L'expérience ici décrite renvoie à la critique de Lyotard à l'égard de la manière dont Saussure pose le problème de l'arbitraire du signe :

> Cette immotivation ne correspond à rien dans l'expérience que le locuteur a de sa langue maternelle.
>
> Saussure n'a pu construire le concept qu'en biffant cette expérience, par un trait qui équivaut à la coupure épistémologique, et en supposant un locuteur *qui n'aurait pas de langue maternelle*.[8]

Mais le poète ne doit-il pas parfois se livrer à ce genre d'abstraction pour se laisser surprendre par les mots ? Il nous semble en effet que c'est très précisément en s'abandonnant à elle que Jaccottet peut s'engager dans une recherche de motivation du signe — d'un rapport entre forme sensible et représentations —, pour en éprouver la matière sonore et l'accorder avec des images venues de la culture et du monde.

> [...] toute parole constitue ce qu'elle désigne en monde, en objet épais à synthétiser, en symbole à déchiffrer ; mais ces objets, ces symboles s'offrent dans une étendue où l'on peut montrer, et cette étendue qui borde le discours n'est pas elle-même l'espace linguistique où le travail de signification s'effectue, mais un espace de type mondain, plastique, atmosphérique, où il faut se mouvoir, tourner autour des choses, faire varier leur silhouette, pour avoir à proférer telle signification jusqu'à présent cachée.[9]

C'est à cette condition que les images pourront «f[aire] des signes avec les objets qu'ils désignent (font voir) et signifient (font entendre), et dont ils sont séparés»[10].

1.3. Faire signe et sens avec le monde

L'interaction entre le langage et le monde renvoie au problème sensible de l'autotélicité du discours poétique. Sa critique du surréalisme (*S*, 16), ses réflexions et sa pratique, situent Jaccottet du côté des poètes contemporains qui ont rompu avec une pensée formaliste qui consistait à couper le texte poétique de son référent pour le constituer en univers clos. Le monde retrouve sa place en poésie.

Ce tournant de la poésie contemporaine peut être interrogé à la lumière de l'évolution de la pensée linguistique et philosophique : théorie référentielle d'Ogden et Richards[11] qui réintroduit le référent dans le domaine de la sémantique, et dans le champ de la logique distinction par Frege du sens et de la dénotation[12].

Par ailleurs, la conception de Jean-Claude Renard pour qui «le poème, tout en ne parlant que de soi, parle en même temps d'autre chose»[13] semble légitimée au plan théorique par François Récanati qui établit comment le signe fonctionne selon un double mouvement de réflexivité et de référence[14].

Il nous faudra donc élucider comment et dans quelle mesure les textes de Jaccottet renvoient au monde, de quelle nature est leur référent, et selon quelles modalités ils font sens avec le monde.

Car si le discours poétique fait signe en direction du monde et avec lui, son référent n'en reste pas moins problématique. L'essayage des mots, les retraits ou retouches, témoignent certes des limites du pouvoir des mots, mais montrent surtout que le référent du poème est lui-même complexe, insaisissable. Quel est donc cet «objet» du texte poétique de Jaccottet ?

Il arrive au poète, malgré une présence très attentive au monde sensible qui l'entoure, de parler des lieux de manière plus générique que spécifique. Ainsi, il se dispense de désigner par «leur nom» les lieux qu'il décrit, mais pour mieux les saisir dans un jeu de perspectives diverses ou d'instantanés variés, pour les apprivoiser plus que les convoquer avec des expressions ou des mots nouveaux, inattendus, inlassablement essayés. Il semble que la poésie s'éveille avec le sentiment que le langage strictement référentiel est illusoire et l'acte de référence frappé d'inadéquation ou d'incomplétude. C'est ce que tend à montrer l'analyse que propose Jean Yves Pouilloux de *L'Approche des montagnes* :

> ce travail sur les mots, il est très sensible qu'il se fait toujours dans une reprise, inéluctablement. Il y a une première tentative (et encore le terme de «première» manque d'exactitude), puis cette première tentative est réexaminée, retournée.[15]

En même temps qu'il travaille les mots, le texte travaille le référent. Ce faisant, il nous oblige à passer du concept de référence à celui de «référance, lieu d'un rapport actif s'ouvrant à autre chose qu'elle, un autre qui n'est pas un objet (elle n'est pas réaliste)»[16]. C'est peut-être ce que Jaccottet appelle «énigme» :

> Le secret, pour essayer de l'approcher un peu plus, celui-là, non pas par les voies de Jaccottet, mais par les voies d'une lecture seconde, il me semble que c'est le secret de ce qui est invisible à l'intérieur même de ce qui est visible. Non pas d'un invisible qui serait un au-delà, qui appartiendrait à une «autre vie», même pas peut-être d'un «après la mort»; ce serait plutôt un autre monde qui *est* dans le monde de maintenant, le monde de tous les jours, et qui même, à certains égards est le monde de maintenant, mais que nous ne savons pas ou ne pouvons pas voir, malgré sa puissance souveraine d'affirmation et de certitude. Or ce monde de maintenant que nous ne savons pas voir, c'est avec des mots qu'il va pouvoir essayer de se défaire des *images* qui empêchent de voir le monde invisible du visible.[17]

Mais ce ne sont pas seulement les images, ce sont aussi les noms conventionnels, avec les images mentales qu'elles drainent, qui empêchent de voir.

C'est ainsi que Jaccottet traverse le langage dans sa description des iris par exemple, pour cheminer du nom conventionnel *iris* vers la dénomination figurée *clefs célestes*, en laquelle nous avons pu voir le «vrai nom», le nom caché, secret. Changer de nom, c'est changer de sens, et non de référence. Pourtant, n'est-ce pas un autre objet qui se construit ? L'écriture poétique, en travaillant les mots, travaille, invente le référent. On peut dire de la «référance» qu'elle est compréhension : non pas tant compréhension intellectuelle du monde que saisie du monde par le langage comme cela s'exprime dans *La Promenade sous les arbres*. Quand le mot «bois» fait lever «plusieurs états du bois [...] dans la mémoire créant par leur diversité un espace et un temps profonds» (*PSA*, 98), ce n'est pas seulement le sens qui change, mais aussi le référent.

Jaccottet invite donc à considérer le référent comme une chose qui échappe à l'objectivité scientifique, comme une chose complexe, qui a l'épaisseur des perspectives qu'il peut avoir sur elle. En d'autres termes, dans le texte poétique,

> si la référence proprement descriptive, didactique, est abolie, une autre forme de référence est ouverte, qui s'adresse à des manières d'être au monde, plutôt qu'à des objets empiriquement déterminés.[18]

Car il s'agit non pas de considérer le référent des mots ou des expressions isolément, mais plutôt en contexte, et d'appréhender le référent du poème comme univers imaginaire. Du coup, dans la mesure où le monde est nécessairement vu par un sujet, c'est l'objectivité qui devient fiction. Pour n'avoir pas de référent objectif, le référent de la poésie n'est pas pour autant séparé du monde : c'est une version singulière ou variante individuelle qui dit une manière de voir le monde et d'être au monde. En témoignent l'importance et la structure des descriptions. Souvent circonstanciées, inscrites dans l'espace et le temps, elles sont aussi référentielles en ce sens qu'elles renvoient à des lieux et à des objets de l'univers réel. Les objets décrits (arbres, vergers...) s'ancrent ainsi dans l'authenticité d'une expérience singulière. Mais malgré un ancrage référentiel, la description «référentielle», telle que la pratique Jaccottet contribue à l'invention du monde, notamment par le jeu de la pseudo-référence. La *deixis* y joue un rôle particulier.

Les déictiques, sans aucun référent assignable hors du système d'énonciation qui les produit, montrent que l'acte d'indiquer est un acte problématique qui n'appartient pas au langage, mais au discours par lequel le sujet énonce son inscription dans le monde et conjointement dans son monde intérieur :

> Avec ces indicateurs, le langage est comme percé de trous par où le regard peut se glisser, l'œil voir au-dehors et s'y ancrer, mais cet «au-dehors» renvoie lui-même à l'intimité première du corps et de son espace (et de son temps).[19]

Ils constitueraient donc le point d'ancrage du monde réel dans le discours poétique.

Ainsi, un texte comme *L'Habitant de Grignan* se donne d'emblée comme doublement référentiel en raison de son titre : d'une part, le syntagme nominal, dans sa globalité, désigne un être humain ; d'autre part le syntagme prépositionnel complément de nom désigne un lieu. Quantité d'expressions relèvent de la *deixis : ce château qui s'élève... la dame qui fait notre réputation au loin et survit dans l'enseigne des cafés, l'ombre qui absorbe les arbres, les jardins, les petites vignes, les roses, ces lieux, ces lueurs matinales.* Ces quelques exemples désignent au «lecteur» des lieux, des objets, des personnages, des instants en les isolant dans un univers montré, c'est-à-dire « la région spatiale désignée par le geste »[20].

Par ailleurs, ce texte s'inscrit dès la première phrase dans un cadre énonciatif où un locuteur explicite assume en tant que tel la description pour un allocutaire qui, pour être implicite, n'en est pas moins nécessaire : « Décidément je ne parlerai pas de ce château qui s'élève, avec quelque grandeur sûrement, mais aussi de la prétention au-dessus de nos toits ». Corrélativement, ce geste inaugural institue les coordonnées de l'allocution, qu'elles soient spatiales ou temporelles : « je devine qu'**ici** la Provence commence dans les sols [...] » (p. 49) ; « Je vois **en ce moment précis** l'ombre de la nuit [...] » (p. 48) ; « les lampes qui **dans quelques minutes** seront éteintes, toutes en même temps. Et que chacun, **maintenant**, s'en aille donc à ses besognes » (p. 52). Ainsi, le texte se donne pleinement comme parole, et son sens ne peut être déterminé par des procédures qui relèveraient exclusivement de la langue ; il nécessite la prise en compte d'un univers montré. Ceci pose le statut même du texte dans la mesure où cette *deixis* ne se fait pas *in præsentia*, mais *in absentia* : ni *ce château*, ni *ces lueurs matinales* ne sont perceptibles visuellement, *in præsentia*, au lecteur. Toutefois, le lecteur dispose d'indices textuels pour présupposer que *ce château* est celui de Grignan. Sa culture, une connaissance des opérations anaphoriques-elliptiques du langage, lui permettent d'en faire l'hypothèse. Au-delà, une mobilisation de connaissances biographiques lui permet aussi d'assigner un référent réel au syntagme-titre *l'habitant de Grignan* : c'est le sujet de l'énonciation, l'auteur du texte, celui dont on sait qu'il a acquis une maison à Grignan.

Cependant, le référent n'est pas toujours extérieur au discours. Ainsi, dans le début du poème « Lune d'hiver », *ce miroir* a un référent textuel — il fonctionne comme anaphore du syntagme-titre — mais ce syntagme-titre est plus conceptuel que réel (il a plus un sens qu'une dénotation au sens de Frege) :

LUNE D'HIVER

Pour entrer dans l'obscurité
prends **ce** miroir où s'éteint
un glacial incendie
[...]

Po, 100

Mais il est fréquent de rencontrer des cas nettement déviants par rapport à la norme et ce sont précisément ceux-là qui nous intéressent. Que dire de *ces lueurs matinales* citées précédemment ? Elles n'ont, pour l'allocutaire, pas de référent textuel, et pas de référent perceptible dans le monde sensible. Il en est de même pour les cas suivants relevés dans des poèmes : *ce léger souffle à ras de terre* (*Po*, 107); *On n'entend pas d'oiseaux parmi ces pierres* (*Ibid.*); *Dans cette douce ardeur du jour/Il n'est que de faibles rumeurs* (*Po*, 8). Pour le lecteur, les déictiques ne trouvent aucun ancrage : ni dans le fonctionnement textuel, ni dans le monde «palpable» au moment de sa lecture. L'acte de désignation effectué dans le texte écrit se fait nécessairement *in absentia*; mais l'emploi des déictiques rend présent aux locuteurs un monde de référence pourtant absent. Nous sommes alors devant un cas de pseudo-référence : «Le démonstratif n'étant à sa place que si l'objet est là, l'utilisation du démonstratif permet de **donner l'impression que l'objet est effectivement là**». Il s'agit d'un «mécanisme rhétorique grâce auquel le démonstratif peut quelquefois apparaître, "rendre présent" l'objet qui, seul, peut le justifier»[21].

Ainsi, le fait même d'écrire *ce château*, présuppose que l'objet existe, indépendamment de toute réalité objective, et permet d'imposer à l'allocutaire l'idée de château, mais aussi la «réalité» du château de Grignan, indépendamment de tout référent tangible. Non seulement le locuteur fait comme s'il était en présence de l'objet, mais il présuppose que l'auditeur l'admet aussi. L'emploi des déictiques crée donc un effet de co-présence : co-présence des deux pôles de l'allocution au monde évoqué, qu'il soit réel ou créé.

Toutefois, ce qui est pour Ducrot un «mécanisme rhétorique», nous semble plutôt un geste poétique, au sens étymologique du terme, dans la mesure où la parole crée le monde qu'elle désigne, par le fait même de le désigner. L'emploi des expressions référentielles nous oblige à penser le texte comme parole poétique : poétique dans le sens défini précédemment (qui crée un effet de «perceptible», de «visible») et parole dans la mesure où elles supposent la solidarité dans l'espace et le temps d'un destinateur et d'un destinataire. On pourrait ici parler d'un pacte entre les deux pôles de l'énonciation conduits *in absentia* à partager les mêmes présupposés et surtout les mêmes représentations du monde. Cet effet est particulièrement sensible dans le début de *L'Habitant de Grignan* :

> Décidément, je ne parlerai pas de ce château qui s'élève, avec quelque grandeur sûrement, mais aussi de la prétention au-dessus de nos têtes ; ni de la dame qui fait notre réputation au loin et survit dans l'enseigne des cafés. Aucun goût ne fut jamais en moi pour l'histoire, littéraire ou autre. C'est la terre que j'aime, la puissance des heures qui changent, et par la fenêtre je vois en ce moment précis l'ombre de la nuit d'hiver qui absorbe les arbres [...]

PSA, 48

Si plus loin, dans *cette fenêtre depuis deux ans notre trésor*, le possessif de la première personne du pluriel désigne explicitement le locuteur et ceux qui partagent la même maison, il semble qu'ici il puisse non seulement désigner «moi et les habitants de Grignan», mais aussi absorber le destinataire, l'associer à cette position pour le rendre «co-voyant». Cette fusion du destinateur et du destinataire s'exprime notamment dans «au-dessus de *nos* têtes» et «par la fenêtre *je vois en ce* moment *précis*». Il s'agit moins de donner l'illusion que Grignan existe, que de construire une représentation de Grignan, et de faire entrer le destinataire dans cette représentation, en lui faisant rejeter la perception d'un Grignan touristique-historique-artificiel au profit d'un Grignan humble, naturel, et surtout caché. Somme toute, la pseudo-référence, au sens de Ducrot, permet d'accéder à l'authenticité du lieu, et la complicité avec le destinataire n'est pas dépourvue d'humour.

Ainsi le référent «mondain» est-il dépassé au profit d'un référent créé : dépassé, mais non effacé. Car si la dimension référentielle du discours fait qu'il est «percé de trous» par où voir le réel, ce réel est lui-même saisi par et dans le discours selon des procédures de nomination ou de description qui le travaillent et le transforment pour proposer un analogon du monde perçu — ou plutôt du monde conçu. Ces désignations ne prétendent à aucune objectivité, mais revendiquent plutôt la subjectivité, surtout quand elles tendent vers l'image visuelle ou littéraire, comme c'est le cas dans l'exemple suivant :

Tout à la fin de la nuit
quand ce souffle s'est levé
une bougie d'abord
a défailli

Avant les premiers oiseaux
qui peut encore veiller ?
Le vent le sait, qui traverse les fleuves

Cette flamme, ou larme inversée :
une obole pour le passeur

Po, 111

Les expressions *larme inversée, obole pour le passeur* ont explicitement le même référent qu'*une bougie*, comme l'indique la reprise anaphorique *cette flamme*. La transitivité des *noms propres*, au sens de Frege, nous introduit dans le mode de représentation propre à leur auteur, frappée d'un haut degré de subjectivité :

Si un signe dénote un objet perceptible au moyen des sens, ma représentation est un tableau intérieur, formé du souvenir des impressions sensibles et des actions externes ou internes auxquelles je me suis livré [...][22]

Néanmoins, elle contribue à créer du sens. Ainsi, dans le poème cité, si les quatre expressions *une bougie, cette flamme, une larme inversée, une obole pour le passeur*, ont le même référent, elles diffèrent par les représentations induites. Les premières dénotent un objet du monde réel, alors que les deux suivantes sont purement subjectives; à la troisième, le lecteur peut assigner une représentation en raison de sa connaissance du monde sensible (forme d'une flamme/forme d'une larme); pour la quatrième, c'est plutôt un univers culturel qui serait en jeu (les objets flamme et obole n'ont pas de ressemblance sensible évidente; en revanche, les connotations attachées à *flamme* et à *obole pour le passeur* suggèrent le passage de la vie à la mort). Dans cette succession, *larme inversée* va pouvoir faire sens (larme du deuil, de la séparation associée à la mort, mais associée aussi à des valeurs positives par l'inversion de la larme en flamme, en signe de vie ou d'espoir). On le voit, les noms propres participent activement à l'élaboration d'un système de représentations, ancrées dans la réalité, mais qui ne sont que des points d'appui pour le sens. On pourrait dire que le travail sur les «noms propres», en objectivant les représentations subjectives, a pour effet d'activer des représentations ancrées dans l'imaginaire collectif d'une communauté culturelle, de les guider, de les articuler aussi à un imaginaire individuel pour opérer le passage de la représentation au sens. Car si la poésie donne au sens une cohésion particulière, subjective, que le lecteur doit recréer, «L'art serait impossible sans quelque affinité entre les représentations humaines, bien qu'il soit impossible de savoir dans quelle mesure exacte on répond aux intentions du poète»[23].

Sans confondre dénotation, sens et représentation, on peut donc légitimement émettre l'hypothèse que, chez Jaccottet, le référent ait une double fonction de trace et de matériau dans l'élaboration d'une représentation, et que le dépli et/ou le cadrage du travail de représentation vise à réduire les différences subjectives de représentation pour tendre vers un effet de congruence qui serait proche du sens voulu par l'auteur. Ainsi s'expliqueraient en partie les poèmes-discours et les proses poétiques qui réajustent les mots et les descriptions définies. Outre ce guidage des représentations vers le sens, on pourrait évoquer la réitération de certaines images comme celles de Lazare, des alouettes ou des martinets qui recousent le ciel... Images qui, après avoir été rencontrées une fois par le lecteur, peuvent directement signifier dans un nouveau contexte où elles conservent leurs potentialités de sens, tout comme un mot comporte des sens virtuels dont le contexte peut actualiser l'un d'eux sans pour autant effacer les autres.

On a donc pu reconnaître dans le jeu des déictiques une forme de réflexivité-transitivité dans le fonctionnement du signe linguistique, qui fait que le référent n'est pas totalement étranger au discours, mais en partie créé par lui. Cette contextualisation de la référence s'accompagne d'une contextualisation du sens. Même s'il rejette le formalisme pur, Jaccottet n'en saurait pour autant renier la conception mallarméenne selon laquelle, à l'intérieur du poème comme totalité, «monde», «les mots, d'eux-mêmes, s'exaltent à mainte facette reconnue la plus rare» et «le vers [...] de plusieurs vocables refait un mot total, neuf, étranger à la langue»[24]. Il ne s'agit plus alors de créer des «effets» relevant d'un esthétisme gratuit, mais de générer des effets de sens inédits en dépassant le cadre des mots pour prendre en compte le texte comme «monde» dans lequel les relations entre mots aussi bien que les blancs, les espacements, la mise en page tissent un ensemble homologue à celui que nous assignons aux objets du monde (conçu ou réel). Le rôle du contexte est déterminant pour la constitution du sens, mais au lieu d'être soumis à la loi de l'isotopie dominante, qui sélectionne, actualise les virtualités de sens selon qu'elles sont compatibles ou non avec elle, il cumule, et fait jouer les sens virtuels, génère la polysémie.

> Une semaison de larmes
> sur le visage changé,
> la scintillante saison
> des rivières dérangées :
> chagrin qui creuse la terrre
>
> L'âge regarde la neige
> s'éloigner sur les montagnes

Po, 96

D'emblée, le mot *semaison*, dans le syntagme nominal *semaison de larmes* est perçu comme ayant des valeurs sémantiques inédites, conférées par le contexte immédiat; corrélativement, *chagrin qui creuse la terre* invite à lire «avec» ou «derrière» les sillons de la terre les rides du visage ; sens d'ailleurs étayé par la paronymie *visage/âge* et *changé/dérangées*. «La scintillante saison/des rivières dérangées» n'est autre que l'âge de la s[em]aison des larmes.

Le contexte invite à dépasser la définition du mot établie par Littré qui figure en épigraphe des carnets rassemblés sous ce titre :

SEMAISON : *Dispersion naturelle des graines d'une plante* (Littré).

S, 9

Son inscription au seuil de l'ouvrage enrichit d'ailleurs le mot *semaison* de sèmes inédits, qui retentissent sur son sens bien au-delà des limites du recueil.

Dire comme Mallarmé que les mots «s'allument de reflets réciproques» revient à mettre en évidence la capacité à produire un sémantisme neuf en jouant sur les rapprochements institués par un contexte particulier qui dépasse le potentiel nucléaire des mots tels qu'ils figurent dans le dictionnaire. L'émergence de ces complicités dessine un réseau sémantique secret et unique dans l'espace du texte poétique :

> A la radio, un *Miserere* arttribué à Pergolèse. Me revient à l'esprit le mot de «volutes», et sa parenté avec celui de «volupté». Cette musique d'esprit napolitain, d'une mélodicité peut-être facile mais constante, inépuisable, est avant tout jouissance de l'oreille et vraiment proche du baroque, beaucoup plus, me semble-t-il, que celle de Bach. C'est une tendre et peu profonde jubilation où les anges sont autant de petits amours et les saintes des femmes pâmées.
>
> *SS*, 26-27

Le sens se construit donc selon une dialectique de la clôture et de l'ouverture : clôture du texte comme monde à l'intérieur duquel s'éveille un sémantisme occasionnel, mais ouverture au monde réel — ou plutôt ancrage dans un réel perçu que le texte poétique élabore en monde. Mais à l'habileté verbale de Mallarmé qui façonne merveilleusement les mots, Jaccottet aime opposer la remontée des mots en paroles et en images, qu'il trouve aussi bien chez Claudel que chez Anne Perrier :

> *« Gardez vos mots vos lueurs vos lucioles*
> *En dormant je me suis tournée*
> *vers la pente ombrée*
> *Des paroles »*

> Il y a les «mots» et les «paroles» : déjà Leopardi, voilà plus d'un siècle, établissait une distinction entre le «terme» (à exactitude scientifique) et la *«parole»* qui, par son indétermination, accueille l'infini sans lequel il ne peut y avoir de poésie (même s'il jugeait, lui, cet infini illusoire). Ici l'opposition est un peu différente; les «mots» sont liés aux «lueurs», aux «lucioles» (où *«luciole»* semble vraiment un diminutif un peu méprisable de «lumière»)

> [...] le *travail* d'Anne Perrier sur les mots ne ressemble pas du tout à celui de Mallarmé ou de Valéry; mais se fait *«en dormant»*, c'est-à-dire dans le recueillement silencieux de l'être autour d'un seul désir et de quelques images.
>
> *EPPJ*, 261 et 263

Paroles et images sont liées en raison de l'insuffisance des mots, qui ouvre l'espace des figures et les légitime, ce qui nous conduit à examiner le rôle que jouent les figures dans cette dialectique créative.

2. DE L'AMBIGUÏTÉ DES IMAGES

> Périodiquement, bien que je suppose (et l'aie écrit plus d'une fois) que toute vérité tiendrait en définitive pour moi dans une image (comme celle de la cloche désaccordée par la neige que j'ai citée, chez Hölderlin), je ne puis m'empêcher d'essayer de faire le point, parce qu'il est impossible de s'en tenir aux images [...]
>
> *PFA*, 165

Les images constituent un problème complexe et récurrent au cœur de la poétique de Jaccottet. D'une part, elles foisonnent dans les poèmes, les proses, les carnets aussi ; d'autre part, elles font l'objet de reformulations, de tentatives de réduction, et plus explicitement de réserves et de critiques. Il les accueille, il leur résiste, il les choisit : paradoxe ? Diachroniquement, et à l'échelle de l'œuvre, un travail de décantation est perceptible : il s'accentue avec la découverte du haïku dont *Airs* porte l'empreinte, et s'inscrit dans une transformation de la facture des poèmes (passage du «poème-discours» au «poème-instant» ou aux fragments) et des proses (alternance de digressions et d'esquisses). De manière plus ponctuelle, on pourrait suivre ce travail de resserrement et d'allègement à travers les variantes de certains poèmes de *Chants d'en bas* ou l'émergence de textes poétiques dans *Cahier de verdure*. Pourtant cette évolution ne débouche pas sur un abandon des images, et la poésie de Jaccottet reste essentiellement figurée, au sens large du terme ; mais elle témoigne en même temps d'une interrogation toujours ouverte sur la signification des images, sur le rôle et la place à leur assigner dans le discours poétique, sur leur légitimité. Cette approche est d'autant plus difficile à conduire qu'elle se situe dans un cadre théorique flou où interfèrent diverses conceptions de l'image. Toutefois, nous pouvons établir que la critique des images concerne leur exploitation rhétorique et ornementale, alors que s'approfondit la réflexion sur leur pouvoir, et leurs vertus poétiques : pouvoir de figurer, mais surtout, pour la métaphore, pouvoir de relier, d'organiser, pouvoir de «redécrire» le réel. Mais ces pouvoirs ne sont pas sans dangers ; on peut lire la crainte réitérée de se laisser séduire par des images mensongères :

> Méfie-toi des images. Méfie-toi des fleurs. Légères comme les paroles. Peut-on jamais savoir si elles mentent, égarent, ou si elles guident ?
>
> *ATV*, 17

Cette confrontation avec les images débouchera, chez Jaccottet sur de fructueuses retrouvailles avec une conception non pas substitutive mais interactionnelle de la métaphore, comme s'il lui avait fallu reparcourir avec méfiance et fascination le chemin semé d'embûches des pratiques et conceptions de la métaphore pour atteindre le nœud d'une possible adhésion, l'embranchement à partir duquel il était possible de retrouver ses pouvoirs.

2.1. La critique des «images»

«Images» est un terme fréquent chez Jaccottet; parmi les figures, ce sont surtout celles de l'analogie — comparaison et métaphore — que vise son approche critique. Il établit très clairement les limites de la comparaison, dont il critique explicitement le connecteur *comme*; car en même temps qu'il connecte deux isotopies, il les cloisonne :

> Trop longs détours, pour le plus bref conseil.
> Détours trop compliqués, pour la chanson la plus naïve.
> Il faudrait qu'il n'y eût plus de «comme» **en écran**, ou que le «comme» éclairât.

CV, 72

Pourtant, le procédé de médiation syntaxique entre deux isotopies est parfois très marqué, par exemple dans «Le travail du poète» :

> L'ouvrage d'un regard d'heure en heure affaibli
> n'est pas plus de rêver que de former des pleurs,
> mais de veiller **comme** un berger et d'appeler
> tout ce qui risque de se perdre s'il s'endort.
>
>   *
>
> **Ainsi**, contre le mur éclairé par l'été
> (mais ne serait-ce plutôt par sa mémoire)
> dans la tranquillité du jour je vous regarde,
> vous qui vous éloignez toujours plus, qui fuyez,
> je vous appelle, qui brillez dans l'herbe obscure
> **comme** autrefois dans le jardin, voix ou lueurs
> (nul ne le sait) liant les défunts à l'enfance...
> [...] **Ainsi** s'applique l'appauvri,
> **comme** un homme à genoux qu'on verrait s'efforcer
> contre le vent de rassembler son maigre feu...

Po, 64-65

Très schématiquement, des connecteurs syntaxiques (*comme*, *ainsi*) se relaient pour articuler deux isotopies : celle du berger qui regarde, appelle et veille son troupeau, et celle du poète qui lutte contre la dispersion et la perte des êtres en évoquant ceux du passé. Mais dans ce cas de médiation discursive, l'image n'est pas une image associée. Tous les éléments gardent leur signification propre; il n'y a pas de surimpression ou d'identification, et le lecteur ne perçoit ni incompatibilité sémantique, ni rupture avec la logique habituelle comme dans la métaphore. L'illusion d'une «vision stéréoscopique» est provisoirement bloquée, et ce n'est qu'à travers des opérations successives que le lecteur peut construire une représentation cohérente, ici induite par la chaîne des prédicats initiaux (*veiller; appeler*).

Le cloisonnement et la rigidité du système comparatif permettent de comprendre que Jaccottet s'intéresse à la manière dont Michaux écrit sous l'empire de la mescaline :

> familier de la comparaison, le poète a l'habitude de lier un objet à l'autre à l'aide du « *comme* », et, du même coup, de faire surgir à l'arrière-plan un autre monde correspondant à celui du premier plan ; or, dit Michaux, dans la mescaline, il y a suppression du « *comme* », et suppression quelquefois du premier terme de la comparaison. C'est dire que l'esprit est projeté d'un bond dans le second monde, arraché à celui où il se sentait encore chez lui. « *On a perdu sa demeure* »
>
> EPPJ, 173

Ne pouvant admettre d'être coupé de l'ancrage dans la réalité, Jaccottet préférera à la suppression du premier terme de comparaison la transformation du connecteur *comme* en *comme si* qui, pour remplir sa fonction médiatrice, ne manque pas de souligner une certaine discordance entre les isotopies connectées, d'en signaler le *jeu* — au sens où deux pièces de bois *jouent* :

> ... Mais, ce soir-là, une vue plus déchirante et plus secrète encore m'attendait [...]. C'était une fois de plus l'énigmatique luminosité du crépuscule [...] : **comme si** l'air planait, pareil à un grand rapace invisible, tenant le monde suspendu dans ses serres ou rien que dans son regard, **comme si** une grande roue de plumes très lentement tournait autour d'une lampe visible seulement par son halo...
>
> PFA, 19

Les effets de sens de *comme si* ne sont pas exactement les mêmes que ceux de *comme*, car au lieu de poser une comparaison ou une similitude entre deux isotopies, *comme si* propose un acte de figuration décrochée, invite à faire un saut dans l'imaginaire et/ou l'hypothétique qui ouvre le jeu de l'illusion, tout en dénotant autant la ressemblance que la dissemblance. En raison de cette ouverture, *comme si* semble plus apte à « éclairer » que *comme* :

> [...] Matin **comme** entièrement teinté de rose, touché d'une lueur rose, **comme s'**il reflétait une rose invisible, **comme si** l'éclairait une rose en feu, lointaine.
>
> S, 237

Dans le dépli de la phrase, la redondance du mot *rose*, son changement de statut syntaxique et sémantique, ouvrent une perspective en recul désignant un foyer lointain qui établirait la lumière matinale sur les ruines de quelque jardin embrasé : reflet de l'aube originelle ? régénération du Paradis par quelque Phénix ?

Il en va de même pour la métaphore qui permet, dans un même énoncé, et sans outil syntaxique, d'intégrer deux isotopies distinctes voire a priori incompatibles. Toutefois, certaines propriétés formelles de la métaphore (fondement analogique, possibilité d'occulter le thème et de permettre au phore d'occuper tout l'espace du discours) peuvent générer des effets pervers. Le premier consiste à confondre analogie et identité, le second à évacuer le thème.

Si la rhétorique classique nous a habitués à voir dans la métaphore une figure de l'analogie ou encore une figure fondée sur la ressemblance, la logique nous a appris, notamment avec Frege, à ne pas confondre ressemblance et identité. A la différence de la comparaison, la métaphore «pouss[e] le rapprochement de deux réalités étrangères jusqu'à l'identification». Or, selon Jaccottet, «[...] rien ne peut être identifié, confondu à rien» (*ATV*, 77); c'est pourquoi la métaphore chez lui fera pleinement jouer l'équilibre entre ressemblance et différence selon une conception non plus substitutive, mais interactionnelle.

L'émergence de la métaphore dans un discours descriptif risque, en raison de sa force suggestive, de focaliser l'attention sur le phore au détriment du thème: l'image «cache le réel, distrait le regard, et d'autant plus qu'elle est plus précise, plus séduisante pour l'un ou l'autre de nos sens ou pour la rêverie», écrit Jaccottet dans *Paysages avec figures absentes*. A plusieurs reprises, il souligne ce risque:

> Les peupliers dans les premiers verts, du côté de Valaurie. Droits, à peine jaunes, ou beiges, mais surtout lumineux — et le mot est inexact; des pièges pour le soleil (mais c'est encore plus faux). Refus de la métaphore par souci de ne pas trahir une plus mystérieuse simplicité.

S, 200-201

«Pièges pour le soleil»: c'est bien plutôt la métaphore qui est ici un piège pour le poète, car dans le jeu qui s'instaure entre le thème et le phore, l'équilibre peut être rompu en raison du pouvoir évocateur des images, mais aussi pour des raisons plus spécifiquement structurelles. D'une part, la métaphore *in absentia* fait l'économie du thème; d'autre part, la métaphore filée peut privilégier le phore au détriment du thème, plus informant que ce dernier. Un poème de *Chants d'en bas* (*ALH*, p. 88) vient, métaphoriquement d'ailleurs, instruire le procès de la «métaphore égarante», «étrangère», mais aussi mensongère, car les images sont à double titre «séduisantes»: «belles, toujours trop belles» (*S*, 249), elles «impressionnent» les sens et détournent à leur profit l'attention.

> Ainsi se vérifie une expérience dont j'ai bientôt tiré une règle de poésie (celle du danger de l'image qui «dérive») [...]

PFA, 60

Les «Remarques sans fin» qui clôturent les textes regroupés dans *La Promenade sous les arbres* s'établissent à une distance critique des images fondées sur le déséquilibre des isotopies et la perte de l'objet. Jaccottet dégage clairement les données du problème que pose Musil avec un humour grinçant :

> L'écrivain autrichien Robert Musil, dans un chapitre de son vaste roman Der Mann ohne Eigenschaften, s'est moqué des comparaisons comme si elles étaient une manière d'échapper à l'objet qu'elles prétendent, en général, honorer.

Il écrit ceci :

> *Il semble que le brave réaliste, l'homme pratique, n'aime jamais sans réserves et ne prenne jamais tout à fait au sérieux la réalité. Enfant, il se glisse sous la table pour faire de la chambre de ses parents, quand ils ne sont pas là, le lieu de toutes les aventures; adolescent, il rêve d'une montre; jeune homme à montre d'or, il rêve de la femme parfaite; homme avec montre et femme, il rêve d'une haute situation; et quand il est enfin parvenu à boucler ce petit cercle de désirs, qu'il y oscille paisiblement de-ci de-là comme un pendule, sa provision de rêves insatisfaits n'en paraît pas pour autant s'être le moins du monde réduite. Car, s'il veut s'élever désormais, il lui faut recourir à la comparaison. Sans doute parce qu'il arrive à la neige de lui déplaire, il la compare à de miroitants seins de femme; et dès que les seins de sa femme commencent à l'ennuyer, il les compare à de la miroitante neige; il serait atterré si leurs pointes se révélaient vraiment un beau jour becs de colombe ou corail serti dans la chair, mais poétiquement, cela l'excite. Il est en mesure de **changer tout en tout** (la neige en chair, la chair en fleurs, les fleurs en sucre, le sucre en poudre et la poudre, à nouveau, en friselis de neige), car la seule chose apparemment qui lui importe est de **faire des choses ce qu'elles ne sont pas**; excellente preuve qu'il ne peut supporter longtemps d'être au même endroit, quel qu'il soit.*

> C'est critiquer là, avec juste raison, la facilité excessive avec laquelle les images obéissent à nos désirs; les enfants en inventent, à un certain âge, tous les jours; les surréalistes en ont inondé la poésie moderne. Pour peu qu'on cède à cette pente, il se produit un foisonnement de relations plus ou moins baroques entre les choses qui peut, à bon marché, **faire croire que l'on a découvert les secrètes structures du monde**, alors qu'on a simplement tiré **le maximum d'effets** de l'imprécision d'une expression.

PSA, 112-114

Ancrée sur une frustration de la réalité, une telle pratique des images procède de la fuite du réel qui développe les vertiges de l'illusion et de l'inconsistance, aux antipodes de la recherche de Jaccottet : celle des réseaux qui suturent le monde, des liens entre les choses.

Le risque est grand, pour qui s'adonnerait aux images en général, et à la métaphore filée en particulier, de perdre de vue l'objet; même pour un poète comme Jaccottet, conscient des dérives possibles, la vigilance s'impose :

> [...] il me fallait, comme toujours, écarter ces rapprochements avec le monde humain qui faussent la vue : enfants rieurs, jeunes filles, communiantes; ou même avec les anges. C'était encore des arbres, c'était quoi ? ce qui désarme et provoque la pensée.

ATV, 10-11

Si la métaphore occupe les lacunes de la compréhension et de l'explication, l'anthropomorphisme ne constitue pas une grille explicative satisfaisante, car elle risque d'entraîner à côté ou hors de ce qu'elle est censée saisir.

Plus précisément, nous pourrions considérer le poème « Une étrangère s'est glissée dans mes paroles... » comme emblématique de la pratique poétique de Jaccottet dans la mesure où son parcours rhétorique (qui, par un dépouillement progressif, va du déploiement somptueux de métaphores à l'abandon des figures) s'accorde rigoureusement à son propos qui dénonce l'emprise des images et dit la difficulté à s'en déprendre :

> et, rallumant la lampe, [je] reprendrai la page
> avec des mots plus pauvres et plus justes, si je puis.
>
> *ALH*, 89

Le commentaire du texte de Musil propose plutôt qu'un déni catégorique de l'image, une invitation à réfléchir aux fondements de la critique des images, car « Il est évidemment des images, des rapprochements qui ne naissent pas du tout du désir (inconscient ou non) de fuir, de cacher ou d'altérer le premier terme de la comparaison. Tout au contraire » (*PSA*, p. 115).

Il apparaît donc que la critique s'adresse moins aux images en tant que telles qu'à des pratiques et des conceptions toutefois inhérentes à leur structure. D'une part, le langage figuré — qui puise largement dans le domaine du sensible en général et du visible en particulier — a le pouvoir de capter l'attention. Or, ce qui fait sa force dans une rhétorique de la persuasion peut faire sa faiblesse dans la pratique poétique : captant l'attention, elle peut la tenir captive, détourner l'attention du thème, ou conduire à une esthétique du superficiel et de l'ornemental. C'est contre toute esthétique de la gratuité que s'élève Jaccottet dans *A travers un verger*, quand il exprime son refus de « monter en épingle » les images. D'autre part, pour les figures fondées sur l'analogie, une conception paradigmatique et une lecture substitutive ont longtemps prévalu, limitant ou occultant considérablement la production des effets de sens.

2.2. De la nécessité des images

Paradoxalement, quand il réfléchit aux limites des images, Jaccottet est sans cesse renvoyé au problème de leur nécessité ; il en vient à penser qu'on puisse

> au lieu de les renier et de s'acharner contre elles pour les détruire (cela arrive), entreprendre de leur trouver une juste place dans le cours de sa vie (donc dans la trame de son texte), et les garder là, lointaines, menacées, précaires, à l'intérieur d'un ensemble

plus rude et plus opaque ; pour éviter de les « monter en épingle », c'est-à-dire de les figer, de les dénaturer. Ce serait alors supposer qu'elles ont, ces images, ces promesses, ces éclaircies, leur place dans un ordre, au même titre que le malheur qui les obscurcit.

ATV, 26

Avec cette conscience aiguë des problèmes que posent les images, on comprend la tentation d'y renoncer, de « seulement dire les choses, seulement les situer, seulement les laisser paraître » (*PFA*, 75).

Mais se profile alors le risque de la tautologie :

Il apparaît aussi, une fois de plus, que la comparaison peut éloigner l'esprit de la vérité, l'énoncé direct la tuer, n'en saisissant que le schéma, le squelette.

PFA, 66

Pour un poète soucieux comme Jaccottet d'œuvrer « avec les mots les plus pauvres », d'inventer une poésie à deux doigts au-dessus de la prose, l'ouverture d'un espace de signification devient alors problématique. C'est pourquoi les textes qui paraissent les plus dénotatifs, ceux qui privilégient l'image visuelle, descriptive, comportent souvent une possibilité d'ouverture sur le figuré.

Pommes éparses
sur l'aire du pommier
Vite !
Que la peau s'empourpre
avant l'hiver !

Po, 133

L'emploi du déterminant *la* quand on attend *leur* bloque une lecture purement référentielle et suggère une lecture métaphorique fondée sur une analogie entre la maturité des pommes qui se parachève alors qu'elles sont privées de la sève de l'arbre et la maturité de l'homme encore capable de vitalité avant l'*hiver*. Dès lors, l'abandon des images ne constitue plus qu'un horizon vers lequel le poète s'efforce de tendre, mais qui se dérobe en lui laissant la conscience amère de ses limites :

J'aurais voulu parler sans images, simplement
pousser la porte...

ALH, 49

On peut toutefois situer dans cette perspective un travail de réduction des métaphores qui consiste à proposer un parallélisme tout juste suggéré par la juxtaposition de deux isotopies. Nous pourrions les appeler « métaphores virtuelles » dans la mesure où elles ne sont pas construites syntaxiquement :

MARTINETS
Au moment orageux du jour

> au moment hagard de la vie
> Ces faucilles au ras de la paille
>
> Tout crie soudain plus haut
> que ne peut gravir l'ouïe
>
> *Po*, 117

Le parallélisme des deux premiers vers invite à établir une analogie entre *vie* et *jour*, *hagard* et *orageux*, et à réactiver, derrière l'image des martinets-faucilles l'allégorie de la mort. Les martinets deviennent alors oiseaux de la crise, du paroxysme, signes ou messagers de la mort. Si le deuxième niveau métaphorique repose exclusivement sur la juxtaposition et le parallélisme des structures syntaxiques (vers 1 et 2), en revanche ce n'est plus au plan syntaxique mais textuel que se joue la construction du premier niveau (le déterminant *ces* assignant à *faucilles* le même référent qu'au mot-titre *martinets*). Molino parle dans ce cas de « métaphore wittgensteinienne, dans laquelle le rapprochement naît d'une structure commune qui reflète une même image du réel »[25], et qui correspond en fait à une conception de la métaphore non plus rhétorique comme en Europe, mais poétique comme en Chine. Or, si nous avons noté dans notre étude de la comparaison le glissement de *comme* à *comme si*, l'analyse pénétrante de Bonnefoy attire notre attention sur l'emploi particulier du connecteur *avec* dans le haïku :

> [...] si deux aspects du monde, ou deux êtres sont rapprochés, dans le haïku, c'est moins parce qu'ils sont comparables que parce que l'un a participé, dans cet instant et par sympathie, de l'existence de l'autre. Onitsura écrit :
>
> *Mon âme plonge dans l'eau*
> *et ressort*
> *avec le cormoran,*
>
> [...] « Avec » y prend alors la place de « comme ». [...] C'est comme si se faisait plus ténu, plus lointain, et en cela même plus transparent, plus ouvert à des trouées de lumière, le réseau des relations signifiantes.[26]

Connecteur de la solidarité, *avec* instaure a priori des relations spécifiquement métonymiques. Or, la relation de « sympathie » n'abolit pas totalement l'analogie : elle en fait sentir la latence. Comme le dit Jakobson, toute métonymie se teinte de métaphore en raison du principe de projection de l'axe des contiguïtés sur l'axe des substitutions. Chez Jaccottet, c'est plutôt le connecteur *et* qui joue ce rôle ambigu, comme d'ailleurs dans certaines traductions de haïkus :

> Et pruniers en fleur
> Et rossignol s'égosille
> et moi resté seul.[27]

Le *et* marque sans doute la solidarité des faits et des éléments, mais il suggère aussi une lecture analogique, faisant jouer ressemblances et différences : pruniers et rossignol partagent le même mouvement d'expansion, tandis que le rossignol et le moi partagent la solitude, selon des tonalités, il est vrai, différentes. De même, cette note de *La Semaison* montre comment s'opère le passage de la métaphore virtuelle à la métaphore effective :

> Cueillant une grappe de raisin, le soir, et soudain le globe, le grain de la lune; je tiens la grappe dans ma main.

S, 114

Sans doute, *et*, modifié par l'adverbe *soudain*, marque-t-il la survenue d'un événement, mais cet événement n'est pas seulement lisible selon une relation de coexistence temporelle, il l'est aussi selon une relation de contiguïté et d'analogie qui s'estompe à peine est-elle formulée.

On la retrouvera, sous forme virtuelle, à cause de l'abolition des connecteurs au profit des deux-points, dans « Si les fleurs n'étaient que belles... » :

> *Au moment où le soir approche dans le jardin d'été*
> *laissant apparaître la lune*
> *je cueille une grappe de raisin sombre :*
> *elle rafraîchit mes doigts*

PFA, 125

Aucune figure manifeste : le texte paraît purement descriptif; aucun effet de parallélisme sur quoi asseoir une construction analogique. Et pourtant... Le commentaire de Jaccottet, à la page suivante, suggère, par glissement de la grappe au grain, une interprétation métaphorique :

> [...] enfin ne semble-t-il pas aux doigts qu'ils tiennent en ce globe frais l'astre même que l'œil se souvient d'avoir aperçu ?

Ibid., p. 126

Le reflet n'est plus constructible sur la base d'un parallélisme syntaxique, mais sur la base de similitudes référentielles; en outre, les deux objets du monde sur lesquels peut se fonder l'analogie ne sont pas explicitement nommés : l'un reste à expliciter.

On retrouvera cet effet de parataxe aussi bien dans les transpositions de haïkus que dans les poèmes de Jaccottet :

> Regardant en arrière :
> On allume les lanternes de la douane
> Dans le brouillard du soir.

TS, 127

> L'engoulevent,
> c'est le rouet des Parques noires :

pour nous autres,
il n'y a plus beaucoup de fil.

ABA, 37

Du haïku sans doute Jaccottet apprend à simplement situer les choses, à les laisser paraître, ou plutôt à les situer de manière à laisser paraître les différents réseaux possibles, sans les imposer, sans en réduire l'ambiguïté : au contraire. Au lieu de proposer une métaphore structurée, le texte s'offre simplement à une possibilité de lecture métaphorique. Mieux vaudrait peut-être dire que l'interprétation du monde selon Jaccottet témoigne d'une attitude métaphorique consistant à percevoir ou établir un jeu de reflets entre les choses. Si, pour Aristote, « bien métaphoriser, c'est voir les ressemblances », pour Jaccottet, c'est aussi éviter de les figer, et laisser la possibilité de les percevoir dans le texte.

Ce que nous avons appelé « métaphore virtuelle » nous semble attester une conception qui, au lieu d'établir une relation hiérarchisante entre le thème et le phore, relèverait plutôt d'une conception interactionnelle de la métaphore, dans la mesure où elle instaure un équilibre entre les deux. C'est d'ailleurs sur un jeu de double projection que se clôt ce texte évoquant la présence « magique » de la montagne :

> [...] Qu'est-ce donc ?
> Vu d'ici, un dôme, un dos d'âne aplati au-dessus duquel le ciel est encore lumineux.
> [...]
> Une fois de plus, je crois que c'est pour moi une autre image de la *limite* heureuse, de celle qui n'enferme pas.
> Montagne — maison.

S, 127-128

Cette équivalence finale manifestée par la présentation typographique même, invite non seulement à lire une isotopie selon une autre, mais plus précisément à lire chacune des deux isotopies selon l'autre : la montagne empruntant à la maison son caractère protecteur, familier, bienveillant, et la maison empruntant à la montagne sa solidité, une certaine stature, ainsi que la possibilité d'ouverture vers le haut (ce qui fait de la maison un « lieu »). On voit ici comment la métaphore transforme la réalité perçue.

Or, si Molino assigne à deux aires culturelles comme l'Europe et la Chine la distinction entre métaphore rhétorique et métaphore poétique, c'est bien de celle-ci que relève la pratique de Jaccottet, en ce sens que l'interaction entre isotopies ne se fonde pas sur un simple enregistrement de relations objectives et/ou empiriques, mais fonde les relations, projette les représentations de l'une sur l'autre, « redécrit le monde ».

3. LA MÉTAPHORE «REDÉCRIT» LE MONDE

Dans le cadre d'une conception interactionnelle, la métaphore apparaît comme le fait poétique par excellence, dans la mesure où elle «crée la relation au lieu de la supposer», et cette création personnelle s'enracine dans une subjectivité «ne préjugeant en rien du fondement ontologique de la relation»[28]. En même temps qu'elle crée un monde coordonné au sujet, elle participe aussi à la création du sujet. Le référent métaphorique ne serait donc pas le référent «mondain»; pourtant il ne s'élabore pas sur son abolition. Créatrice d'un référent, la métaphore s'avère aussi créatrice de sens et se donne les moyens de son intelligibilité. C'est pourquoi elle peut apparaître comme un complexe fonctionnel qui noue très étroitement fonction cognitive et fonction poétique.

3.1. La métaphore relie

Parmi les figures qui se caractérisent par leur capacité à établir des liens entre diverses isotopies, et selon la typologie des médiations établie par le Groupe μ, la métaphore constituerait la forme la plus «intégrante» dans la mesure où, à la différence de la comparaison, elle ne comporte pas de mot-outil articulant et cloisonnant les deux termes, mais assemble directement, dans une même unité syntaxique, des éléments relevant d'isotopies distinctes et d'échelles différentes, comme le montre leur «modèle triadique»[29].

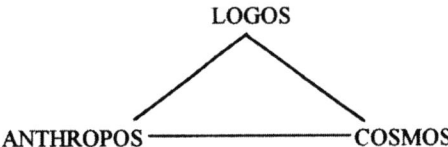

Chez Jaccottet, le pouvoir médiateur de la métaphore constitue sans doute le fondement le plus solide de sa réhabilitation. Dans le fragment suivant, qui évoque la musique tibétaine, on voit à travers la métaphore «voix de bœufs attelés à labourer obstinément le champ de l'éternité» comment le discours crée des liens entre l'homme et l'univers :

> [...] Les moines ont des voix extrêmement basses et fortes qui semblent ruminer les sons, des voix de bœufs attelés à labourer lentement, obstinément, le champ de l'éternité. Les instruments évoquent parfois d'énormes rafales, ou des coups de fouet qui vous font, même ainsi domestiqués et privés de l'espace pour lequel cette musique est faite, tressaillir.

SS, 22

La relation, qui s'appuie sur une médiation référentielle (labourer un champ) est assurée par une médiation discursive (attestée par les verbes *sembler* et *évoquer*). Si les images qui tissent des liens entre l'homme et le cosmos sont nombreuses chez Jaccottet, seule la métaphore possède le pouvoir d'unifier ce qui dans le monde est divers, hétérogène, disjoint, voire contradictoire :

> Montagne sur son socle, soulevée par la lumière. Fruit dans une coupe de lumière. Les Bouddhas sont parfois portés de cette façon. Ils ne sauraient être ébranlés, basculer.
>
> *S*, 127

Ici, la polysémie du mot « socle » favorise la mise en relation d'objets (montagne/fruit ; Bouddhas/socle-coupe) qui sont hétérogènes (*montagne* renvoie à l'isotopie du cosmos tandis que *Bouddhas* renvoie à l'isotopie de l'humain) et qui relèvent d'échelles différentes (macrocosme : *montagne*/microcosme : *fruit*). On pourrait dire que la métaphore est acte de *religio* au sens latin du terme. En outre, si l'un des objectifs est de « constituer l'œuvre en modèle réduit de l'univers » selon l'hypothèse du Groupe µ qui balise le problème en rappelant quelques formules particulièrement éclairantes — « L'univers dans une coquille de noix » (Joyce) ; « le monde dans un grain de sable » (Blake) ; « la créature qui est toute la création » (Hugo) — les métaphores, en opérant un incessant va-et-vient entre le macrocosme et le microcosme, y contribuent largement. C'est chez Jaccottet la métaphore virtuelle lune-grain de raisin dont le commentaire montre que s'il incombe à l'image poétique de recréer des liens et des équilibres, il incombe au poète de s'assurer de leur lisibilité, au risque, peut-être de la poésie même :

> [...] enfin, ne semble-t-il pas aux doigts qu'ils tiennent en ce globe frais [le grain de raisin] l'astre même que l'œil se souvient d'avoir aperçu ?
>
> (On sent alors, également, qu'il vaudrait mieux, si possible, ne rien dire de plus. Il est nécessaire que se maintienne une confusion, une cohérence, une complétude. [....] Mais peut-on laisser suspendus ainsi à de longs intervalles ces globes purs, sans rien qui les relie ? On éprouve parfois le besoin de les intégrer dans une continuité — la prose — qui, peut-être, les ruine).
>
> Je pense au mot *cosmos*. Il a signifié d'abord, pour les Grecs, ordre, convenance ; puis monde ; et la parure des femmes. La source de la poésie, ce sont ces moments où, dans un éclair, quelquefois aussi par une lente imprégnation, ces trois sens coïncident, où, non moins certaine que l'ignoble (hélas plus visible et plus virulent), surgit une beauté qui est la convenance du monde [...]
>
> *PFA*, 126-127

La métaphore est à la fois saisie et expression de cette « convenance ». Elle relie, organise, construit, équilibre. Ce qui se joue dans le procès linguistique de la médiation métaphorique concerne tout autant l'homme que le cosmos ; il s'agit non seulement de la connaissance du monde, mais aussi et surtout, selon l'expression de Claudel, de la «co-naissance au monde et de soi-même». Et cette connaissance est création : construction du monde et construction de soi à travers les relations instaurées, autrement dit, l'inverse même de ce qui fondait le procès de la «métaphore égarante» instruit en partie par le texte parodique de Musil.

> C'est ainsi : je suis entouré d'images fuyantes, brisées, sans lien entre elles, qui passent et s'effacent comme des oiseaux, et je voudrais les rassembler encore, faute de quoi c'est moi qui m'éparpillerai avant le temps.
>
> *S*, 223

Rassembler les fragments du monde, les relier, c'est se rassembler soi-même, se structurer. Chez un poète qui se dit «serviteur du Visible», qui s'emploie à «mesurer le visible», ce travail de construction s'applique bien sûr au monde visible qu'il s'approprie pour le dépasser et penser l'unité qui échappe aux sens.

Ainsi, les figures de l'analogie en général, et la métaphore en particulier, permettent de tenter des incursions au-delà des bornes du visible, «Où nul ne peut demeurer ni entrer» (*Po*, 126), et de construire une image de la totalité où s'inscrit l'homme, mais qui le dépasse. Ce qui s'exprime par des métaphores récurrentes. Si les seuils, les fenêtres et les frontières ouvraient sur des «lieux» aux yeux de Jaccottet, ils servent aussi de comparant ou de phore pour construire des images capables de conduire au-delà, de s'affranchir un instant des limites — d'où les images de portes ou de fenêtres, de frontières, lignes ou crêtes :

> *Musique* : feuillage de notes comme abri, mur vibrant, cloison poreuse, filtre. La mélodie, **comme une chaîne de montagnes ou de collines**, parfois étale, calme, parfois hérissée, héroïque, tendue. Mais surtout, **comme la ligne qui délimite** et désigne de l'invisible, de l'inconnu, le rêve de tout regard d'enfant : qu'y a-t-il au-delà? Le mirage, son pouvoir.
>
> *S*, 250

> Car c'est **comme une très petite porte** par laquelle il faut passer, au-delà de laquelle rien ne prouve que l'espace soit aussi grand qu'on l'a rêvé. Il s'agit seulement de passer par la porte et qu'elle ne se referme pas définitivement.
>
> *S*, 150

Mais cette approche de la totalité est fort modeste chez Jaccottet ; elle n'a rien des ambitions affichées par les formules de Joyce, Blake et Hugo. Il ne vise pas à sceller l'ordre du monde, tout au plus à tisser un réseau de relations ponctuelles, fragiles, incertaines et subjectives qui sont autant d'approches d'une unité se dérobant sans cesse au poète qui s'emploie constamment à les reconstruire, en accord avec la pensée d'un monde qui ne peut nous apparaître que dans sa discontinuité. On pressent alors la portée d'associations comme poète-ravaudeur occupé à «recoudre astre à astre la nuit» (*PSN*, 32).

Cependant, les processus médiateurs ne se contentent pas de réparer des fragments du monde sensible, ils réalisent une transformation subjective du visible pour créer autre chose, comme le souligne d'ailleurs Jaccottet :

> Etrange chose que les yeux, qui boivent le monde et contribuent à sa métamorphose en images matérielles ou moins matérielles.
>
> *S*, 242

Simple transformation de substance, ou, ce faisant, véritable métamorphose du monde sensible ?

Voilà qui nous conduit à reconsidérer une expression comme «déchiffrer le réel», car parmi les métaphores que nous avons déjà citées, si *martinets-faucilles au ras de la paille* peut se fonder sur une analogie objective (entre la trajectoire des deux éléments, voire entre la forme de l'aile déployée et celle d'une lame de faucille), il n'en va plus de même pour *montagne-maison* et encore moins pour *figuier-Lazare*.

La métaphore *montagne-maison* repose sur des propriétés qui ne relèvent pas des représentations culturelles des objets, et encore moins d'une description sémantique des termes. Seuls peuvent l'expliquer un vécu subjectif, une relation particulière aux objets concernés. Dans le cas de la métaphore *figuier-Lazare*, la seule ressemblance objective, ratifiée dans le langage par la métaphore figée *écharpes de brume*, pourrait concerner le rapport entre les bancs de brume et les bandelettes qui enveloppent le corps (blancheur, forme allongée) :

> Au petit jour : le vert sombre du figuier, le jaune d'un arbre plus lointain, les taches de vigne, et la brume [...]
>
> Le mot limbes. Lazare.
>
> Ce figuier serait-il comme Lazare dans ses bandelettes de brume ? Ce qui se passe avant que la vie reprenne [...] Ce n'est pas vraiment de la lumière, c'est avant la lumière, avant la chaleur, la vie.
>
> *S*, 47

Cette association procède essentiellement d'un choc émotionnel qui vient superposer aux choses vues les choses lues pour en modifier l'image «réaliste». L'homme et l'arbre se trouvent tous les deux métamorphosés : le végétal se charge de significations sacrées et mythiques (il régit l'alternance de la nuit et du jour, divise, organise), alors que Lazare fait figure d'être élémentaire, à la fois minéral (ou métonymiquement minéralisé par le tombeau dont il s'extrait) et végétal. La métaphore est bien ici métamorphose; plus encore, elle a le pouvoir de susciter, de créer ce qu'elle dit. Elle n'exprime pas un ordre du monde qui lui préexisterait : elle fonde un ordre du monde coordonné au sujet; un monde qui s'organise par la puissance visionnaire du regard, dans l'acte de langage. Elle a donc bien une fonction éminemment poétique qui nécessite d'être redéfinie, notamment dans ses rapports aux fonctions émotive et cognitive.

La relation apparaît ici comme le procès essentiel à la connaissance et à la création. Seule une conception à la fois relationnelle et interactionnelle de la métaphore permet de comprendre comment elle produit un approfondissement réciproque de la connaissance du monde et de soi, dans un processus dialectique qui se donne comme quintessence de la sensation d'univers.

3.2. Le processus métaphorique comme modèle de la sensation d'univers

Dans son analyse des procès médiateurs, le Groupe µ met en évidence le rôle spécifique du procès linguistique par rapport aux deux pôles que sont l'homme et le cosmos, selon une dialectique qui nous permettra d'expliciter celle qu'ébauche Jaccottet dans *La Semaison* :

Langage (parole, écriture, mythe)
Intériorise le monde extérieur perçu.
Extériorise les structures poétiques conçues.
Equilibre cette double visée dans le syntagme.
Rhétorique (métaphore, comparaison) (cas particulier du précédent).
Assimilation verbale, partielle ou totale, vraie ou exagérée de deux termes quelconques.[30]

Le groupe µ éclaire la conception de Jaccottet en explicitant les fonctions du langage à l'œuvre dans le procès linguistique. Comblant les ellipses de Jaccottet, nous pourrions ainsi redéployer une note de *La Semaison* (*S*, 249) : étrange chose que les yeux, qui boivent le monde et contribuent à sa métamorphose [par le langage] en images matérielles ou moins matérielles : [en changeant la matière de l'objet, elles le transforment ou l'informent]. L'attitude métaphorique nous semble ainsi condenser, «précipiter» la «sensation d'univers» : c'est en ce sens que Jaccottet a pu voir dans le processus métaphorique l'essence de l'attitude poétique.

Le processus métaphorique est d'abord défini comme processus d'intériorisation : intériorisation du monde réel qui exige une attitude de réceptivité. Ingeborg Bachman, «à la fois extraordinairement enfermée en elle-même et poreuse aux impressions, aux agressions du dehors» (*S*, 206), est emblématique de la double écoute (du monde et de soi) nécessaire à l'émergence des images et à leur cristallisation.

Cette disponibilité, c'est aussi celle du marcheur, ouvert aux impressions du dehors, au rapt des sens : il suffit d'évoquer *La Promenade sous les arbres* ou le début du *Cerisier* (*CV*, 10). La rencontre s'opère selon des modalités variables :

> J'ai pu seulement marcher et marcher encore, me souvenir, entrevoir, redécouvrir, me perdre. Je ne me suis pas penché sur le sol comme l'entomologiste ou le géologue : je n'ai fait que passer, accueillir. J'ai vu ces choses qui elles-mêmes, plus vite ou au contraire plus lentement qu'une vie d'homme, passent. Quelquefois, comme au croisement de nos mouvements (ainsi qu'à la rencontre de deux regards il peut se produire un éclair, et s'ouvrir un autre monde), il m'a semblé deviner, faut-il dire l'immobile foyer de tout mouvement? Ou est-ce déjà trop dire? Autant se remettre en chemin...
>
> *PFA*, 10-11

Il s'agit d'une disponibilité moins de surface que de profondeur : «En passant, alors que l'esprit était soucieux d'autre chose, désespéré peut-être, ce signe lui a été fait, ce don» (*S*, 93).

La cristallisation et le «jeu» des images commencent avec la rêverie qui capte les interférences entre le moi et le monde, qui écoute en quelque sorte les mots intimes suscités par le choc de la rencontre. Ainsi s'enclenche *Travaux au lieu dit de l'Etang* :

> On est surpris [...] Alors, on regarde et on rêve ; ce n'est pas vraiment une lecture, une recherche ; on laisse venir, on laisse aller les images.
>
> *PFA*, 59-60

A l'investigation systématique et rigoureuse, à la tension de la «lecture», Jaccottet préfère une approche plus libre et suit volontiers le «conseil d'un démon familier» qui laissera rêver les mots pour que puissent se former les images :

> «[...] Fie-toi plutôt aux bonds capricieux de l'intuition, aux méandres de la rêverie, accepte le désordre de tes mouvements, même leur incohérence : qui laisse du jeu, qui laisse à l'air, à la respiration, sa chance.»
>
> *ATV*, 22

Malgré la concision de certaines images et la brièveté de poèmes qui occultent le processus de découverte ou d'élaboration, il ne semble pas que les images s'imposent d'emblée — ou plutôt qu'elles soient d'emblée acceptées. Seule une disponibilité capable de permettre une libre circulation des images peut conduire à l'image juste, qui sera acceptée comme telle selon des critères à la mesure des enjeux. Corrélativement, la sédimentation des images qui s'opère avec l'âge peut conduire à un trop plein ou à une sclérose préjudiciables à l'avènement d'images authentiques, capables d'atteindre une vérité ou de renouveler la compréhension du monde :

> Un homme qui vieillit est un homme plein d'images
> raides comme du fer en travers de sa vie,
> n'attendez plus qu'il chante avec ces clous dans la gorge.

ALH, 81

Nous retrouvons ici le refus de l'artifice rhétorique : d'une rhétorique qui cette fois serait plus une rhétorique de la compensation qu'une rhétorique de la séduction.

L'attention nécessaire au jeu des images présente des traits analogues à ceux de l'écoute du monde. La disponibilité et l'écoute n'excluent pas l'attention. Négativement, elle ne saurait être tension, questionnement délibéré ou attitude d'appropriation :

> [...] pour ce cerisier, je n'éprouvais nul désir de le rejoindre, de le conquérir, de le posséder ; ou plutôt : c'était fait, j'avais été rejoint, conquis, je n'avais absolument rien à attendre, à demander de plus [...]
> Peut-être aussi serait-il resté muet, si j'avais voulu le chercher, l'interroger.

CV, 10

Positivement, des citations de *L'Attente de Dieu* de Simone Weil permettent de saisir le type d'attention auquel aspire Jaccottet :

> *L'attention consiste à suspendre sa pensée, à la laisser disponible, vide et pénétrable à l'objet, à maintenir en soi-même, à proximité de la pensée, mais à un niveau inférieur et sans contact avec elle, les diverses connaissances acquises qu'on est forcé d'utiliser.*
> Plus loin : *Les biens les plus précieux ne doivent pas être cherchés, mais attendus.*
> (Attente de Dieu, p. 116 *sq.*)

S, 24

On peut bien sûr penser à l'« attention flottante » des psychanalystes :

> En me renfermant sur moi, tous livres fermés hors le livre des choses, le livre du vécu, le livre concret, matériel, douloureux, dérobé :
>
> noter d'abord des traces, des directions qui sont déposées en moi, qui creusent en moi leurs sillons. Des images qui s'enfoncent dans le passé ou qui flottent près de moi, tournent autour de moi. Inscrites sur sol mouvant comme celui du port de Rotterdam par gros temps. Notées en vrac et presque paresseusement, sans trop y regarder, m'y arrêter.

S, 186

Deux distinctions doivent cependant être établies. D'une part, comme le montre Bachelard[31], le *cogito* du rêveur repose sur une ambiguïté fondamentale : le sujet ne se fait « poreux » que pour mieux investir le monde. D'autre part, alors que l'analyste opère un travail de décentration pour rencontrer l'analysant et permettre à sa parole de faire sens, le poète joue le sens de son propre rapport au monde. Ceci ouvre l'accès aux enjeux psychiques et existentiels liés à la reconnaissance des images et justifie pleinement l'éthique qui leur est sous-jacente. Car la reconnaissance des images constitue une épreuve de vérité qui implique une écoute en deçà du conscient, là où rêves et rêveries sont susceptibles de se rejoindre.

L'intérêt majeur des carnets poétiques ou de textes comme *Travaux au lieu dit de l'Etang* est de nous donner la mesure du travail d'élaboration des images, car le plus souvent, le poème efface le travail d'engendrement, et l'image poétique s'offre, coupée de son sous-sol, à l'aventure du sens. Ce retour sur l'élaboration, qui barre d'un trait radical ce dont se soutient la métaphore, peut se lire comme le geste par lequel le poète tente de saisir une origine et de s'y raccorder : on peut dire avec Bachelard que « L'image poétique nous met à l'origine de l'être parlant », et que cette régression « nous fait vivre un état qu'il faut bien désigner comme anté-perceptif »[32]. Dans l'écoute de la remontée et du jeu des images, le poète tente de démêler ce qui a construit l'homme :

> Vie à mesure changée en images, réduite en images,
> qui se filtrent en nous.
> Le poète transmet les plus pures.
> Notre corps d'images, de mémoire.
> Toute cette peine, quelquefois ces tourments, ces douleurs, pour une bulle d'images.
> Rassemblées en nous comme les graines dans le fruit.
> Blessures qui ne laissent pas le moindre sillon dans l'air
> Terre qui absorbe depuis le commencement du monde la pourriture.
> Se déposent en nous, sont déposées au fond de nous les images couchées comme une cargaison de fleurs. Tombent au fond.
> Peut-il y avoir plus futile qu'une vie avec sa charge d'images, et pourtant on pressent un autre ordre de mesure.
> Tant de peine pour un nœud d'air ! si vite, si aisément dénoué.
>
> S, 109-110

La fonction créatrice de l'image poétique n'est pas dissociable des images psychiques déposées par la vie. On pourrait dire avec Bachelard qu'elles « creusent la vie, agrandissent les profondeurs de la vie », en ce sens qu'elles montrent comment le poète dépasse ses limites lorsqu'il touche la frontière :

> [...] il [lui] faut imaginer quelque chose d'aussi totalement inimaginable et improbable qui fasse s'écrouler ce mur, quelque chose dont ces vues seraient des éclats épars, venus comme d'un autre espace, étrangers à l'espace, en tout cas différents du monde extérieur non moins que du monde intérieur à la rencontre desquels ils surgissent — sans qu'on puisse jamais les saisir, ni s'en assurer la possession.
>
> ATV, 36

Les images sous-tendent et structurent le vécu, confèrent une densité d'être; elles sont le lieu d'une construction complexe du monde, et chez Jaccottet ce monde projeté s'édifie non seulement sur l'intériorisation subjective du monde perçu, mais aussi sur le monde représenté, c'est-à-dire déjà intériorisé par les œuvres d'art.

Dans et par le poème, l'image «nous exprime en nous faisant ce qu'elle exprime»[33]. Mais les images ne disent pas seulement comment nous habitons le monde; elles disent aussi comment nous le construisons. Selon Richards, la «maîtrise de la métaphore» sera celle «du monde que nous nous forgeons pour y vivre»[34].

La métaphore, comme phénomène contextuel et interactionnel crée des référents, mais dans la mesure où elle engage le sujet à dépasser le tableau des représentations individuelles elle crée aussi du sens.

3.3. La métaphore comme modèle cognitif et poétique

La métaphore est non seulement approfondissement de la connaissance du monde et du moi, mais en tant que co-naissance, elle permet l'expansion du moi, du monde, et des capacités de sens du langage.

Si nous distinguons avec Frege le sens et la dénotation des mots, ses recherches nous autorisent également à distinguer le sens et la référence d'un fragment de discours ou d'un texte : en l'occurrence d'une métaphore ou d'un système métaphorique. Ce qui est d'autant plus problématique que, dans le cas de la métaphore, la polyisotopie produit une référence qui dépasse le réel qu'elle convoque.

Qu'est-ce donc que la référence de la métaphore? Peut-on la réduire à l'adjonction ou à la combinaison de deux univers mis en relation? à un effet de surimpression ou effet «stéréoscopique»? Frege propose de distinguer le fonctionnement du couple sens-référence dans l'usage littéraire et dans l'usage ordinaire. Dans l'usage ordinaire, la compréhension du sens nous porte vers la référence. En revanche, la compréhension littéraire suspend ce mouvement spontané, s'arrête au sens, et ne reprend le problème de la référence qu'à la lumière de l'explication du sens :

> Puisque [le monde de l'œuvre] existe en tant que ce qui est intenté ou projeté par les mots, les mots sont les choses qu'il faut considérer les premières.[35]

Un tel suspens n'est pas sans rappeler l'*épochè* husserlienne : autrement dit la suspension de toute position de la réalité naturelle au profit d'une ouverture à l'imaginaire. Le référent de la métaphore n'est pas un simple objet du monde, ni la simple adjonction ou confusion du thème et du phore. Toutefois, le suspens du réel n'est pas son abolition, et la métaphore, qui crée dans les lacunes du réel quelque chose qui n'existe pas est plutôt un dépassement du réel — ou plutôt du «visible» : «ce qui naît à la rencontre du ciel et des yeux» (*ATV*, 5) reste énigmatique; pourtant le poète a un œil visionnaire qui «imagine quelquefois des trouées lumineuses dans le ciel» (*Ibid.*, p. 25). Si Jaccottet peut dire sans contradiction : «j'aurai écrit que mes yeux ont vu quelque chose qui, un instant, les a niés» (*Ibid.*), c'est parce que la référence métaphorique est, comme le dit Ricœur, une référence dédoublée : des référents explicites sont activés, mais ils ne constituent pas le référent métaphorique. Au-dessus de la référence au réel, la métaphore construit une autre référence qui exemplifie le réel. C'est ce que tendent à montrer les travaux de Max Black et de Mary Hesse[36] qui considèrent que la métaphore serait au langage poétique ce que le modèle est au langage scientifique : un instrument qui, par le moyen de la fiction, brise une interprétation inadéquate pour frayer la voie à une interprétation nouvelle, plus adéquate — ce qui expliquerait chez Jaccottet les tâtonnements fréquents évoqués notamment au début de *Travaux au lieu dit de l'Etang*. Alors que la description «fixe» et situe des référents réels, les métaphores redécrivent le réel en proposant une construction inédite. Modèle analogique et original se ressemblent par leur structure. Métaphoriser, c'est voir de nouvelles connexions : «redécrire» le monde. C'est pourquoi Jaccottet considère que l'essence de la poésie réside «dans l'usage de la comparaison, de la métaphore, ou de tout autre rapport» (*EDM*, 303) :

> la poésie qui exploite des images souvent facilement découvertes et sans réalité aux yeux de beaucoup, semble poursuivre finalement une réalité plus grande : car, négligeant les apparences saisissables ou s'en jouant, elle poursuit leurs insaisissables rapports : du monde [...] elle ne poursuit que la musique même, celle qui n'a ni poids, ni volume, ni apparence.

ON, 35

La métaphore relève donc d'une logique de la découverte. Ceci légitime le souci constant de «justesse» qui sous-tend une véritable éthique métaphorique.

Création et connaissance sont explicitement conjointes dans le passage de «Remarques sans fin» qui succède à la critique des images :

> Il est probable que de grandes émotions nous font pressentir nos liens avec le monde extérieur, nous suggèrent une unité cachée et nous font retrouver des images très anciennes qui semblent déposées à une certaine profondeur de la mémoire humaine. Peut-être ces espèces de révélations nous sont-elles accordées parce que nous sommes détachés de nous-mêmes et plus ouverts aux leçons du dehors. C'est alors à nos yeux émerveillés comme si le monde apparaissait autour de nous éclairé de telle façon que nous découvrions les fils qui relient les êtres aux choses, comme la vision d'une œuvre

musicale qui se serait immobilisée devant nous avec tous ses rapports, ses silences et ses accents.

PSA, 115-116

Penser la métaphore comme modèle suppose que la perception soit dépassée par un véritable travail de construction de rapports : c'est pourquoi le roseau qui mesure est l'outil adéquat pour qui veut « bien métaphoriser ». A ce roseau s'oppose le bâton qui saccage — bâton de l'imbécile privé du sens intérieur de la mesure, ou canne obscure qui ravage (*ALH*, 78).

Si la construction de modèles fait progresser la connaissance en profondeur, elle la fait aussi progresser en extension : la fonction référentielle de la métaphore, portée par le réseau métaphorique, crée non seulement un accroissement du monde, mais « un échange entre le poète et le monde, à la faveur duquel vie individuelle et vie universelle croissent ensemble »[37].

En outre, la métaphore crée aussi un accroissement des potentialités de sens du langage, en raison de sa polysémie qui reçoit un traitement sémantique inverse du langage ordinaire : dans ce cas, le contexte réduit, alors que dans la métaphore il ajoute à la polysémie, selon un processus rigoureusement inverse. La métaphore permet de créer du sens sur les incompatibilités sémantiques du langage ordinaire. Elle crée du sens dans les blancs et les marges du discours, et la prise en compte de ce sens permet, selon le mécanisme décrit par Frege, d'élaborer une référence qui n'existe pas ou n'existe pas complètement : une autre raison de la considérer comme l'archétype de l'activité poétique.

Ainsi, une note de *La Semaison* renouvelle le sémantisme du mot *roseaux* et suscite une représentation inédite :

> Cloisons de paille : abri et légèreté. La juste mesure, la juste distance pour l'enclos.
> Le bocage de la Côte d'Or, ses haies et les ruisseaux endormis, méandreux.
> La herse des roseaux.

S, 127

La double métaphorisation des roseaux se fonde sur des relations en partie explicitées entre les différentes isotopies (*roseaux-cloison*; *roseaux-herse*). En dépit des sèmes qui leur sont associés (fragilité), les roseaux se voient conférer certaines propriétés d'une cloison (protection, division de l'espace), toutefois modérées par la métaphore à retour « cloisons de paille » qui allège en contrepartie l'idée qu'on peut se faire d'une cloison. De même, dans la métaphore finale, l'image de la herse qu'inspire la régularité des roseaux se trouve modifiée, assouplie par l'association des termes. En faisant pleinement jouer le contexte qui instaure un jeu de reflets, on active des sèmes usuellement incompatibles qui «redessinent» la représentation des objets et enrichissent leur sens.

Dans le monde borné par la finitude, où les mots ne peuvent plus atteindre les choses dans un absolu poursuivi mais inaccessible, les métaphores viennent suppléer aux manquements des mots : elles redéploient l'espace du texte qui se donne ainsi comme modèle analogique du monde conçu (débordant lui-même le monde perçu).

Les enjeux de l'activité métaphorique sont tels qu'on comprend que leur production et leur sélection soient soumises à une éthique encore plus contraignante que le choix des mots. Car, dans la mesure où la métaphore vise à dépasser le «tableau individuel» des représentations pour proposer du sens inédit, en marge de la garantie des dictionnaires, elle engage le poète non seulement à l'égard du monde et de lui-même, mais aussi à l'égard des autres. La quête de justesse qui anime constamment le travail sur la métaphore est d'autant plus difficile à mener qu'elle doit concilier vérité subjective (é-motive), et capacité d'objectivation en direction du destinataire.

L'orientation vers le destinataire est tout à fait explicite dans ce passage de «Paysages avec figures absentes» qui témoigne du désir de communiquer («montrer») une expérience personnelle :

<small>(Ces images en disent toujours un peu trop, sont à peine vraies ; il faudrait voir en elles plutôt des directions. Car ces choses, ce paysage, ne se costument jamais ; les images ne doivent pas se substituer aux choses, mais **montrer** comment elles s'ouvrent et comment **nous** entrons dedans. Leur tâche est délicate.)</small>

<small>*PFA*, 16-17</small>

La métaphore se donne comme expression d'une subjectivité à partager; mais chez Jaccottet, la visée des métaphores dépasse largement le simple partage d'émotions. Leur fonction cognitive et poétique permet de comprendre qu'il y ait chez lui une véritable éthique de la métaphore, dont les termes symptomatiques sont «justesse» et «convenance». Compte tenu de ces enjeux, nous avons déjà eu l'occasion de signaler que l'adhésion aux images ne saurait être immédiate : l'homologation d'une métaphore nécessite un véritable travail de criblage, et passe par une reconnaissance de sa justesse qui peut ne survenir qu'au terme de longs tâtonnements. Ce problème, évoqué dès le début de *Travaux au lieu dit de l'Etang*, constitue le moteur même du texte :

<small>Les premières [images] qui se présentent à l'esprit ne sont pas nécessairement les plus simples, les plus naturelles, ni les plus justes ; au contraire, ce sont plutôt les toutes faites, celles des autres, celles qui flottent, toujours disponibles, en vous.</small>

Ibid., p. 60

Le texte, ponctué par des ensembles d'images qui viennent se relayer, se compléter, s'exclure, se déploie selon une syntagmatique métaphorique évoquée dans *La Semaison* :

> Je tâtonne pour retouver le fil. Ainsi les instuments de l'orchestre s'accordent en désordre.

S, 89

Cette syntagmatique manifeste l'heuristique métaphorique en ce sens qu'elle est supposée conduire à une connaissance, à une vérité des choses. En témoigne *Travaux au lieu dit de l'Etang* qui s'ouvre sur la description d'un spectacle insolite dans le cadre désigné par le titre :

> [...] On est surpris d'y découvrir cette surface d'eau que le vent ride ; et sur la rive opposée au chemin, au pied d'une barrière de roseaux, cette ligne blanche : l'écume en quoi se change, s'épanouit l'eau contre un obstacle ; surpris et touché.

PFA, 49

La surprise va se déployer en trois vagues métaphoriques successives :

– la première, d'ordre sensuel, associe écume et lingerie (si le désir trouble d'abord l'accès à la vérité toute nue, l'écriture est aimantée par l'espoir de ressaisir les choses «dans leur plus simple appareil») :

> Je pense : l'étang est un miroir que l'on aurait tiré, au petit jour, des armoires de l'herbe ; l'écume est une lingerie tombée au pied d'une femme qui vient de se dévêtir. Ainsi naîtrait du désir, comme un feu s'allume, une idylle gracieuse et troublante ; mais qui viendrait se superposer, sans même que l'on s'en aperçoive peut-être, à ce que j'ai surpris de plus simple.

Ibid. p. 60

– la seconde, plus «élémentaire», réinterprète le mouvement de l'écume contre les roseaux ; elle associe écume et plume :

> *Ce matin l'eau voile l'herbe*
> *l'écume revient aux roseaux,*
> *plume par le vent poussée!*

Ibid., p. 61

– La troisième, approfondissant cette direction, reconsidère le sens de la précédente ; elle associe roseaux et frontière, mare et fenêtre :

> Ne serait-ce pas que la terre s'est ouverte, que des oiseaux pourraient la traverser ? Fontaine-fenêtre à même le sol.

Ibid., p. 67

Ces images successives conduisent vers des ébauches de poèmes qui cristallisent ou occultent les métaphores qui les ont générées. Ainsi s'élabore une démarche sinueuse et tâtonnante qui va de la saisie à la compréhension (à l'essai de compréhension) des choses :

> [...] Il est vrai qu'à travers les apparences, à travers le cheminement des textes, à la fin de certains textes, j'ai eu le sentiment d'aboutir à de l'élémentaire; parfois à une merveilleuse éclaircie. Mais peut-on *partir* de là? Je vois trop de poètes (ou de peintres) impatients de mettre *en avant* et *au début* ce que j'ai cru deviner presque sans le vouloir *à la fin*, et *derrière* les choses.

S, 196

Travaux au lieu dit de l'Etang peut donc être considéré comme modèle d'une heuristique métaphorique fondée sur une stratégie du détour consistant à explorer les associations «dans le sens où [les objets] semblent nous attirer, nous entraîner» (*PFA*, 66). La progression du texte par approfondissement, retrait ou réajustement des images est ratifiée par une double confrontation : avec la réalité, et avec soi-même. La négation même y joue un rôle dynamique :

> Ainsi, par une suite de négations, approchais-je quand même d'une découverte quant à ces paysages... (*PFA*, 29)

La confrontation avec la subjectivité est indispensable à l'acceptation des images :

> [...] l'on songe à nouveau au détour, à la saisie, en passant, d'un élément, à propos d'autre chose peut-être; voire à une phrase qui semblerait d'abord sans rapport avec les éléments donnés. C'est-à-dire, non plus à une comparaison entre deux réalités sensibles, concrètes, telles qu'écume et lingerie; plutôt, à une prolongation, à un approfondissement de la chose visible selon son sens obscur et en quelque sorte imminent, à une manière d'orientation, à l'ouverture d'une perspective. La tâche poétique serait donc moins ici d'établir un rapport entre deux objets, comme pour le faire au-dessus d'eux scintiller, que de creuser un seul objet, ou un nœud d'objets, dans le sens où ils semblent nous attirer, nous entraîner.

PFA, 66

Il n'y aurait donc de connaissance que subjective, et toute image en désaccord avec la subjectivité menacerait l'issue de la démarche : d'où l'abandon des premières images, les toutes faites, ou celles des autres.

Accueillir les images n'implique donc pas l'adhésion. Un travail de mise à l'épreuve ou de discrimination s'opère selon un critère de «propriété» qui se définirait par cette double adéquation à soi et aux choses. Pour désigner cette double adéquation, Jaccottet use le plus souvent de deux termes : «justesse» et «convenance» :

> (L'hiver, saison sérieuse) [...]
> Comme si les plantes ici naissaient dans de la braise, s'y accordaient. Graines chauffées sur ces braseros, qui éclatent, poussent en languettes vertes, fraîches, qui bientôt auront recouvert la couche ardente. Tapis. Tapisserie horizontale (elle en a les couleurs sourdes et solides). Sous le ciel où domine le gris plus ou moins sombre.

> Mais le mot braises est trop ardent.
> Il y a du fer dans cette terre, c'est une terre rouillée. Pourtant, cette référence, scientifiquement plus **juste**, **fausse** davantage encore.
> Touche-t-on cette terre, elle est froide. N'empêche : pour le moment, je persiste à croire que l'idée du *feu* est ici présente à l'arrière-plan (sa sensation plutôt), d'un feu qui serait devenu de la terre, qui se serait coloré et prolongé en terre, qui aurait vieilli sous forme de terre.
> Tombe des herbes. Berceau des herbes.
>
> S, 227-228

Cette justesse subjective, émotionnelle, s'oppose à la justesse objective, scientifique, qui peut la contrarier ou l'occulter. Pour éviter toute confusion, Jaccottet désignera celle-là par les termes «précision», «exactitude», faisant de la justesse l'autre de l'exactitude :

> Terre : la **précision** consisterait à la comparer à de la poudre de cacao (par ex., mais en cherchant on trouverait plus **précis** encore, et ce serait **faux** quant à l'émotion qu'elle procure). Plutôt une couleur liée à l'idée de la brique, et du feu, d'un feu pâle, allongé, sous les arbres. Telle est l'autre **exactitude**, qui seule m'importe. Cigales dont le grésillement s'éteint, comme l'électricité ici quand le moteur s'arrête.
>
> S, 62

Une telle éthique, qui régit la reconnaissance des images, rapproche aussi sensiblement Jaccottet des positions de Reverdy pour qui «Une image n'est pas forte parce qu'elle est brutale et fantastique mais parce que l'association des idées est lointaine et juste»[38]. Dans les deux cas, la justesse est essentielle à la valeur des images ; elle se mesure à l'aune de l'intériorité et refuse tout «effet». Jaccottet se distingue toutefois de Reverdy en ce que l'éloignement des isotopies ne semble pas un critère déterminant pour la validation des images ; mais si *montagne-maison* n'est pas plus juste que *martinets-faucilles*, l'impact est peut-être plus grand sur le lecteur dans la mesure où le travail de réévaluation des représentations qui s'impose à lui est plus important ; pour Jaccottet, l'efficacité les images ne réside pas dans l'effet, mais dans le fait que le sens produit corresponde à une vérité intérieure communicable.

NOTES

[1] Aristote, *Poétique*, 1459a.
[2] Ricœur, *La Métaphore vive*, p. 248.
[3] Foucault, *Les Mots et les choses*, p. 133.
[4] Lyotard, *Discours, figure, objet*, p. 79.
[5] Saussure, *Cours de linguistique générale*, p. 11-12.
[6] Pouilloux, *op. cit.*, p. 106.
[7] *Cf.* le début du *Cerisier*, *CV*, p. 9-10.
[8] Lyotard, *op. cit.*, p. 81.
[9] Lyotard, *Ibid.*, p. 83-84.
[10] Lyotard, *Ibid.*
[11] *Cf.* Ricœur, *La Métaphore vive*, p. 145.
[12] Frege, «Sens et dénotation», *Ecrits logiques et philosophiques*, p. 102 sq.
[13] Renard, *Notes sur la poésie*, p. 90.
[14] Récanati, *La Transparence de l'énonciation*, p. 21.
[15] Pouilloux, *op. cit.*, p. 107.
[16] Deguy, *Poésie* N° 1, p. 97.
[17] Pouilloux, *op. cit.*, p. 105-106.
[18] Ricœur, Article «Signe et sens», *Encyclopædia Universalis* XIV, p. 1014.
[19] Lyotard, *op. cit.*, p. 40.
[20] Ducrot, *Dire et ne pas dire*, p. 242.
[21] Ducrot, *ibid.*, p. 245.
[22] Frege, «Sens et dénotation», *Ecrits logiques et philosophiques*, p. 105-106.
[23] Frege, *op. cit.*, p. 10.
[24] Mallarmé, *OC*, p. 366.
[25] Molino *et alii*, *Langages* N° 54, p. 20.
[26] Bonnefoy, «Du haïku», *op. cit.*, p. 138-139.
[27] Issa, in *En Village de miséreux*, p. 45.
[28] Molino *et alii*, «Problèmes de la métaphore», *Langages* N° 54, p. 22-23.
[29] Groupe μ, *Rhétorique de la poésie*, p. 96.
[30] Groupe μ, *op. cit.*, p. 114.
[31] Bachelard, *La Poétique de la rêverie*, p. 149.
[32] Bachelard, *La Poétique de l'espace*, p. 8.
[33] Bachelard, *ibid.*
[34] Ricœur, *La Métaphore vive*, p. 302.
[35] Frege, *op. cit.*, p. 115.
[36] Ricœur, *op. cit.*, p. 302.
[37] Ricœur, *op. cit.*, p. 313-314.
[38] Reverdy, *Le Gant de crin*.

Chapitre 5
Texture du monde, texture de l'œuvre

> [...] le souci de la mort, [...] l'horreur des milliers et des milliers de morts accumulées depuis le commencement de l'histoire, n'est pas une affaire de comptabilité, à laquelle s'useraient bientôt les doigts les plus patients, l'âme la plus vaillante, à laquelle ne suffirait pas, d'ailleurs, une surface de toile grande comme l'univers; mais [...] la seule réponse à lui opposer serait la danse sacrée qui répond au tournoiement silencieux du ciel nocturne; ou, pour nous autres, plus modestement, puisque nous ne dansons plus en derviches, la poursuite de l'écoute du monde et de sa traduction sur le tissu de la page, en laquelle nul ne songerait plus alors à voir un linceul.
>
> *SS*, 232

Dans le deuxième volume de *L'Horizon fabuleux*, Michel Collot met en évidence une étroite correspondance entre la page et le paysage chez des poètes contemporains

> devenus méfiants à l'égard des notions abstraites employées par les anciens arts poétiques, réfractaires pour la plupart aux termes techniques forgés par les nouveaux métalangages, ils cherchent spontanément dans le langage de l'espace des mots et des images qui leur servent à définir leur espace de langage. Tout discours sur le paysage peut être lu, de leur part, comme un discours sur la poésie [...]¹

On peut assurément reconnaître avec lui que chez Jaccottet « l'art poétique tend à devenir un art de l'espace », en raison de la manière dont il questionne les relations entre le monde et l'écriture poétique : tension vers un objet inaccessible, travail aux limites du visible et du dicible, cheminement dans l'espace du monde et l'espace des signes de la langue accordé à sa mesure intérieure, refus enfin de toute forme de dogmatisme que résume cette phrase de *La Semaison* : « Art poétique nuisible à la poésie, dangereux en tout cas pour elle » (*S*, 43).

Pour être brutal, le rejet de l'art poétique ne doit pas nous faire conclure que l'œuvre de Jaccottet ne comporte pas d'art poétique. Ce qu'il récuse, c'est un art poétique pensé comme théorisation de la poésie, coupé des sources vives de la poésie. Rien de tel chez lui : tout au plus quelques textes rassemblés à la fin d'*Une Transaction secrète* sous le titre d'«Eléments de poétique». Le titre modeste affiche l'incomplétude du propos et convient à la disparité des textes rassemblés après coup. Mais ces «éléments de poétique» ne rendent compte que partiellement des positions de Jaccottet : il s'exprime tout autant dans les réflexions qu'il consacre à d'autres écrivains, et à des peintres comme Poussin et Morandi. Les analogies entre art pictural et art poétique sont d'ailleurs, dans la plupart des cas, tout à fait explicites. Est-ce à dire que la collection de ces textes dispersés et hétérogènes nous permettrait de constituer le corpus capable à lui seul de nous livrer les éléments de l'art poétique de Jaccottet ? Ce serait oublier que son œuvre est plus globalement métapoétique. Car si les lieux nous ont révélé l'importance de l'horizon comme structure et comme image, des métaphores comme celles du tissage et de la toile sont autant métapoétiques que poétiques : elles parlent de l'engendrement et de la fonction du poème, des rapports de forme et de signification entre le texte et le monde. En outre, l'inscription même du texte dans la page accède au statut de modèle poétique en assumant la «vi-lisibilité» du monde. En réhabilitant le référent et en dotant son œuvre d'une texture qui serait l'analogon de celle du monde telle qu'il le conçoit et l'habite, Jaccottet ratifie le retour de la textualité dans la constitution du modèle poétique : ayant «déchiffré» le visible, le poète s'emploie à le rendre textuellement visible.

1. LE TEXTE TEXTILE

1.1. L'étoffe du monde

La métaphore du tissage inscrit dans l'œuvre de Jaccottet sa conception d'un monde discontinu au «grain» hétérogène : monde «tissé de lieux», mais troué de non-lieux. Cette pensée du monde assigne au poète la tâche de manifester dans son œuvre cette hétérogénéité, mais aussi de rendre sensible l'homogénéité perdue. Ceci implique une relation d'homologie entre la textualité de l'œuvre et la texture de l'univers, ainsi qu'un travail qui, se greffant aux fragments de texture intacts, s'élaborera dans les vides et les lacunes.

La pensée de Jaccottet s'éclaire et s'explicite à l'occasion de lectures d'œuvres qui entraînent son adhésion — *La Sente étroite du bout du monde* de Bashô par exemple :

> Choses qui pourraient figurer à mes yeux les piquets d'une vaste tente, ou les vastes attaches d'une toile d'araignée (c'est Joubert qui écrit que *« le monde a été fait comme la toile d'araignée »*). L'absolue merveille de cette prose, de cette poésie, est qu'elle ne cesse de tisser autour de nous des réseaux dont les liens, toujours légers, semblent nous offrir la seule liberté esthétique.
>
> *SS*, 137

La nostalgie d'une complétude perdue s'exprime dans un poème de « On voit », sous la forme d'un paysage « avec figure absente » ou dont la figure absente occulte l'ordonnance mais contraint à la penser :

> Quelqu'un **tisse** de l'eau (avec des motifs d'arbres
> en filigrane). Mais j'ai beau regarder,
> je ne vois pas la **tisserande**,
> ni ses mains même, qu'on voudrait toucher.
> Quand toute la chambre, **le métier, la toile**
> se sont évaporés
> on devrait discerner des pas dans la terre humide...
>
> *PSN*, 14

Dans le monde où nous vivons, le tissage est plutôt pressenti que perçu : occulté ou fragmentaire. C'est pourquoi Jaccottet se reconnaît dans la représentation que donne Dhôtel « d'un monde constitué de réseaux hétérogènes peut-être, mais qui interfèrent » et qui « apparaît alors non plus comme infrangible ou achevé mais parcouru de tissages divers et insoupçonnés qui parfois se manifestent » par les trajectoires qu'inscrivent dans le ciel les hirondelles, et par les réseaux superposés de la pluie dont la profondeur est révélée par l'arc-en-ciel. Ce passage de la *Rhétorique fabuleuse*[2], entièrement tenu par la métaphore filée du tissage, articule ce qu'il y a d'hétérogène, de pluriel et de discontinu dans le monde perçu pour élaborer une « vision superposée parfaitement explicable », qui permet de concevoir l'« ordonnance » du « tissu ».

On comprend aisément que Jaccottet, qui avait choisi comme épigraphe d'*Airs* la phrase de Joubert « Notre vie est du vent tissé », se laisse séduire par le réseau noué de métaphores d'un Nô :

> *« Nous sommes entretissés comme les dessins d'herbe*
> *s'entrelacent sur cette légère étoffe,*
> *comme les voix des petits grillons*
> *qui sortent des pelotes d'algues sèches.*
> *[...]*
> *Le lé d'étoffe sort étroit du métier,*
> *mais sauvage de la montagne le torrent,*
> *il se couvre d'écume entre les amoureux,*

> *entre l'homme et la jeune fille.*
> *L'étoffe qu'ils ont tissée un jour*
> *est depuis longtemps usée [...]»*

SS, 173

La métaphore du tissage inscrit l'homme dans la matière même du monde, solidaire du grillon [qui] «*coud et coud son vêtement, il y entretisse l'herbe des prairies...*» (*Ibid.*, p. 175). Mais le monde est désorienté, soumis à l'usure du temps qui passe. Et quand on demande au couple de montrer «le temps enfui/le temps enfoui sous toute cette neige»,

> *La femme entre dans la grotte.*
> *Elle dresse le métier*
> *à tisser le hosonuno, à tisser l'étoffe*
> *aussi ténue que fils de la Vierge en automne...*

Ibid.

De plus, le bruit du métier et le chant du grillon se réfléchissent dans le jeu des comparaisons («*le cliquetis léger du métier/Un bruit plaisant comme le chant des grillons/étouffé comme la voix de l'automne*»). Ils sont, d'après les didascalies, suggérés par des bruitages : les personnages «imitent le bruit des grillons», «bruit des grillons... *comme la navette bourdonne*». Toutefois, si la métaphore du tissage porte les marques de l'usure infligée par le temps, il reste au monde, dans les lacunes de sa texture, des traces privilégiées de réseaux abolis (eau, lumière, air) encore fugitivement perceptibles : «L'air tissait de ces riens/une toile tremblante» (*Po*, 44).

L'image du cocon, réconfortante mais transitoire, n'est là semble-t-il, que pour laisser l'empreinte d'une totalité perdue et orienter la recherche de celui dont la vie quotidienne se déroule dans le non-lieu :

> On est encore pour quelque temps dans le cocon de la lumière.
> Quand il se défera (lentement ou d'un seul coup),
> aura-t-on pu au moins former les ailes
> du paon de nuit, couvertes d'yeux,
> pour se risquer dans ce noir et dans ce froid?

PSN, 15

Comme en écho aux oiseaux et aux gazelles qui tissent sur la terre la cohérence du monde naissant à la fin de la *Prose serpent*, les oiseaux dessinent dans le ciel la trace de fils invisibles et suggèrent au regard quelque chose de l'insaisissable cohésion : ce sont des oiseaux-navettes, ou les engoulevents «messagers de l'entre-deux, entre ciel et terre, entre jour et nuit — au ras de la cime des arbres» (*SS*, 20).

S'ils aident à retrouver le fil, le sens du fil, ils peuvent aussi constituer des auxiliaires dans la tâche de dévoilement, comme ceux du petit jour qui *creusent, ajourent, déchirent* le *tissu* de la nuit (*S*, 238).

Les arbres participent également à cette tâche ; en se faisant complices de la lumière, ils montrent le passage du chaos à l'ordre :

ARBRES I.

Du monde confus, opaque
des ossements et des graines
Ils s'arrachent avec patience

afin d'être chaque année
plus criblés d'air

Po, 138

La ramure du figuier, au lieu de constituer un écran entre le poète et le monde, anime le réseau dont il participe et dévoile l'espace de l'infini, réalisant en quelque sorte un double maillage, en surface, et en profondeur :

A travers le figuier encore à peine orné de feuilles, pareil à un filtre gris-rose : la lumière de l'après-midi. Mais est-ce vraiment un filtre, une grille, un réseau ? Je dirais plutôt que l'arbre lui-même semble de la lumière lignifiée, commençante, cassante, « acerbe ». Ou alors, on pense à un candélabre dont s'allumeraient les feuilles. Derrière lui, je ne vois plus seulement la lumière d'avril, mais une autre, que l'on croirait venue d'un espace plus lointain.

SS, 75

Parmi les circonstances de ce travail de dévoilement, l'hiver est particulièrement favorable :

L'hiver ajoure
La végétation est un filet à mailles de plus en plus grosses, un filtre de plus en plus lâche. « A présent les choses deviennent plus claires », on a moins besoin de cet écran, de cette protection, c'est comme si on montait, le ciel l'emporte en même temps qu'il s'atténue.

S, 169-170

Car l'hiver a le pouvoir de dévoiler l'ordre du monde à partir des cristallisations d'une feuille de givre par exemple :

Ainsi, pense-t-on, suffit-il d'un certain degré de froid, d'une certaine sévérité du temps pour que l'informe s'organise, pousse, fleurisse à nos fenêtres, comme pour nous rappeler que toutes choses, même les plus libres, ont leur ordre intime.

TNPD, 131

Un poème de *L'Ignorant*, suggestivement intitulé « Les distances » articule les solidarités en même temps qu'il désigne l'entre-deux comme espace où peut s'exercer l'activité poétique :

LES DISTANCES

> *à Armen Lubin*
>
> Tournent les martinets dans les hauteurs de l'air
> plus haut encore tournent les astres invisibles.
> Que le jour se retire aux extrémités de la terre,
> apparaîtront ces feux sur l'étendue de sombre sable...
>
> Ainsi nous habitons un domaine de mouvements
> et de distances; ainsi le cœur
> va de l'arbre à l'oiseau, de l'oiseau aux astres lointains,
> de l'astre à son amour. Ainsi l'amour
> dans la maison fermée s'accroît, tourne et travaille,
> serviteur des soucieux portant une lampe à la main.
>
> *Po*, 84

Alors que les quatre premiers vers dessinent un monde de réseaux superposés, mais solidaires (reflet des astres sur le sable), la syntaxe des six derniers montre comment l'entre-deux constitue l'espace du travail imparti à l'homme : travail du fuseau, de la navette ou de l'aiguille, pour reconstituer le fil capable de ravauder la texture lacunaire, et peut-être, idéalement, de refaire le cocon originel.

1.2. « Recoudre astre à astre la nuit »

Moins que la textualité des écrits qui est plus induite qu'exprimée par la métaphore textile, c'est la figure et la fonction du poète qui se dessinent. Ainsi, la présence de la tisseuse invisible évoquée au début de *Pensées sous les nuages* se trouve-t-elle cristallisée dans les pièces dédiées à Henry Purcell, tout particulièrement dans la dernière :

> Tu es assis
> devant le métier haut dressé de cette harpe.
>
> Même invisible, je t'ai reconnu,
> tisserand des ruisseaux surnaturels.
>
> *PSN*, 70

Que la harpe soit donnée comme attribut de Purcell relève d'une justesse autre que musicologique. C'est moins la métaphore des sonorités cristallines de la harpe qui motive le choix de l'instrument qu'une certaine aptitude à détailler les sons et à en faire vibrer les harmoniques, réveillant l'écho de la *tisserande évanouie* (*PSN*, 14). Mais d'après un autre poème,

> Ce qu'il tient dans les mains
> est cette Lyre
> à laquelle Véga sert de clef bleue
>
> *PSN*, 65

Ainsi, la figure de Purcell, associée à Orphée et Apollon s'inscrit-elle comme un idéal qui n'est plus accessible : figure venue du monde de l'unité, liée à l'intégrité du Paradis, pour une «semaison» de fragments dont pourront encore se saisir quelques poètes. A eux de savoir faire germer les graines ou de reprendre le métier à tisser pour tenter de redonner figure à l'unité. Après l'épreuve de la mort qui menace la poésie, le poète redécouvrira le pouvoir cohésif des images :

> Navettes ou anges de l'être,
> elles réparent l'espace.

ALH, 28

Pourtant, l'activité de la tisserande perdure comme modèle d'une tâche à accomplir. Mais faute de pouvoir être le suprême tisserand qui tient dans ses mains l'ordre du monde, ou le sublime musicien qui en fait sonner l'harmonie, il reste au poète contemporain une tâche beaucoup plus humble : celle de ravaudeur à qui incombe le maintien d'une cohésion toujours menacée :

— cohésion du monde :

> Mais, chaque jour, peut-être, on peut reprendre
> le filet déchiré, maille après maille,
> et ce serait, dans l'espace plus haut,
> comme recoudre, astre à astre, la nuit...

PSN, 32

— cohésion de la vie, l'homme étant tissé de la même matière que le monde, et maltraité par le temps qui dégrade :

> Il faut presque sans cesse recoudre un tissu (la vie, la nôtre) qui s'use, s'effiloche. Ne pas perdre patience néanmoins — nous ne pouvons guère faire plus que ravauder. Les vêtements de gala ne sont pas pour nous, à moins de nous déguiser.

SS, 58

Jaccottet confirme cette représentation dans ses «Remarques» sur *Requiem*, où il assigne à la métaphore du ravaudage une signification non seulement psychique mais plutôt éthique — voire rituelle :

> Ces morts aussi, comme nos quelques morts proches, on voudrait, à défaut d'avoir pu les garder vivants, au moins les ensevelir dans quelque chose qui les apaise ou qui les sauve, si écrire cela garde encore un sens. Il y a eu jadis, il y a encore, en quelques lieux, des chants, ou ne fût-ce qu'une sourde rumeur, pour envelopper les morts comme d'une tendresse amoureuse, maternelle. [...] Il me semble pratiquer, ce faisant, un travail de réparation, à tous les sens du mot. Comme si le chant pouvait recoudre, quand même le tissu ne cesserait de se redéchirer ici, et ici, et là.

R, 45-46

Aujourd'hui encore, il accorde quelque crédit aux «paroles réparatrices», «paroles pour redresser le dos; à défaut d'être *ravis du ciel*» (*NR*, 51).

A cette métaphore du tissage réparateur, conforme à une pensée du temps qui dégrade se superpose une autre métaphore textile : celle du voile qui occulte ou du vêtement qui entretient l'illusion mensongère d'une protection :

> On a vécu ainsi, vêtu d'un manteau de feuilles;
> puis il se troue et tombe peu à peu en loques
> mais sans nous appauvrir...
> Nous n'aurons plus besoin bientôt que de lumière.
>
> *SS*, 170-171

Le contexte et la datation même indiquent clairement un changement d'orientation : alors que l'hymne tissait un linceul, s'essayait à signifier le retour au cocon de lumière originel et constituait un acte dressé contre l'usure du temps, le tissu est ici *manteau de feuilles*, protection illusoire parce que périssable, soumise à la loi du temps. Mais l'usure et la dégradation, au lieu d'être vécues négativement comme un manque, se retournent en dévoilement positif, en approche de l'essentiel et de la vérité de l'être : le manteau de feuilles n'est que le double modeste des *vêtements de gala* qui ne peuvent que *déguiser*. La lumière n'est plus *cocon*, mais *noyau*, d'où la nécessité de réinterpréter la notion d'appauvrissement : la perte de substance vitale est aussi choix éthique, une condition nécessaire pour accéder à la vérité. Pensées contradictoires? alternantes? ou signe d'une évolution? «La leçon de l'hiver» esquisse une réponse :

> [...] Maintenant que le vent froid, sans être glacial, a nettoyé le ciel du haut en bas, maintenant que les royaux ornements de l'automne tombent l'un après l'autre — comme dans cette splendide scène de Shakespeare où le roi Richard II se dépouille successivement de tous les attributs de sa puissance —, on dirait qu'un voile s'est rompu ou a été retiré, et qu'à travers les branches nues et les couches transparentes de l'air apparaît un paysage nouveau, plus pauvre, mais plus pur, plus simple mais plus inébranlable. Qu'est-ce que l'âme, elle, va découvrir, quand elle entrera dans son hiver, quand le feuillage de ses songes sera tombé, le voile de ses illusions déchiré? Souhaitons-lui de voir surgir non pas la tristesse, mais comme ici sur les chemins, les bois, les collines, une lumière plus que jamais limpide.
>
> [...]
>   Ce sont les feuilles, ce sont les parures des arbres qui tremblent; quand nous nous serons défait de nos parures, tâchons d'avoir la même fermeté que les troncs; et si nous sommes détruits, que ce soit comme eux pour éclairer et pour chauffer.
>
> *TNPD*, 113; 115

Rien de contradictoire à cela. On pourrait plutôt lire dans ces deux conceptions du «tissu» la tension que vit l'être humain dès lors qu'il ne se contente pas de vivre comme un être fini dans un monde dés-orienté, mais cherche, à travers les lieux, le «chemin du centre». Ces deux conceptions seraient donc indissociables pour l'homme qui ne se résout pas à «vivre dans le profane». Elles imposent au poète une double tâche : de cohésion — comme nous l'avons montré — et de dévoilement.

La tension persistante, et parfois la violence désespérée de cette quête semble tenir au doute quant à sa validité et à son issue : épreuve sans fin, «sacrilège», ou rite initiatique dont l'épreuve est indissociable?

Il arrive toutefois — comme dans *L'Approche des montagnes* ou certains poèmes d'*Airs* —, que la complicité de la lumière rende cette tâche plus assurée, plus exaltée, ne serait-ce que l'espace d'un instant. Le modèle de cette double orientation de l'activité poétique est souvent figuré par ces petits oiseaux de l'aube dont les cris ébranlent l'obscurité et appellent la lumière :

> La nuit qui vous ramène néanmoins vers un certain centre (douloureux), qui contient sa part de vérité, que l'on serait souvent tenté de croire seule véridique. Là-dedans, les tout premiers cris, pépiements d'oiseaux, avant le jour [...], comme s'ils creusaient des trous dans l'obscurité, s'ils l'ajouraient, déchiraient à petits coups un tissu. Outils du prisonnier, petits outils clandestins, limes, ciseaux — et le mur noir laisse s'ébouler quelques pierres, tomber un peu de sa suie.
>
> *S*, 238

Le poète devra dans son œuvre manifester quelque chose de l'ordre évanoui du monde, témoigner du sens de sa recherche et du cheminement qui conduit parfois à l'entrevoir :

> Sûrement, quelque chemin que je suive encore, dans quelque labyrinthe que je me risque, si quelque fil d'Ariane doit m'en dépêtrer, ce sera celui de certaines paroles, non pas forcément grandes, mais limpides, comme l'eau des torrents.
>
> *SS*, 135

La vérité de l'œuvre suppose donc une attitude qui soit en adéquation avec l'hétérogénéité inhérente à la structure du monde et à la vie humaine ; c'est pourquoi tisser et ajourer sont métaphoriquement les deux activités fondamentales du poète selon Jaccottet.

Le poète tisse des œuvres comme *Travaux au lieu dit de l'Etang* qui donnent à voir le cheminement et les errances à travers les signes et les images, les retours et les repentirs de l'écriture allant de la prose descriptive au poème à travers des essais successifs, des corrections, des commentaires, montrant comment cela vient à l'émergence, se cristallise, se transforme et se défait, laissant donc bâtis et pièces visibles ; tissage aussi d'*A travers un verger* dont la marche du texte dit l'avènement du sens par l'entrevision d'un vieux visage ridé derrière les arbres ;

tissage encore des *Cormorans* qui montrent comment un voyage dans l'espace se convertit en voyage intérieur ; tissage enfin de l'œuvre dans sa globalité qui donne à lire le germe et la genèse des textes, qui interroge dans un geste réflexif l'écrit déjà produit ou se faisant, questionne les mouvements de l'écriture ; et qui, s'ouvrant aux œuvres des autres, éclaire ses principes et ses fondements. La recherche d'une poésie deux doigts au-dessus de la prose qui sache épouser le réel, garder contact avec lui, explique que l'écriture évolue vers une forme mixte qui associe prose et vers en dévoilant le mouvement même de l'écriture, en fixant les racines de l'avènement poétique, en maintenant l'intrication des fils qui tissent le motif. Toutefois, si Jaccottet manifeste une tendance à privilégier l'acte sur les textes, il ne néglige pas certains bonheurs d'expression s'ils sont motivés et signifiants. Les textes dont l'expression poétique est la plus accomplie sont ceux où elle a atteint un degré de cristallisation suffisant pour permettre au poète d'« effacer les traces ; comme si, en fin de compte, le poème idéal devait se faire oublier au profit d'autre chose qui, toutefois, ne saurait se manifester qu'à travers lui » (*TS*, 322).

Alors, on peut dire que le poète ajoure. Que ce soit dans *Airs*, *A la lumière d'hiver*, *Pensées sous les nuages*..., le pouvoir de rayonnement et de creusement des mots, l'équilibre du texte et des blancs laissent le jeu nécessaire pour que le lecteur s'applique à en décrypter la texture comme on « lit » une toile. Tisser, ajourer sont donc deux activités aussi « convenables » à l'homme dans sa vie qu'au poète dans son œuvre :

> [...] J'ai toujours nourri de la méfiance à l'égard d'une idée de la vie qui supposerait la tension, l'extase, le feu perpétuels, ou ne fût-ce qu'une succession de bonds passionnés hors des limites ; [...] Il me fallait donc bien accepter que la volonté, la raison, la patience viennent collaborer avec la passion, suppléer aux intermittences du feu, corriger l'éloignement progressif des astres.
>
> *TS*, 335

La vérité de l'œuvre implique donc son hétérogénéité. C'est pourquoi elle doit être prise comme une et indivisible — prose et poésie étant indissociables, constitutives de la texture du tout. C'est aussi ce qui fonde la conception du livre idéal comme livre hétérogène par excellence, constitué des meilleures pages de différents écrivains. La raréfaction des poèmes, leur réduction à l'état de fragments — qu'ils soient inscrits dans des proses à la fois descriptives et discursives, ou dans le blanc de la page — ne peuvent s'expliquer par le seul constat d'appauvrissement vital et créatif, mais plutôt par la conscience des pouvoirs de l'appauvrissement, du peu-de-matière et des blancs. L'œuvre de Jaccottet est poétique, non pas partiellement en tant que corpus de poèmes séparables du reste, mais dans sa globalité en tant que recherche du poème capable de saisir et de manifester l'ordre du monde. On comprend dans ces conditions que toute «saisie» soit donnée comme fragile, exposée à l'effondrement, et que le poète se garde du danger qui consisterait à s'enfermer dans une écriture purement autoréférentielle qui le couperait de la réalité, l'exilerait de l'immédiateté. Le tissage du texte passe par la description, tout comme sa texture l'inclut. D'où la coexistence entre la «descripture» comme forme d'écriture hybride manifestant la tension vers le poème et la vi-lisibilité du texte poétique, les paysages-passages et les pages-paysages.

2. TISSER, AJOURER

2.1. Au fil des paysages-passages

La description ne constitue jamais une fin en soi pour Jaccottet mais elle est un élément moteur pour la quête de sens : qu'elle serve à en fixer le terme provisoire ou la possible émergence, ou qu'elle constitue l'élément dynamique d'un métissage textuel — *descripture* — où elle interfère avec rêveries et réflexions. Tel est le cas par exemple des «paysages-passages» qu'analyse Jean-Yves Pouilloux :

> [...] dans l'œuvre de Jaccottet, ce qui frappe, c'est le rapide passage d'un paysage dans l'autre, d'une sorte dans une autre [...]. Et ce paysage-passage, il constitue en quelque sorte [...] une «énigme» que l'expression va essayer tout à la fois de désigner et de déchiffrer.[3]

«Encore une histoire de passage...» (*ATV*, 67) : cette conclusion de «Beauregard» montre toute l'importance d'une notion qui prend des formes diverses.

Le «passage d'un paysage dans un autre» peut s'entendre spatialement comme le fait d'un promeneur qui se déplace, et change ainsi d'espace ; mais il peut aussi s'entendre comme changement d'un espace qui se métamorphose sous l'action du temps aux yeux (ou dans le souvenir) d'un spectateur immobile : effet du passage du temps sur le paysage. La description pourra soit tenter de capter ce qui est fugace, soit rendre compte d'une progression, soit saisir les différents plans sur lesquels travaillera le discours.

La Seconde Semaison s'ouvre sur deux pages datées de juillet 1980 dans lesquelles la description s'essaie à dire la transformation d'un paysage au fil de l'heure. Ce sont deux pages où se succèdent les descriptions du même espace à des moments différents. Si la description n'abolit pas complètement le mouvement de l'observateur, ce n'est pas lui qui règle l'organisation du texte, mais le « passage » du temps qui le structure en chronique du passage :

> A huit heures [...]
> Neuf heures quinze. [...]
> Neuf heures quarante. [...]
> Neuf heures quarante-cinq. [...]
> Neuf heures cinquante. [...]

SS, 11-13

A chaque « moment » correspond une description de l'espace qui tente d'en saisir la transformation comme l'attestent le lexique et les images : *progression, décantation du jour, voile qui se retire, limite qui s'efface, champ de lavande* [qui] *gagne le ciel, couche de lumière qui mincit, s'use*; *métamorphose, couleurs* [qui] *s'atténuent. C'est comme si les choses enlevaient leur masque, leur vêtement*. Décrire, c'est donc ici, à travers des esquisses successives, et comme le disent les métaphores, saisir le dévoilement progressif des choses, les dépouiller du masque des apparences, ou les laisser décanter pour *boire pur le vin de la nuit* et accéder ainsi à l'être des choses garanti par la lune *froide preuve*.

Autant de paysages-passages, d'un moment à un autre, certes, mais surtout, comme le dit Pouilloux, d'un paysage dans un autre, plus lointain, c'est-à-dire plus intérieur, au plus près du secret des choses. Chaque description constitue une étape du dévoilement, et le travail de descripture use les apparences, jusqu'à ce que soit ménagé le passage par où l'être des choses puisse diffuser et irradier :

> [...] La couche de lumière mincit, s'use, sera bientôt trouée par une, deux étoiles. Ce qui a été peint une fois de plus sur la nuit s'écaille. Une voix se tait pour en faire entendre une autre, moins familière, plus lointaine. Encore un cri de geai.
> Les chênes semblent éclairés de l'intérieur [...]

Ibid.

Un texte comme *L'Approche des montagnes* permet d'appréhender comment, à partir d'un fonctionnement descriptif, l'écriture progresse en le dépassant mais aussi en se réassurant dans la réalité. Car une description ne saurait exprimer ce que voit le regard aimanté par l'horizon, « l'attrait de ce qu'on n'a pas vu » quand on est tendu vers les hauteurs, vers cette « énigme à l'horizon paisiblement campée ». Ce n'est qu'en se déprenant de ce qui est décrit, en se ressourçant en soi, par un aller-retour entre son intériorité et la profondeur du monde qui gît sous les apparences que le poète pourra « dire la vérité non pas sur le monde ni sur [lui] mais peut-être sur [leurs] rapports » (PSA, 66). La déprise du descriptif passe par d'autres régimes textuels, notamment par des passages discursifs : gloses personnelles, confidences lyriques, commentaires sur le travail ou les projets de l'écrivain, séquences métaphoriques. Mais « le secret de ces pentes, l'attrait des vallées qu'éclaire la nuit » ne peut être saisi sans se ressourcer constamment dans la réalité que capte la description.

Dans *A travers un verger*, le travail d'écriture, qui déborde largement la description de la chose vue, se donne comme une chance de compréhension, mais aussi un risque de perte, de dénaturation :

> Une fois encore : comme on est vite entraîné, en écrivant, en rêvant, en «pensant», loin des choses, loin du réel! Comme se dissout vite une saveur qui est la seule chose essentielle! Toutes ces pages ont été écrites à partir d'une chose très fraîche et très tremblante, merveille aperçue en passant sous un certain ciel, un certain jour; et d'une chose infiniment malmenée et douloureuse vue au travers; et en peu d'instants, on se retrouve très loin de l'une et de l'autre, ou pire que cela, car il ne peut être question de distances : dans un autre univers, dans une poussière ou une suie de mots.
>
> ATV, 33

Les circonstances initiales, que la description tente de fixer avant de les travailler en les modifiant au cours de l'avancée de l'écriture, sont autant d'écrans tendus entre l'apparence mystérieuse du verger et le secret insaisissable — la leçon qui se dévoilera peu à peu. L'approche est ici orientée par un double projet :

– saisir le pouvoir étrange, la magie du verger — «c'était quoi? ce qui désarme et provoque la pensée» — avec des mots qui «n'ont plus ce pouvoir. Les arbres gardent le leur»;

– et saisir la leçon du verger :

> J'allais donc une fois de plus m'échapper — dans ce verger qui m'avait fait signe, et dont le secret qui me résistait aurait fini par me sembler sacré —, quand je me suis heurté au-delà à l'ombre de quelqu'un qui ne vit presque plus que pour avoir peur et pour souffrir. Ce n'est pas un être imaginaire composé de mots effaçables; c'est aussi l'image de ce que nous risquons d'être tous un jour, ce dont nous essayons de nous détourner.
>
> *Ibid.*, p. 28

Un regard moins insistant, moins ouvert au secret, aurait pu se contenter de relater ou de s'en tenir à une simple description :

> Voici ce que j'ai vu tel jour d'avril, comme j'errais sans savoir, comme ma vie s'écoulait lentement de moi sans que j'y pense; on aurait dit qu'un nuage de neige flottait au-dessus du sol sous le ciel gris [...]
>
> *Ibid.*, p. 35

Mais le regard se porte vers ce qui donne sens au verger en fleurs et conduit à «interroger un verger, et le visage entrevu plus tard au travers». La description s'attache alors à recomposer la perception disséminée dans le temps, et plan selon plan, jalonne la marche vers le dévoilement. D'un plan visible on passe à un autre, voilé, d'un paysage on passe à un autre, intérieur. Plus encore que l'espace, ce texte traverse le temps : la traversée de l'espace dévoile de manière inattendue, alors que l'esprit était ravi par la fraîcheur vaporeuse du verger, le devenir auquel le voue le temps; a contrario l'être dont le vieux visage qui projette rétroactivement son ombre sur le verger — comme une menace pesant sur la jeunesse précaire des fleurs — pourrait y voir le témoignage de ce qu'il fut. Marcher à travers le verger, regarder à travers le verger, c'est métaphoriquement éprouver la marche du temps, la loi du non-retour. Ecrire cette expérience, c'est passer par la nécessaire description, qui domine dans la première partie du texte, pour se trouver dans la deuxième partie, sinon abolie, du moins convertie dans le sens :

> Cela surgit un jour, inattendu, quand nous passons, à côté de nous, c'est là pour peu de temps et cependant nous ouvrons les yeux là-dessus (comme ces fleurs se sont ouvertes), et nous aussi, nous sommes là pour peu de temps. Nous considérons une chose vivante elle aussi, une vie, mais différente de la nôtre parce qu'elle se déroule selon un cycle annuel — fleurs, feuilles, fruits, branches nues —, créant ainsi l'illusion d'une permanence, alors qu'il s'agit d'un mouvement en spirale par rapport au nôtre, qui serait en ligne droite.
>
> *Ibid.*, p. 12-13

La traversée devient avènement à la conscience; et en ce sens aussi elle est franchissement d'un plan, d'une frontière, d'un «col», expérience et acceptation de l'irréversibilité du temps :

> J'ai ce verger derrière moi maintenant, c'est à peine s'il a touché terre, il ne le peut pas, pourquoi est-ce qu'on voyage, pourquoi est-ce qu'on marche, j'ai l'âme enveloppée de neige tout à coup, mais ce n'est pas une neige venue d'en-haut et qui tombe, et qui ensevelit sous un froid chuchotement, celle-ci monte, flotte, fait halte.
>
> Tu l'as croisée. Ne te retourne pas.
>
> *Ibid.*, p. 15

De description en digression, de digression en métaphore... l'errance du texte progresse d'un paysage à l'autre, et le clivage en deux parties souligne aussi comment on a basculé d'un paysage vu à un paysage intérieur :

> A travers l'heureux brouillard des amandiers, il n'est plus tout à fait sûr que ce soit la lumière que je vois s'épanouir, mais un vieux visage angoissé qu'il m'arrive de surprendre sous le mien, dans le miroir, avec étonnement.
>
> *Ibid.*, p. 19

D'abord élément de la saisie initiale du réel, la description subit des reformulations qui jalonnent sa progression et sa transformation. Dans le relais des descriptions, la réalité cachée par le voile des apparences s'ordonne selon le sens qui se dévoile au fil de l'écriture :

> Ainsi, le voyage avait bien fini par devenir intérieur, on était revenu en soi, on n'avait finalement accueilli en soi que ce qui déjà s'y cachait plus ou moins farouchement. Le tout différent, on l'avait oublié ; seul le tout proche, sans qu'on s'en doute d'abord, avait eu accès en vous. Une fois de plus, on n'était pas sorti de soi-même ; on ne s'était ni changé ni renouvelé. Ce voyage était presque la même chose qu'un rêve, on n'était pas sorti du labyrinthe qu' ajoure de plus en plus rarement à mesure qu'on vieillit la lueur rose d'un corps ou une vraie fenêtre ouverte sur une prairie apparemment sans limites, et qui ramène toujours les pas et les yeux vers le même monstre, vieux visage d'homme ou de femme qui crie, muettement ou pas, l'étonnement et l'horreur d'être détruit.
>
> ATV, 61-62

Cette fin des *Cormorans* nous conduit à examiner comment le texte, s'ouvrant sur des notes de voyage, puis fixant les paysages traversés, peut se clore sur une fin si éloignée de son point de départ. La *descripture*, centrée sur la description, mais y entremêlant rêveries et réflexions, constitue ici le fil d'un véritable labyrinthe. La description est d'abord prétexte, au sens de texte premier : appui pour la réflexion et la rêverie qui s'en écartent pour y revenir et la travailler en ce mouvement qui fait advenir le sens. *Les Cormorans* s'ouvrent sur un carnet de voyage qui propose des descriptions de paysages dont la critique va faire percevoir les limites et infléchir la pratique sans pour autant l'abandonner.

> Vais-je vraiment continuer ainsi ? Ce serait possible, et la forme la plus modeste, celle où je m'effacerais le plus (conformément à certaines de mes professions de foi, à mes meilleures intentions) et peut-être la plus bénéfique pour le lecteur, à qui la description d'une peinture, d'un paysage ou d'une scène de rue apporterait plus qu'une relation de mes humeurs et mes rêveries. Mais l'impatience me prend, et je suis tenté de lui céder la conduite de ces lignes, dans le vague espoir qu'elle me mène plus loin que l'humilité ; et parce qu'il me semble toujours qu'il faut obéir au mouvement le plus subjectif et le plus profond : quitte à le corriger ensuite par un retour aux choses.
>
> *Ibid.*, p. 40

Ce début de prose dévoile quelques traits du travail d'écriture : il reconnaît à la fois l'efficacité de la description (*bénéfique*, et qui *apporterait plus que* la rêverie), sa nécessité impliquée par celle du *retour aux choses*, et ses limites — puisqu'à elle seule, elle ne pourra assumer l'organisation et le sens du texte. Par là même, elle constitue un écart ; en tant qu'elle annonce le détour par la rêverie, elle en institue un autre. Mais ces écarts ne nient pas la description, puisque la rêverie devra se ressourcer dans la prise en compte de la réalité. Ainsi s'annonce le grain composite du texte, et la difficulté peut-être à maintenir la cohérence dans cet aller-retour entre fil de la description et fil de la rêverie. Ce fil sera d'abord celui de la description, assuré par un récit de voyage : de Collioure à Prades... Très vite, il sera remplacé par un autre fil qui se noue au sentiment d'un manque — le non-lieu de Prades, déserté par

Casals, et dont le restaurant est envahi par des «tables de robustes rugbymen en chemises à fleurs et des boulistes». Mais cette vacuité, heureusement comblée par l'authenticité toutefois menacée de Serrabone, va appeler le souvenir d'un voyage en Hollande. Le texte progresse ainsi en renouant des fils de nature différente : fils de plusieurs voyages — à travers la Beauce, de Collioure à Prades, en Hollande — et fils de la rêverie. Tous contribuent à mettre en perspective une série de descriptions, selon des contrastes d'abord, puis selon des rapports d'analogie. Progressivement, une couleur émerge des paysages hollandais, de «cet espace grand ouvert, à l'affinement et à la nuanciation, [...] c'était le noir». Et l'invasion du noir, démultiplié dans tous les éléments du paysage, va se cristalliser dans la figure emblématique des cormorans :

> sur des pilotis [...] deux grands oiseaux étaient tournés face au large. Ils restaient à peu près immobiles, mais d'une immobilité d'autant plus étrange qu'ils avaient les ailes à moitié ouvertes, inscrivant ainsi sur le tumulte des vagues et de la lumière un contour anguleux, méchant, comme d'oiseaux héraldiques, et du fait qu'ils étaient entièrement noirs, presque sinistre. [...]
>
> *Ibid.*, p. 54-55

Est-ce la couleur qui aimante la rêverie, ou la rêverie qui informe et oriente la succession des descriptions?

> [...] ma confuse rêverie de Prades n'avait peut-être pas tort de me désigner comme le bout du voyage l'étroite salle du musée Hals où s'affrontent ses deux derniers grands tableaux, peints à plus de quatre-vingts ans, les *Régents* et les *Régentes* de l'Hospice des Vieillards.
>
> *Ibid.*, p. 59

D'analogie en contraste, de description en digression, le texte tisse des réseaux. Ainsi, les tableaux sont-ils appréhendés selon le fil symbolique de la noirceur qui les unit aux cormorans et aux paysages. Les personnages «regardent "dans la mort", sont pris dans un élément, représenté faute de pire par le noir, où ils baignent, où ils s'enfoncent, où ils ne mettront plus très longtemps à sombrer».

De description en rêverie, de rêverie en description se noue le fil du texte qui progresse malgré l'hétérogénéité de l'écriture, ou plutôt selon la dynamique de cette hétérogénéité. Ce fil permet de circuler de l'espace extérieur à l'espace intérieur, tout en articulant les deux plans selon une dynamique d'approfondissement mutuel. Les relations métonymiques qui existent dans l'espace réel entre tableau-cormorans-pays finissent donc par se convertir en relations métaphoriques, selon les analogies qui se cristallisent en images explicites comme «les ailes blanchâtres de leurs rabats, de leurs cols»... Les reformulations descriptives montrent comment la rêverie informe la description pour la faire accéder à la signification. En même temps qu'elle rend compte de l'hétérogénéité du monde, l'hétérogénéité de l'écriture participe de son mouvement : mouvement qui tisse et démêle les liens entre les réseaux enchevêtrés du moi et du monde, en une sorte d'oscillation qui assure la progression et le creusement. Ce qui se cherche dans ce mouvement, c'est bien l'unité profonde qui existe entre paysage intérieur et paysage extérieur, comme en témoigne, au cœur du voyage, le modèle de tissu musical que constitue *La Silva* de Forqueray :

> Mais je pense qu'il faut voir là, favorisée par l'heure, par un moment plus ouvert de notre vie, l'apparition d'une espèce de «modèle», une sorte d'indication (mais comment, à propos de la perfection, ne pas s'exprimer toujours maladroitement, imparfaitement?), ceux d'un équilibre quasi-miraculeux tant il est rarement atteint, une absence totale de trouble, ce qui se passerait si l'on était parfaitement accordé au monde, aux autres et à soi [...] une tranquillité donc impossible (je le sais); mais c'est tout de même de «quelque chose comme ça» que la plus haute musique (et ce soir-là cette *Silva*) donne l'idée ou l'appoximation. Comme si la mélodie, qui est un mouvement, qui est des pas, s'avançait paisiblement, lumineusement, au-delà ou au-dessus de toutes les ruptures.
>
> *Ibid.*, p. 58-59

La musique réalise dans sa progression lumineuse ce qui animait le voyage passé : aller plus au Nord, c'était «quitter la terre, voir plus loin». A cette progression idéale s'oppose celle du texte qui, à travers les errances, cherche à dépasser les ruptures, sans pouvoir s'élever «puisqu'une fois de plus on n'était pas sorti de soi-même». Toutefois, l'accord trouvé entre paysage extérieur et paysage intérieur constitue une avancée dans cette recherche d'harmonie.

Alors que les paysages-passages déploient l'errance dans le chaos à la recherche d'un centre, d'un noyau qui oriente et donne accès à l'être des choses, il existe une distance «convenable» qui rend l'ordre du monde perceptible :

> Qui ne perdrait pied devant tant d'univers? La seule possibilité d'approcher une vérité est peut-être de repartir toujours de ce qui est tout proche de nous, la moindre vie, le lieu le plus étroit, les choses les plus simples, mais en gardant présente à l'esprit l'étrange métamorphose qu'ils subissent sous l'effet de la distance, la manière dont ils s'ordonnent dans un ensemble plus considérable. Peut-être sera-t-il plus facile, alors, pour notre cœur, de comprendre ou en tout cas d'accepter la diversité, les faiblesses, l'imperfection de ce qui est le plus proche, de notre voisin, de notre vie, de nos journées.
>
> Quoi qu'il en soit, c'est ainsi qu'a toujours procédé la poésie : elle parle de petits détails, mais à travers chaque détail, elle voit l'immensité dissimulée derrière, menaçante ou exaltante.
>
> *TNPD*, 36

Ces propos, qui nous ramènent tout à la fois aux problèmes que pose la sensation d'univers et aux enjeux existentiels de l'expérience poétique, suggère une autre voie pour l'écriture : si le texte peut déployer la recherche d'un ordre au fil des paysages-passages, il peut aussi fixer ce qui est saisi en tableau, dans des pages-paysages qui recourent à d'autres jeux textuels.

3.2. Ajourement des pages-paysages

Par le jeu des signifiés picturaux, Jaccottet suscite une représentation visuelle de l'espace, construit ses paysages comme des tableaux. Mais la représentation de l'espace n'est inhérente à sa poétique que pour autant qu'il travaille la matérialité des signes (matière des mots, matière du texte) en vue de proposer une «traduction [du monde] sur le tissu de la page» (*SS*, 232). Cette métaphore nous intéresse à double titre : d'une part, elle confère à la surface de la page une valeur signifiante qu'il faudra prendre en compte avec le texte qui s'y inscrit, comme les deux parties indissociables d'un tout; d'autre part, en tant que tissu, la page est déjà matière dotée d'une structure, de coordonnées, c'est-à-dire espace orienté : ce qui nous ramène au concept de lieu. Mettant entre parenthèses le problème de l'effet de tableau fondé sur des signifiés non littéraires, nous aborderons le domaine des signifiants qui font de la page un paysage générateur de significations spécifiques. Car si Jaccottet assigne au poète d'user du pouvoir des mots sur les choses (*TNPD*, 79) et au romancier de «rend[re] sensibles non par des phrases explicites [...] mais dans la texture même de leur tissu de mots à la fois ce que la vie a d'impossible et ce qu'elle a d'admirable» (*Ibid.*, p.123), à plus forte raison le poète devra travailler la matière textuelle pour chercher une forme «convenable» au monde et aux relations que l'homme entretient avec lui. Ceci concerne tous les degrés de l'élaboration textuelle : aussi bien la matérialité des mots que leur agencement et leur «jeu» dans l'objet-texte relativement à la réalité perçue (ou conçue). Lire les textes comme paysages s'inscrivant de manière signifiante dans l'aire de la page nous conduira évidemment à analyser la spatialité du texte, à prendre en compte tout ce qui construit un espace textuel, c'est-à-dire non seulement la gestion de la page, la complémentarité du texte et des blancs, le positionnement des mots dans la phrase, mais aussi les effets phoniques qui ouvrent des espaces, construisent des intervalles. Par réversibilité de la métaphore qui veut que la peinture ait ses «rythmes», la spatialité du texte n'est pas seulement déterminée visuellement, mais aussi phoniquement.

L'espace du texte s'ouvre avec son organisation syntaxique, s'anime grâce au travail sur la sonorité des mots qui lui donne couleur, matière et lumière. Cet extrait de *La Semaison* permettra d'appréhender comment jeux syntaxiques et phoniques découpent et organisent l'espace du texte selon les plans, les jeux d'ombre ou de lumière. Il comporte trois phrases dont on peut repérer l'organisation binaire, mais comme en surimpression à un principe de circularité :

> La neige sur le Ventoux, loin, au soir, quand le ciel devient bleu sombre, gris, presque noir, et tout le paysage aussi de plus en plus sombre : brun, vert, noir — cette tache lointaine est comme une lampe allumée, non, pas une lampe (de nouveau je me heurte à l'inexprimable), une lueur, je ne sais quoi de poignant, comme quand un oiseau montre le côté lumineux de ses ailes en plein vol, allumé soudain comme un miroir touché par le soleil, ou serait-ce plutôt par la lune, à cause de cette blancheur ? Ce reflet lunaire — et tout autour terre et ciel bleu sombre, bleu acier, bleu corbeau, bleu d'orage, cet assombrissement qui montre, en son cœur, ce peu de neige.
>
> *S*, 73

Nous pouvons isoler trois phrases binaires, même si leur structure n'est pas identique :

1. *La neige.../...quand...*
2. *cette tache lointaine/est comme...*
3. *Ce reflet lunaire/– et tout autour terre et ciel...*

Cette analyse en trois phrases appelle quelques observations :

1. le découpage en trois phrases s'avère problématique en raison de l'emploi des tirets et de l'absence de majuscule après le second tiret ;

2. la première et la troisième phrases, toutes deux nominales, présentent sémantiquement la même distribution (Thème : neige, *reflet de la lumière*/Prédicat : ombre) et le même déséquilibre (quantitativement, les éléments du thème sont moins nombreux que ceux du prédicat). En outre, le prédicat se caractérise par des processus cumulatifs analogues) ;

3. la deuxième phrase se différencie des deux autres par sa syntaxe verbale ; par des sèmes communs au thème et au prédicat, l'absence totale de référence à l'ombre mais au contraire une surdétermination de la lumière (*lampe ; lueur ; lumineux ; miroir touché par la lune*) ; par le fait de comporter des incidentes dont l'une est typographiquement délimitée par des parenthèses. Ainsi est-on conduit au cœur de la structure : une structure « centrée », « en miroir », qui appelle donc, en clôture du texte, comme en reflet de son foyer, en rupture avec le schéma binaire des phrases impaires, le retour de la blancheur : car l'inflation de la phrase centrale, avec ses incidentes, ne saurait faire oublier la part de l'ombre, sa pesée. Part de l'ombre et de la lumière elles-mêmes manifes-

tées par l'opposition phonique des mots en [ɔ̃] [war] (*sombre, soir, noir*) et des mots en [l] [i] [ɛr] [ɛj] (*lueur, lumineux, allumé, soleil, lune, blancheur, reflet lunaire*), la transition étant assurée par *miroir* qui partage ses phonèmes entre les deux séries, et peut-être *bleu* qui ne peut, sans expansion, être intégré à la première. Le texte devient alors une sorte de supersigne, de mot total, neuf, comme chez Mallarmé — à cette différence fondamentale près, c'est que Jaccottet s'essaie par le travail du texte à rendre sensible une réception-intuition du monde, à «rouvrir l'accès au monde» (*TS*, 278), et non à faire aboutir le monde au Livre. Mais il emprunte des voies déjà frayées par Mallarmé, quand il s'agit de rendre visible sur l'espace de la page le geste créateur, l'harmonie du monde — même si lacunaire. Alors, vraiment, la page devient paysage où s'inscrit le monument ou le vestige ; elle devient lieu, mais parfois aussi espace encore mal coordonné où se dessine l'errance du sens.

L'inscription dans l'espace de la page contribue grandement à sa lisibilité ; elle constitue une sorte de grammaire ou de rhétorique qui tend vers ce que Jacques Anis appelle vi-lisibilité du texte poétique :

> Quand nous parlons de *vi-lisibilité*, nous postulons que les formes graphiques ne sont au poème ni un corps étranger, ni un relais ou medium plus ou moins transparent ou opaque du décodage, mais un corps signifiant intégré aux isotopies textuelles.[4]

Les principaux typographismes qui nous semblent pertinents à l'œuvre de Jaccottet sont les suivants :

1. les variations typographiques (romain/italique en particulier) ;
2. l'usage des tirets et des parenthèses (ouverture ; emboîtements) ;
3. l'emploi des majuscules — ou plutôt leur non-emploi en début de vers ;
4. l'absence ou la raréfaction de la ponctuation (rôle particulier des points de suspension) ;
5. la gestion des blancs (disposition du poème dans l'espace de la page ; blancs intratextuels).

Nous ne nous attarderons pas ici sur les trois premiers points qui ont été abordés dans le premier chapitre où nous avons montré la valeur différentielle mais non systématique des variations typographiques, notamment dans *Cahier de verdure*.

Nous noterons cependant que l'usage de certains signes de ponctuation est particulièrement significatif d'un parti-pris de visibilité, notamment celui des tirets ou des parenthèses dont les fonctions essentielles sont de briser la linéarité du discours pour montrer la flexuosité de la pensée, de creuser l'espace du texte en inscrivant des changements de plan (description/commentaire); de manifester les tentatives (échecs et réussites) de l'expression :

> De même que l'essaim, au premier souffle, sera dispersé, gaspillé, dans un tourbillon? (Pour faire place, il est vrai, à un autre, de plus en plus opaque, de plus en plus calme.)
> Si la grâce la plus tendre à la plus faible injonction du souffle se dissipe, ne faut-il pas, en effet, passer outre?

ABA, 59

> J'ai dans la tête des visions de rues la nuit,
> [...]
> – c'est comme un labyrinthe de miroirs
> mal éclairé par des lampes falotes –
> moi aussi dans les formes d'autrefois
> j'ai prétendu en trouver l'issue
> [...]

ALH, 61

Parfois encore, le tiret isole ou rapproche en fin de texte, en fin de paragraphe des propriétés enfin trouvées et proposées, hasardées en toute incertitude, comme « montagne – maison ». Ces usages fréquents dans les textes en prose et les notations se rencontrent aussi dans les poèmes qui disposent toutefois d'un procédé équivalent : le détachement du vers final.

Corrélativement à l'économie de la ponctuation, la gestion des blancs, (blancs intratextuels, entre blocs d'un texte, ou extratextuels à ses marges) et l'inscription du texte dans l'espace de la page, jouent un rôle de plus en plus marqué, qui s'affirme avec la fragmentation des textes (poèmes et proses) et l'éloignement des cadres fixes de la poésie. Nous tenterons ici, à partir de quelques exemples, de dégager les configurations textuelles les plus remarquables et les plus significatives.

La figure qu'inscrit le texte dans la page comme indice de son contenu sémantique en constitue une surdétermination sensible qui fait sens avec lui, en même temps qu'elle convoque d'autres couches signifiantes :

> Songe à ce que serait pour ton ouïe
> toi qui es à l'écoute de la nuit,
> une très lente neige
> de cristal.

PSN, 66

Alors que ce poème pourrait s'écrire en une séquence isométrique de trois décasyllabes, Jaccottet suggère la ténuité du phénomène visuo-auditif ratifié par la métaphore « neige de cristal », en cassant pour l'œil comme pour l'oreille la possible isométrie du poème et en inscrivant dans l'espace de la page la figure même de l'évanouissement. Ce faisant, il installe autour du texte l'espace nécessaire au suspens, au ralentissement, l'espace nécessaire pour faire sonner les syllabes ouvertes [ɛʒ] [al] qui contrastent avec l'acuité des rimes du distique [wi] [ɥi].

La gestion des blancs aux marges du texte concerne essentiellement la marge de droite — les poèmes étant justifiés à gauche. Seule la silhouette que dessine cette marge peut donc faire figure, en inscrivant par exemple la trace d'un mouvement, d'une variation de rythme, comme la respiration syncopée d'une jubilation «à perdre haleine» dans ce poème :

> Regarde-la courir sur ses jambes nouvelles
> à la rencontre de l'amour
> comme un ruisseau de verre, tintant sur les roches,
> pleine de hâte et de rire !
> Est-ce le fouet des hirondelles sur les prés humides
> qui la presse ?

PSN, 38

Des blancs intratextuels peuvent aussi structurer la forme-sens du texte, comme ceux qui, dans ce poème d'*Airs*, isolent les deux derniers vers du corps du texte que constitue le quatrain :

> Là où la terre s'achève
> levée au plus près de l'air
> (dans la lumière où le rêve
> invisible de Dieu erre)
>
> entre pierre et songerie
> cette neige : hermine enfuie

Po, 103

Avant même de s'engager dans la lecture du poème, l'œil perçoit, par le jeu des blancs, un phénomène d'allègement. Il ne s'agit pas d'une tendance à la réduction par un retranchement qui conduit inévitablement au silence, mais d'un allègement par division qui nous ramène au paradoxe de Zénon, au retrait infini de la distance comme semble d'ailleurs le souligner l'absence de ponctuation finale. L'œil perçoit en effet un bloc de quatre vers, mais les parenthèses le divisent en deux distiques ; puis deux vers isolés par un blanc ; cependant, le premier est coupé par le coordonnant et le second par les deux points ; enfin, la seconde moitié du dernier vers est elle-même constituée de deux mots se terminant par une syllabe muette dont le jeu phono-sémantique répète le mouvement de fuite généralisée (*erre* étant réinscrit phoniquement dans *hermine*). Ce mouvement de fuite, de recul infini, est typographiquement manifesté par les blancs ; il est en outre pris en charge par la syntaxe qui diffère au dernier vers le terme-clé de la phrase (*cette neige*) selon un jeu de furet qui en recule l'énoncé par l'antéposition des groupes circonstanciels et par la circulation des phonèmes. Ainsi, les phonèmes [ɛr] [ɛv], non seulement se répondent à la rime du quatrain, mais circulent à l'intérieur des vers, passant d'un bloc à l'autre (dans *terre, lumière, pierre, hermine*) — en outre, ils sont diffractés sous la forme [ɛ] [e], voire quasi-inversés [ɛv] [ve] (*levée, près, cette*) ou subissent aussi des transformations, comme [ɛv] qui devient [ɛʒ]; de même, le [i] qui constitue la rime finale du poème est anticipé dans *hermine* (peut-être aussi dans [pijɛr] si on opère la diérèse), et dès le quatrain dans *invisible*, altéré en [j] dans *lumière, Dieu, pierre*. Se trouve ainsi ouverte la frontière : la barre de l'horizon fixée matériellement et sémantiquement par le premier vers — *Là où la terre s'achève* — se déchire pour ouvrir l'espace de l'entre-deux, où s'inscrit la tentative de saisie du sens mimée par les jeux phoniques. Le blanc intratextuel n'est donc pas vacuité, mais entre-deux, espace fécond pour l'élaboration du sens. On le retrouve dans deux autres configurations particulièrement productives chez Jaccottet : celle où un blanc isole un ou deux vers d'un bloc massif; celle où il constitue le centre du poème.

En double page, deux brefs poèmes d'«Une couronne» inversent leur dispositif, jouant et déjouant la symétrie :

Rose qu'on croirait effrayée	Leçon de la passe-rose :
Fuyant de plus en plus haut	
	que la rose du chant
	brasille de plus en plus haut
parce que l'âge la poursuit.	comme en défi à la rouille des feuilles.

ABA, 50-51

Dans les deux cas, le corps du texte énonce le mouvement de la floraison qui gravit la hampe; mouvement ambivalent qui peut être interprété comme perte de la matière (p. 50) ou comme signe de force contre la mort (p. 51). Selon sa situation, le rapport des blocs de textes et des blancs produit des effets de sens différents : dans le premier cas, l'économie du texte figure la déperdition, et le blanc manifeste quelque chose comme l'ultime halte avant la disparition totale, voire l'acheminement vers le néant (il se produit à une frontière syntaxique, isole la description de l'interprétation); dans le second cas, l'accroissement de la masse textuelle fait bloc contre le néant, et, à l'inverse du poème précédent, les valeurs sémantiques positives (*leçon, défi*...) qui viennent s'inscrire contre le nom même de la fleur (appelée *passe-rose*, et non rose trémière) invitent plutôt à lire le blanc comme espace nécessaire au souffle vital, lieu où se mobilise l'énergie et non plus lieu où se dissout la matière.

Mais le fait le plus remarquable chez Jaccottet est l'importance prise par les blancs, en particulier dans *Pensées sous les nuages* (les textes du «mot joie» par exemple) et dans *Cahier de Verdure* où l'espace de la page semble entièrement régi par le blanc central — à tel point qu'on pourrait se demander si les deux blocs de texte qui s'y inscrivent ne constituent pas des poèmes distincts. Mais ce serait oublier le fait que Jaccottet sait réserver à un poème de trois vers l'espace nécessaire, la totalité de la page si besoin est. Ce serait aussi négliger les rapports qui, dans ce blanc central, se tissent entre les deux blocs, aux plans référentiel, sémantique, rhétorique et phonique :

> Le tronc ridé, taché
> qu'étouffe, à force, le lierre du Temps,
> si l'effleure une rose, reverdit.
>
>
> Dis plutôt la rivière que la ruine
> ou mieux : pour toute ruine cette ruine d'eau.

CV, 59

Au propre, les deux blocs renvoient à un référent commun de la nature, et au figuré au «passage» — du temps, de l'eau. Ce passage est affecté de valeurs négatives : étouffement, ruine (au sens de «reste» d'un effondrement). Toutefois, ces valeurs négatives sont compensées par des valeurs positives comme *reverdir*, ou la réduction de ruine à son sens classique de «chute» dans *ruine d'eau*. Certes la ruine d'eau emporte, mais encore est-elle énergie (d'où le couple *rivière-ruine*). La béance du texte se donne comme espace du retour sur une première esquisse, une auto-incitation (*dis plutôt*) à la réinterpréter, à voir les choses autrement. Il permet de régler le conflit intime entre forces de mort et forces de vie, ou plutôt de les équilibrer. Il permet aussi a résorption du [f] mortifère, ou plutôt un changement de polarité qui s'amorce avec *effleure* et se convertit en [v] vital dans *reverdit* qui appelle *rivière*, tandis que ce qu'appelait *effleure* — encore entaché du spectre de la mort — sombre dans la béance centrale : la fleur cède à la rose, et le fleuve (du Temps) à la rivière.

Le jeu des blancs dans l'économie signifiante du texte n'est pas le propre des poèmes. Il régit également l'architecture de proses organisées en blocs «qui font signe» à l'œil, comme on peut le voir dans *Cahier de verdure* en général, et notamment dans «Le Cerisier» où la biéveté des paragraphes finaux (quelques lignes, et même cette courte phrase : «Le buisson ardent») contraste avec ceux du début qui excèdent parfois une page. Quand la description travaillée par la réflexion parvient à découvrir l'altérité des choses, «tout change[], tout pren[d] un sens différent, ou un sens tout court» (*CV*, 14). Alors, «c'est une autre histoire» : les images filtrent, se condensent, se détachent, comme le montrent les blancs qui isolent les brefs paragraphes finaux :

> Une couleur dans une autre, à un moment de passage, où l'on passe un relais — l'athlète solaire à la vestale qui semble plus lente que lui —; comme un cœur, comme le Sacré-Cœur du Christ sur les images saintes ?
>
> Le buisson ardent.
>
> Un feu, dans l'abri de ces feuilles, elles-mêmes plutôt couleur de sommeil. Paisibles, apaisantes. Un plumage d'oiseau maternel.
>
> Œufs pourpres couvés sous ces plumes sombres.
>
> Une fête lointaine, sous des arceaux de feuilles. A distance, à toujours plus grande distance.
> [...]
>
> *CV*, 15

Dans le même ouvrage, d'autres recueils comme «Blason vert et blanc», «Sur les degrés montants», et surtout «Eclats d'août» jouent significativement sur les blancs et sur leur répartition dans la page. Corrélativement, c'est tout l'ensemble, proses et poèmes confondus, qui est traversé des mêmes éclats phoniques. Le jeu de reflets et la tresse verbale, au-delà de la linéarité qui propose un frayage du sens, font du recueil une aire à parcourir *littéralement et dans tous les sens*, mais selon les axes qu'y tracent blancs et marges, selon les plis que suggèrent les changements de caractères.

Ainsi, des textes nous parviennent «ajourés», d'autres disent le travail d'ajourement. Mais il serait trop simple de se limiter à la confrontation de l'aire criblée d'*Airs*, et de l'ajourement qu'opèrent les reformulations de *Travaux au lieu dit de l'Etang* : *Airs* comme résultat, *Travaux...* comme processus. Car certaines notations des carnets, qu'elles soient ultérieurement retravaillées ou non, sont elles aussi des textes «ajourés» qui disposent les choses dans l'espace de la page de manière à y laisser circuler l'air, comme ces phrases nominales qui donnent aux notes une allure de croquis :

> Ferme. Sous les grands chênes : herse, meule à aiguiser, fontaine, tombereau bleu, douves de tonneau. Ombre et vent.
> Plus loin, peupliers dans un cercle d'ombre à leur pied (midi), devant blés et lavandes.
>
> *S*, 83

Ici, tandis que les alinéas déclinent les plans, les parenthèses surdéterminent visuellement le cercle désigné. Là, c'est la phrase isolée qui oppose la rapide trajectoire du vol à l'explosion d'énergies qui fusent et diffusent (syntaxiquement et phoniquement) dans le paragraphe précédent :

> Sauterelles, étincelles jaillies du sol en feu ; du sol sec qui par endroits se craquelle déjà. Herbes couleur de paille, légères, arquées, mobiles, versatiles — dans la chaleur intense qui donne à toutes choses une force accrue.
> La buse passe, rapide, dans le jour aveuglant.
>
> *SS*, 17

Simple notation ? Condensation de la longue note précédente détaillant un «paysage [qui] est comme du feu attisé par le vent presque frais, un feu qui serait de la lumière, de l'éclat», ou réplique éclairante ? Ces textes ajourent et cristallisent à la fois.

Quel rapport entre «ces feuilles réduites à un tissu de nervures par l'insecte justement nommé l'écrivain» — autrement dit l'eumolpe de la vigne — et les feuilles de givre qui organisent l'informe, révèlent leur ordre intime, avant de retourner à l'informe ? (*TNPD*, 131). Dans un cas, il y a travail, dans l'autre simple «prise» fugitive de l'informe. Dans l'analyse qu'il consacre à l'œuvre de Jaccottet, Steinmetz recourt à l'étymologie du mot eumolpe pour mettre en perspective l'espace du texte et celui de la vision :

> Il laisse deviner une «création» qui rendrait le monde à sa nature première. Aussi, ce que lui enseigne le plus souvent le regard — et la plupart des autres sens —, c'est une apparente vérité de dilution [...] Il serait plus exact de parler d'un phénomène au cours duquel les choses deviendraient transparentes, pour ainsi laisser voir ce qu'elles recèlent et qui n'est peut-être qu'une certaine forme d'air. Telles ces feuilles réduites à un tissu de nervures par l'insecte justement nommé l'écrivain. Ce qui est placé sous le regard tend à devenir une structure de verre, comme si toutes les impuretés qui en grevaient la surface ou l'épaisseur se trouvaient décantées par la puissance d'une vue qu'il faut bien en ce cas appeler «vision». Alors apparaît non pas une incroyable merveille, un multicolore panorama surréaliste, mais un fin réseau qu'agite le vent, le plus léger tissu tout pénétré d'une respiration profonde. La fragilité invoquée par Jaccottet en devient moins grêle, puisque ces «couleurs peu sûres», ces «voix intermittentes», ce «presque visible», ne résultent pas d'un amoindrissement; ils expriment l'issue d'une métamorphose. La vocation du monde à devenir air, sa dé-densification

laissent une épure. L'épure, cependant, ne porte pas un dessin à venir qui serait plus ferme, plus appuyé en ses traits. Elle est le dessin et la netteté de l'apparence devenue vraie, désenchevêtrée, lignes minimales autour de l'air essentiel qui retient leur réticule par son vide. Pour qui s'applique à voir d'une certaine façon le passage, la circulation possible entre les choses *prend figure*. Le simple support matériel s'efface. Il en subsiste quelques contours. Alors l'*invisible apparaît*, moins bord secret du visible que sublimation de la vue, parce que l'air premier est en place.[5]

En situant dans l'expérience de la vision le travail de l'eumolpe, il entretient une confusion entre la feuille de givre cristallisé et la feuille découpée par l'insecte.

Mais la comparaison s'avère tout à fait fructueuse, et elle nous invite à penser que si le regard capte quelque chose d'aussi insaisissable que les feuilles de givre qui, dans certaines circonstances, dévoilent une secrète structure, l'écrivain (*eumolpos* en tant qu'il parle d'une voix juste) devra sur sa feuille tracer par découpes successives la figure périssable captée fugitivement. Les notes seraient déjà une première mise en forme, cristallisation sur la feuille de papier de la vision, mais pour reproduire la perfection de la feuille de givre, il faudra que le poète sache lui aussi retrouver «un certain degré de froid, une certaine sévérité du temps pour que l'informe s'organise» (*TNPD*, 131). Le poème serait cette feuille-analogon de la feuille de givre arraché à son statut périssable par l'écriture au terme d'un travail d'ajourement, ici invisible (par exemple dans *Airs*), là visible; et un texte comme *Travaux au lieu dit de l'Etang* dirait l'effort pour atteindre cet état qui permet la cristallisation du poème, ses décantations successives : la mise au jour de l'ajourement.

Si, comme l'écrit Meschonnic[6], «le blanc de Claudel n'est pas celui de Mallarmé» que dire de celui de Jaccottet? Nous le verrions plus proche de celui de Claudel, car le geste qui s'inscrit dans la page ne saurait être celui d'*Un Coup de dés*. D'ailleurs, dans «Messager qui efface les murailles», il se situe contre Mallarmé, du côté de Jourdan :

> Plutôt que de faire aboutir le monde à un livre, il faudrait que le livre renvoie au monde, rouvre l'accès au monde.
>
> *TS*, 78

Pour Jaccottet, les livres sont faits pour manifester ce qu'on peut percevoir de l'ordre du monde à travers ses discontinuités; d'où une nécessaire hétérogénéité. En revanche, on pourrait presque transposer pour Jaccottet ce que Meschonnic dit de la pratique de Claudel :

> Ce blanc idéogrammatise. Il tient aussi à une réflexion sur la syntaxe. Il ne mime pas le théâtre de l'idée, mais une impression, une nature, une durée.[...] Toute la pratique et la réflexion de Claudel situent sa typographie dans sa poétique. Imitation présence du monde, théâtre qui est l'extension, à la page, du drame ou des mouvements de la subjectivité.[7]

Car les blancs qui « rythment » la page de Jaccottet donnent une image des distances, des directions, construisent une sorte d'échantillon du monde perçu, plus ou moins dense, plus ou moins ajouré non pas selon une « vérité » objective, mais selon l'implication du sujet. Jaccottet, lecteur de poèmes sait que

> Tout poème exige simplement, d'abord, ce vaste espace tranquille autour de lui, pareil au cadre du tableau, pour être entendu avec toute sa richesse. [...] chaque beau poème est l'expression d'un moment de particulière intensité chez celui qui l'a écrit [...]
>
> *TNPD*, 22

Cette condition primordiale de la réception du poème, il la matérialise par le blanc de la page, qu'il transforme en signe visible, à la manière des maîtres Japonais qui ont su raréfier les éléments du poème et « en peser le poids sur des balances d'autant plus sensibles qu'ils sont légers » (*H*, préface). Mais bien avant la préface à ses transcriptions de haïkus, il avait montré dans « L'Orient limpide » que si le haïku offre une forme juste et achevée de la projection sur l'espace de la feuille des « liens presque invisibles jusque-là qui unissent les choses et nous unissent à elles » (*ibid.*), il le doit aussi à la gestion des blancs par rapport à la trace écrite et au sens :

> [...] quelques mots dont le seul rapprochement, la seule combinaison, *outre l'exclusion même de tous les autres*, fait l'inimitable pouvoir. Un sens prodigieux du vide, comme du blanc dans le dessin ; et une véritable divination dans le choix de deux ou trois « signes » indispensables et dans l'établissement de leurs rapports [...]
>
> Il se révèle ainsi, en fin de compte, que la qualité singulière de cette poésie ne peut s'expliquer que par un *état* singulier auquel le poète accède par une série de dépouillements dont la concision de son vers n'est que la manifestation verbale [...]
>
> *TS*, 129

Creusant l'opacité du monde, Jaccottet parvient parfois à manifester quelque chose de son ordre caché dans des textes « ajourés » ; ce faisant, il retrouve des strates d'expression sous-jacentes à la sienne, ou des itinéraires liés à sa quête. Ainsi ses textes sont-ils doublement palimpsestes : en ce qu'ils effacent les traces qui masquent l'ordre du monde, et en ce qu'ils découvrent d'autres voix — d'autres voies — sous la sienne.

3. PALIMPSESTES

Le palimpseste comme image de l'intertextualité semble particulièrement approprié à l'œuvre de Jaccottet qui est nourrie par sa culture de lecteur et sa pratique de traducteur. L'objet est ambigu : car si les marques de chaque écriture successive peuvent être effacées du manuscrit, elles peuvent aussi être complètement restituées dans l'ordre inverse, grâce aux pouvoirs de la chimie[8]. Au plan métaphorique, le palimpseste touche à l'historicité des textes, à leur production et à leur régénération.

L'hétérogénéité des œuvres de Jaccottet, l'évolution de son écriture, portent témoignage d'influences et de rencontres plus ou moins conscientes et plus ou moins lisibles. Cela va d'une intertextualité «de formation», à une intertextualité dynamique, véritable tissage de voix. Relisant *Requiem*, il emploie les termes de *modèles*, *influences* pour évoquer la marque de Rilke notamment; plus tard, l'intertextualité se manifeste par le truchement des citations ou d'allusions qui alimentent la réflexion et participent à la dynamique textuelle, comme les paratextes de Russel, Senancour, Hölderlin dans *La Promenade sous les arbres* et *Paysages avec figures absentes*.

3.1. La motion hypotextuelle

«Blason vert et blanc» est une œuvre exemplaire de la mise en mouvement de l'écriture par les hypotextes, car elle enchaîne avec bonheur et superpose des textes divers de forme et d'époque, convoqués par la vue d'un «petit verger de cognassiers protégé du vent par une levée de terre herbue, en avril» (*CV*, 25).

Au cours de son élaboration, le texte suscite des références à d'autres textes, et se soutenant d'elles, progresse par interaction. Processus d'engendrement par cercles, ou plutôt en spirales, dans la mesure où chaque cycle est généré par la progression à laquelle il contribue :

> [...] Dante passe, et parle; il entend rire, pleurer, parler. Il ne fera pas autre chose dans la *Divine Comédie*, dans un paysage infiniment plus ample et plus âpre; mais le pas sera plus ferme, les rencontres beaucoup plus diverses et plus graves, les paroles plus sûres aussi, plus profondes, plus pleines.
>
> *Ibid.*, p. 28

Analogie des situations, mise en abyme des textes : on sait dès le premier paragraphe que le poète passe, qu'il «rencontre» un verger. Sa parole se développe et progresse en se prenant à d'autres, plus anciennes, archaïques, mythiques. Si la saisie descriptive du verger se fixe sur deux couleurs, vert et blanc, leur assigner le statut de blason, c'est les poser comme code, ou énigme à déchiffrer. Mais entre le moment où les arbres questionnent — «Leurs fleurs blanches, à peine teintées de rose, m'ont fait penser tour à tour à de la cire, à de l'ivoire, à du lait. Etaient-elles des sceaux de cire, des médailles d'ivoire suspendues dans cette chambre verte, dans cette maison tranquille?» — et celui où est formulé le désir de comprendre — «Ces sceaux de cire, s'ils cachettent une lettre, faut-il que je les rompe pour en lire le contenu ?» — se développe un mouvement interactif et productif entre le monde perçu et les textes lus : « Ainsi de vagues images, venues du monde réel ou de vieux livres, se mêlaient-elles à plaisir dans mon esprit ».

Trois cycles majeurs entrecoupés de brèves échappées viennent se ressourcer aux couleurs emblématiques du blason :

- le cycle italien, qui convoque non seulement le Dante de la *Vita nuova*, mais aussi d'autres formes artistiques comme la musique de Monteverdi et la *Primavera* de Botticelli ;
- le cycle espagnol, dédié à Don Quichotte ;
- le cycle biblique enfin, indirectement évoqué par la présence d'une source qui serait « une source de lait », et par les feuillages calmes couvant « les véritables œufs, couleur d'ivoire, de la Résurrection ».

Entre deux, quelques échappées, ponctuelles :

- une référence au *Gaspard Hauser* de Verlaine, évoquée par *simple et tranquille* ;
- une autre enfin, au nô japonais :

    « *A cet asile d'un instant n'attachez pas votre cœur* » conseille la courtisane au moine dans *La Dame d'Egughi*, ce nô lu à seize ans et jamais oublié [...]

    Ibid., p. 32

Passant désirant, mendiant aussi : en effet, le texte va de Dante au mendiant, et semble se dépouiller, strate par strate, jusqu'à trouver une origine à la fois religieuse et païenne dans cette figure finale de l'arbre ange et berger qui ratifie la « religion » de Jaccottet :

[...] peignant seulement, rapidement, cet arbre, aurais-je peint le dernier ange, le seul auquel nous puissions accorder notre confiance, parce qu'il est issu du monde obscur, de sous la terre ?
Un ange plus rustique, dirait-on, que les autres, plus berger.

Ibid., p. 33-34

Au terme de ce dépouillement progressif, l'opacité du monde se démêle pour laisser, à distance, résonner l'intertexte :

Voici le dernier écho des « bergeries », un rappel qu'on entend à peine, à la limite de l'ouïe, parce que le lait qui coule de la coupe est plus silencieux qu'aucune eau.

Ibid., p. 34

Ce trésor des textes résulte d'un long travail de sédimentation évoqué dans *La Semaison* :

> Terre qui absorbe depuis le commencement du monde la pourriture.
> Se déposent en nous, sont déposées au fond de nous les images couchées comme une cargaison de fleurs. Tombent au fond.
>
> *S*, 109

Car nous sommes essentiellement mémoire : mémoire sensuelle, mémoire corporelle, mais aussi mémoire culturelle, comme le suggère d'ailleurs De Quincey :

> Des couches innombrables d'idées, d'images, de sentiments sont tombées successivement sur ton cerveau, aussi doucement que la lumière. Il a semblé que chacun ensevelissait la précédente. Mais en réalité aucune n'a péri.[9]

Parfois, Jaccottet déploie longuement, et de manière explicite, le tissage des textes et la symphonie culturelle qu'éveille pour lui un seul mot, comme le mot «Russie» (*MR*, 9-23); mais souvent, l'intertextualité se fait plus subtile, moins référence à un texte que fait d'écriture. Par exemple, dans ces quelques lignes «D'une couronne» où sourdent, amortis, des éclats typiquement mallarméens :

> Nuages roses, bientôt nuages de suie, comme tout feu. Dernière inflorescence, qui ne pèse ni sur l'horizon ni sur les yeux, dernière douce inflammation, incarnat laissé insaisi; la dernière de ce jour, ou de la vie.
> La dernière rose, incueillie.
>
> *ABA*, 46

Plus encore que le souvenir de «l'absente de tout bouquet» éveillé par l'assomption du sens dans l'énoncé final, la morphologie des mots *insaisi, incueillie* rappelle certains façonnages verbaux de Mallarmé : cette manière de faire apparaître ce qui n'est pas; et cette réflexion des mots les uns dans les autres, aussi bien morphologique que phonique : *inflorescence, inflammation, incarnat, insaisi, incueillie/dernière, douce, jour*...

Nous pourrions voir aussi dans l'image récurrente de la cloche le modèle du fonctionnement intertextuel diffus de textes qui entrent en résonance grâce à des signaux discrets.

> PORTOVENERE
> La mer est de nouveau obscure. Tu comprends,
> c'est la dernière nuit. Mais qui vais-je appelant?
> Hors l'écho, je ne parle à personne, à personne.
> Où s'écroulent les rocs, la mer est noire, et tonne
> dans sa cloche de pluie. Une chauve-souris
> cogne aux barreaux de l'air d'un vol comme surpris,
> tous ces jours sont perdus, déchirés par ses ailes
> noires, la majesté de ces eaux trop fidèles
> me laisse froid, puisque je ne parle toujours
> ni à toi, ni à rien. Qu'ils sombrent, ces «beaux jours»!

> Je pars, je continue à vieillir, peu m'importe,
> sur qui s'en va la mer saura claquer la porte.
>
> *Po.* 31

Ces vers font vibrer tout un ensemble hypotextuel : c'est, bien sûr, visible, trop visible, le *Spleen* de Baudelaire «Quand le ciel bas et lourd...», mais, plus discrètement peut-être, une allusion aux «faux beaux jours» de Verlaine. Cette cloche résonne aussi avec la «cloche grêle» d'un poème d'Ungaretti que Jaccottet commente dans sa préface à la *Vie d'un homme* :

> Pourtant mes hurlements
> déchirent
> comme foudre
> la cloche grêle
> du ciel
>
> Ils s'abîment
> épouvantés.

Toutefois, en dépit de la dimension cataclysmique portée par le lexique, le poème d'Ungaretti constitue une ligne de partage dans le jeu intertextuel : entre une écriture qui orchestre le discours et une écriture minimale, car sa forme de «poème-instant» le situe du côté du haïku. De fait, il oppose le déchaînement du cri à *la cloche grêle/du ciel*, dont la fragilité entretient de secrètes affinités avec la cloche désaccordée par la neige de Hölderlin dont Jaccottet évoque la magie «irréductible à toute forme de savoir».

Cette cloche vibre aussi avec beaucoup d'autres qui, dans les haïkus, sonnent à la porte des temples ou des maisons ; elle pourrait, à côté de celle du tissage, servir d'emblème au jeu intertextuel : car si le tissage rend compte d'un mode de suturation des textes et met l'accent sur la manière dont l'unicité textuelle se construit sur le divers et intègre l'hétérogène, la cloche éclaire différemment le fonctionnement intertextuel, en rendant compte de la multiplicité des strates activées par un texte, reliées et transformées, en creusant la distance nécessaire à la résonance comme à la constitution du sens. C'est ce que suggère, dans la préface de *Haïku*, le commentaire qui confronte l'art du haïku à l'image inaugurale de Rimbaud[10] qui en constitue le fil conducteur :

> «Un coup de ton doigt sur le tambour décharge tous les sons et commence la nouvelle harmonie.»
>
> Ici, il n'y a pas besoin de tambour, il a suffi du heurt d'un éventail contre la vitre ; il n'y a pas non plus, aussitôt après, de «nouvelle harmonie»; simplement, de l'air qui s'élargit et s'allège encore un peu plus, comme si nous pouvions maintenant traverser en esprit tous les mondes, tels qu'à mesure ils s'ouvrent les uns dans les autres à l'infini, tels qu'ils s'ouvriront, voudrait-on le croire, à défaut de le comprendre jamais.
>
> *H*, préface

Si un battement d'éventail a pour le poète japonais l'impact du coup de doigt sur le tambour et la force des trompettes de Jéricho pour ébranler « les murs [...] qui enferment, en prétendant le protéger, l'esprit », on peut s'autoriser à voir en lui une variante de la capacité d'ébranlement de la cloche. On comprendra alors que la cible du poème soit non pas un terme, mais une ouverture ou une aspiration au sens, analogue à l'aspiration « vers le haut » qu'on éprouve dans les lieux. L'art du haïku ainsi pensé n'est pas très loin de l'art du fragment qui a, chez Pierre-Albert Jourdan, le pouvoir « de démolir les murs (ou les effacer), créer des trouées, faciliter un "passage" »(*TS*, 278). Si la cible du haïku « n'est plus une cible, mais une ouverture où la flèche se sera engouffrée ; alors seulement, le coup d'éventail imperceptible aura produit une onde capable de se propager à l'infini », c'est-à-dire capable de traverser les textes superposés, enchevêtrés, d'ignorer les « non-lieux » et de vibrer en sympathie avec les textes passés, présents ou à venir engagés dans la même aventure pour faire sens avec eux.

3.2. Intratextualité

Abordant la texture de l'œuvre, nous ne pouvons donc pas faire abstraction de l'intertextualité comme forme de métissage, tissage de textes. Toutefois, il s'agit d'un domaine qui nécessiterait une étude spécifique d'une grande ampleur, et qui prendrait en compte l'œuvre de Jaccottet traducteur. Plus modestement, nous examinerons ici des phénomènes intratextuels, c'est-à-dire des phénomènes récurrents, plus ou moins distants, qui montrent comment l'écriture se ressource à des « lieux » textuels internes à l'œuvre de Jaccottet.

Certains de ses textes entretiennent en effet des liens privilégiés, non seulement de manière contiguë, mais aussi de manière plus espacée, discontinue, diachronique. Dans un recueil comme « Une couronne », ils tissent des motifs communs, selon l'indication du titre, et si la rose trémière qui en constitue l'élément thématique dominant n'est pas toujours explicitement présente, la solidarité des pièces est attestée par des marques diverses :

– les parenthèses qui enclosent la totalité du texte de la page 43 lui donnent un statut de réflexion incidente relativement à son environnement : par rapport à la page 44 qui commence par *Ainsi* et établit d'emblée une relation d'analogie avec ses antécédents (notamment en raison du mode de floraison de la rose trémière qui justifie son nom de passe-rose) ;

– l'échange de reflets métaphoriques entre textes distants : « le soleil du soir fleurit en or au sommet des arbres » (p. 41) répond au « brasillement de la rose du chant » (p. 51) ; *inflorescence* et *inflammation* (p. 44) se réfléchissent... Et quand le poète allume un feu « au pied de ce ciel argenté tandis que dans [son] dos, la montagne commence à dormir » (p. 45), ce geste accordé à l'instant et au message de la passe-rose (« vivre [...] c'est brûler ») prend alors la valeur rituelle d'« une offrande ».

Ainsi le recueil déploie-t-il les significations attachées dès le premier texte à la rose trémière avant que, se réassurant au nom même de la fleur (passe-rose), il ne se dépouille des scories anecdotiques pour ne plus, dans les deux poèmes finaux, associer qu'au « geste » de la floraison son message existentiel sans en étouffer l'ambiguïté.

Mais ce ressourcement dans les textes liminaires ne limite pas le jeu intertextuel aux frontières du recueil. Un espacement plus large nous renvoie à une note de *La Semaison* datée de Juillet 1967 :

> Roses trémières, portées dans le soir cristallin, après le coucher du soleil ; fascinantes. On est tenté de penser au mot incarnat, carnation, donc à la chair : ce rosissement. Mais il me semble que le rapport est très lointain, presque de l'ordre du rêve, qu'il doit s'agir d'autre chose. Il n'est pas impossible pourtant que la fleur figure le rêve d'une sexualité brûlante et pure, allégée du poids des humeurs. Sans tache, mais réelle. Il se peut que tout au fond soit cela.
> Ouvertures, portées à bout de hampe, dans le cristal du soir.
> Porte-voix silencieux. Vases pleins de pollen. Presque translucides. Comme si la plante se changeait en ciel, au moins en ailes. Le *rose* joue là un rôle essentiel. Fleurs roses, amoureuses. Amoureuses portées en l'air. Les nus du Titien. Léda et le cygne. Une femme nommée Angélique. Soulèvement de l'amour à ce niveau. Scène d'amour suspendue entre terre et ciel, sur un balcon.
> Candeur à peine enflammée, au-dessus de l'horizon, dans ce vase aérien.
> Laurier-rose : brasier frais.
>
> S, 131-132

Que s'est-il passé *après beaucoup d'années* pour que s'efface la connotation sexuelle attachée au rose ? Au-delà de la distance, le lien intertextuel est pourtant sensible — et cette note elle-même se donne comme lieu d'une intertextualité, même si transculturelle : des associations initialement attachées au rose de la fleur, il ne reste plus qu'une allusion à la « scène du balcon », qui est là pour attester une erreur des sens — erreur de sens. Tout se passe comme si cette ardeur amoureuse s'était consumée dans le *laurier-rose*. Car on ne peut penser que le regard aille d'un objet à un autre. Il « voit » plutôt un objet dans un autre, il le transforme : au fur et à mesure que se déroule la réflexion autour du rose et de la fleur, et qui la fait autre, jusqu'à en transformer le nom (*laurier* étant appelé par *brasier*). En revanche, le port de la fleur et le moment même où est saisie la vision, seront ultérieurement activés — le rose est-il couleur de la fleur ou couleur du soir ? On pourrait voir comme une réponse à cette question dans « Une couronne » :

> De toutes ces fleurs qui ne sont pas vraiment des fleurs, mais vues, quoi qu'il en soit, à portée du regard, et par quelque côté ressemblant — ces choses lumineuses, insaisies, à la fois proches et lointaines — à des regards, on aimerait tresser une espèce de couronne, encore une fois, en dépit de tout [...]
>
> *ABA*, 49

Il semble que la vision des roses trémières s'allume, ou s'éclaire, d'une autre note de *La Semaison*, toute proche dans le recueil :

> Le rose du soir. La poussière, la fumée rose, puis mauve, du soir. Tout le ciel pris dans ce reflet d'un très lointain incendie, dans cet encens ; s'envolant en poussière rose. [...]
> Alors m'est remontée à l'esprit la question : quel rapport, quel lien entre la mort et le fait que nous voyons, que nous buvons des yeux cela, ce vin de la lumière ?
> C'est quelques instants plus tard que non seulement le ciel, que tout est devenu confusément rose, d'un rose cendré, ou tournant au mauve et au bleu, d'un rose donc légèrement sombre, tendrement grave, épars et omniprésent comme un parfum.
>
> *
>
> Imperceptible mouvement d'une âme invisible, et l'énorme soleil.
>
> *
>
> *S*, 135-136

La rose trémière peut alors se pénétrer du rose du soir, de ce rose qui vire au violet, et qui revient dans « Une couronne » :

> [...] Comme l'avant-dernière couleur entr'aperçue avant l'obscurité. Violette, accordée avec la vieillesse du jour. Violette ou, plus simplement, adieu.
>
> *ABA*, 48

Se pénétrant du rose du soir, elle accueille la mort qu'elle recèle : la rose trémière a consumé sa propre roseur charnelle au brasier du laurier rose pour devenir, vraiment, passe-rose et porter haut son message avant de céder plus récemment la place aux violettes dans *Et, néanmoins...* :

> Frayeuses de chemin, parfumées, mais trop frêles pour qu'il ne soit pas besoin de les relayer dans le noir et dans le froid.
>
> *EN*, 23

Des images reviennent, discrètes ou insistantes, et participent à des réseaux identifiables qui fonctionnent comme signes caractéristiques. Ainsi, les roses trémières ne fonctionnent pas isolément dans l'œuvre, mais par rapport aux roses et aux églantines. Le rose des roses est trop troublant, trop connoté sensuellement pour que celles-ci soient sans réserves intégrées au réseau des images personnelles. Jaccottet leur préfère les églantines « enfantines » ou les passe-roses plus rustiques et qui témoignent de la fuite du temps tout autant que de la résistance au temps. En ce sens, elles sont relayées par le centranthe dont le squelette délicat exhibe le triomphe contre la mort. Toutes ces fleurs expriment diverses formes de « passage » : passage du temps, mais aussi frayage de la parole. Les modestes fleurs des bords de route délivrent la parole confuse qui sourd de la terre et devra « traverser » le poète pour trouver à s'articuler, alors que les iris exhaussent leurs frêles lanternes de papier, comme pour indiquer le fragile espoir de surprendre le secret du monde : « clefs célestes ».

On voit donc que c'est à l'échelle de l'œuvre qu'elles tissent des réseaux qui instituent des significations relativement constantes et se relaient pour constituer une sorte de paradigme. Ainsi, les floraisons printanières des arbres fruitiers, roses ou blanches, avec les chutes de neige ou de grésil, les brumes, les vapeurs, les fumées, fonctionnent comme les toiles et les voiles : écrans qui arrêtent le regard, ou plutôt le suspendent en dénonçant un au-delà qui résiste ou se dérobe, limites qui témoignent de l'illimité et entraînent le sujet dans l'écriture. Ecrans dont la survenue ou la levée révèle l'altérité des choses : c'est tout ce système sous-jacent qui émerge et s'articule dans la figure du figuier-Lazare, par exemple.

On pourrait décliner ainsi des motifs personnels et/ou personnellement réinterprétés qui forment des signes coextensifs à l'ensemble de l'œuvre, immédiatement signifiants : il suffit de l'occurrence d'une image, d'un mot-clé comme « bulle », « nœud », « pavillon »... pour faire vibrer tous ces ensembles, à la manière de la cloche de Hölderlin. Les images elles-mêmes sont donc à considérer à l'intérieur de réseaux plus vastes, apparemment hétérogènes, mais fortement suturés dans l'œuvre comme dans l'imaginaire personnel, et qui affleurent parfois en cristallisations ponctuelles comme « j'ai l'âme enveloppée de neige tout à coup ».

Au-delà de ces spécificités formelles, d'une certaine manière d'être au monde et de « respirer » en poésie qu'on a pu voir s'affirmer à travers les rythmes prosodiques, ce sont donc aussi les images qui manifestent l'identité d'un sujet, tant par leur récurrence que par leur traitement qui permet en quelque sorte de baliser un univers imaginaire et de saisir le sens d'une écriture qui le construit en univers poétique :

> Presque tous les poèmes, en effet, sont conçus comme une sorte de musique (mais une musique où la pensée et les images jouent le premier rôle), comme une sorte de parfum : quelque chose, en tout cas, qui s'élève dans l'air, dans le silence [...]
>
> *TNPD*, 21

L'œuvre de Jaccottet est donc textile ou texture lacunaire aux couches superposées parfois visibles ; c'est un palimpseste en ce que s'y révèlent des inscriptions sous-jacentes; c'est aussi un lieu, ou un réseau discontinu de lieux au sens défini dans notre deuxième chapitre. Analogiquement, nous dirons qu'est lieu tout texte fondateur; tout texte autour de quoi se structure la pensée. C'est ce qu'expliquent les « Remarques sans fin » de *La Promenade sous les arbres*. Quand Jaccottet y convoque Hölderlin, Claudel, Dante, Roud... comme exemples de poètes capables de retrouver une sorte de simplicité malgré leur goût pour les images, c'est parce qu'il se sent lié à tel ou tel passage où il pressent un lieu témoignant de l'ordre du monde :

> Qu'est-ce donc qui distingue ces textes de n'importe quelle évocation de souvenir, de n'importe quel récit fait par un homme simple ? Rien de ce qui est dit là ne frappe par l'originalité ou l'invention; simplement, il y a d'abord un rythme volontaire plus ou moins soumis à des règles conventionnelles, rythme dont le principal effet est sans doute de dégager immédiatement le texte de tout souci d'utilité afin qu'il flotte dans l'air un peu au-dessus de l'utile mais pas trop au-dessus pour ne pas perdre contact avec l'espèce de réalité au sein de laquelle vivent les hommes. [...]
>
> Ce qui est singulier (mais pas tellement après tout), en tout cas merveilleux, c'est que le travail poétique, ainsi conçu, semble obéir aux mêmes lois que la conduite de notre vie. [...]
>
> Il fallait [...] simplement, que j'eusse veillé à me maintenir dans cet état d'équilibre entre les contraires dont j'ai parlé pour que, me trouvant avec le monde dans un rapport naturel, je rétablisse un rapport identique avec les mots. [...]
>
> C'est ainsi, tout à la fois, un exercice et une récompense. Un exercice, car il exige à chaque fois que l'on se retrouve en cet état de transparence; et le travail que l'on opère sur les mots, tour à tour les laissant faire, puis les reprenant, les modifiant, de sorte qu'à la fin leur légèreté et leur limpidité soient aussi totales que possible, ce travail n'est pas seulement cérébral : il agit sur l'âme, en quelque sorte, il l'aide à s'alléger et à se purifier davantage encore, de sorte que la vie et la poésie, tour à tour s'efforcent en nous vers une amélioration de nous-mêmes, et une clarté toujours plus grande.
>
> *PSA*, 124-129 *passim*

Le texte poétique constitue un analogon des lieux pour autant qu'il sache établir avec eux les justes mesures, ou en transposer les mesures, et le travail poétique, tout comme le culte rendu par l'homme nourri de la pensée du sacré, est un mode de vie en harmonie avec les lieux.

De même que l'homme est parfois guidé dans sa recherche des lieux par les vestiges de ses prédécesseurs auxquels il mêle sa voix, le poète circule à travers ces « monuments » qu'il reconnaît en d'autres textes ou œuvres d'art. S'agissant d'écrivains, on ne sera dès lors pas étonné de voir les voix se mêler, les textes se tisser les uns aux autres, donnant ce « grain » particulier à l'œuvre de Jaccottet. Lui-même reconnaît dans ses ouvrages les plus discursifs, dans ses notes, ses études, ces bornes qui balisent les régions culturelles dans lesquelles il évolue. S'il participe activement à la circulation des œuvres, jamais cette implication n'est séparée de la vie, comme en témoignent ses notes de lecture sur Henri Thomas et Peter Handke :

> A propos des «grandes lectures» : «"c'est vrai", et même "c'est beau" veulent toujours dire : il y a quelque chose à faire ici, "dans la vie"».

SS, 70

> Ainsi croise-t-on, dans l'espace des livres, trop souvent désert, un compagnon de route.

SS, 108

On peut en trouver la confirmation dans les premières pages de l'ouvrage *Autriche* qui expliquent les visées et le fonctionnement des «notes de voyages» qu'il y développe :

> S'il est vrai que l'Autriche, comme on l'a dit, soit le pays d'élection de l'inachevé, ce livre sera donc, en cela du moins, à son image, et aura quelque excuse d'être lacunaire. [...]
>
> Un critique écrivait récemment : «Quiconque veut prendre l'Autriche au sérieux ne saurait mieux y parvenir qu'en prenant au sérieux ses poètes et ses écrivains». L'auteur a choisi cette phrase pour règle. C'est ainsi qu'une fois le pays survolé, et glanées quelques vues de ses provinces, une fois débarqué à Vienne, il s'est tourné vers des œuvres musicales ou dramatiques et vers des livres, non par vain souci de culture ou pour se débarrasser de la condition des hommes d'aujourd'hui, mais pour y chercher le visage intérieur d'un pays plus que tout autre difficile à saisir.

A, 7-8

Modèle à la fois d'incomplétude et d'intertextualité, modèle aussi de l'imbrication de l'art et du réel, de la compréhension-manifestation du réel par l'art, cet ouvrage s'arrête au seuil de l'écriture poétique dont il esquisse toutefois le programme.

A l'image du monde dans lequel nous vivons, la littérature est tissée de lieux et de non-lieux, et entre les deux s'étendent des marges plus ou moins denses où l'écriture se cherche, ou cherche à s'orienter. Si l'espace des livres de Jaccottet n'échappe pas à cette conception, lui-même reconnaît la difficulté qu'il y a pour l'œuvre à se tenir dans le lieu — et à faire tenir ce lieu — qu'est la poésie. Et la double semaison à laquelle se régénère le poète-écrivant (celle de ses propres notes, celle des œuvres d'autres écrivains) répond à la double hétérogénéité : des œuvres d'art et de la sienne propre. Le tissage est complexe, à plusieurs dimensions pourrions-nous dire, puisque le maillage des perceptions de surface croise toujours en profondeur les fils qui relient au centre et qui, dans les lieux, traversent par couches les œuvres pérennes : point de capiton, à ceci près que ne s'y produit pas une fixation, mais plutôt une réassurance.

Des traces plus ou moins marquées, plus ou moins enchevêtrées, plus ou moins espacées, ajourées, laissent alors deviner d'autres textes, en une sorte de palimpseste inversé, car il ne s'agit pas de supprimer le texte originel pour écrire un nouveau texte, mais plutôt, par essais successifs — parfois déployés, parfois effacés — de retrouver une formulation qui coïncide avec la trace originelle laissée en nous par la sensation d'univers et de lui donner une forme intelligible, d'en formuler une «traduction» sur la page en un analogon textuel chargé de l'histoire singulière d'une vie dans le monde et de l'énergie qu'il faut pour le comprendre, c'est-à-dire de le créer et de s'y inscrire, d'y construire son histoire.

NOTES

[1] Collot, *L'Horizon fabuleux II*, p. 17-18.
[2] Cité par Jaccottet dans *La Seconde Semaison*, p. 68.
[3] Pouilloux, *op. cit.*, p. 102.
[4] Anis, «Vilisibilité du texte poétique», *Langue française* N° 59, p. 89.
[5] Steinmetz, *La Poésie et ses raisons*, p. 265.
[6] Meschonnic, «L'enjeu du langage dans la typographie», *Poétique* N° 4, p. 47.
[7] Meschonnic, *ibid.*, p. 49.
[8] De Quincey, *Les Confessions d'un opiomane anglais*, p. 275-281.
[9] De Quincey, *op. cit.*, p. 282-283.
[10] Rimbaud, *Illuminations*, OC, p. 183.

Conclusion

Le métissage des vers et de la prose, la variation et la constance de leurs relations, nous ont adressé une question assez forte pour nous engager dans un examen de leur évolution respective, dans l'espoir de comprendre ce qui les lie tout en préservant leur spécificité. Car le double mouvement de tension d'une forme d'écriture vers l'autre opère des transformations sensibles sur chacune d'elles sans abolir pour autant leur valeur contrastive. Il ménage plutôt la possibilité de passer d'une forme dans l'autre, ou de les faire coexister en toute cohérence, l'une et l'autre étant soumises à une même exigence : parler d'une voix juste. Or, pour un poète, la justesse ne concerne pas seulement le contenu énonciatif : elle concerne de manière indivisible la modulation du discours par lequel il s'exprime. Et cette justesse dans l'énoncé de ce qui relie le poète au monde suppose la prise en compte de la pertinence et de l'adéquation des moyens prosodiques à une certaine conception du monde.

La « sensation d'univers » revisitée par Jaccottet s'accomplit dans une « poésie de la présence au monde ». Elle s'appuie sur la prose qui inscrit l'itinéraire de sa quête incertaine : quête de vagabond plutôt que de pèlerin. C'est pourquoi l'œuvre présente des allures et des formes différentes : à côté des proses et des poèmes-discours dont les cheminements transcrivent l'errance dans le monde et la recherche des lieux, le fragment, les notations, les poèmes-instants y jouent un rôle fondamental : ce sont, dans notre monde désorienté, comme des météores ou une pluie d'étoiles, vestiges d'un ordre obscurci, pièces arrachées, soustraites à la dégradation du monde.

A cette poésie qui esquisse et suggère, poésie de l'espace et de la mise en espace du passage du temps, le blanc de la page offre des possibilités signifiantes : la spatialité du texte n'est pas seulement travaillée au plan de l'architecture phonique, ou des récurrences de signes, mais aussi au plan de la typograhie et de la mise en page. De la même manière que les coupes règlent la respiration du vers et ponctuent le phrasé de certaines proses en ménageant des passages pour le souffle, que les jeux phoniques et les répétitions organisent l'espace du texte pour l'oreille comme pour l'entendement, les blancs ménagent autour des textes et dans les textes l'espace nécessaire à la cristallisation du sens, à l'assomption des virtualités de sens. Troués à l'image du monde dont la structure lacunaire est faite de lieux et de non-lieux, ils laissent alors percevoir la manière et la matière dont ils sont tissés : tissés entre eux, et à d'autres textes. Le blanc fait percevoir et fait vibrer l'intertexte. L'écriture est donc fondamentalement hétérogène et une, puisque l'hétérogénéité est inhérente à son principe : les blancs ne sont pas seulement des trous dans l'étoffe du texte, ce sont plutôt des trouées, à l'image de ces enceintes ou de ces clairières qui révèlent une autre dimension du monde. Quand la cible se fait trouée où s'engouffre la quête, c'est la densité des strates intertextuelles qui est traversée et fait sens avec le texte : trouée qui, dans *Les Mille et Une Nuits*, aspire le prince Ahmed à la poursuite de sa flèche.

La poésie de Jaccottet manifeste, pour les sens et pour l'esprit quelque chose de l'ordre obscurci du monde : elle en propose une (re)construction en préservant les fragments épars. Pas plus que pour Mallarmé, il n'y a pour lui de Grand Oeuvre possible — humainement possible : seulement des fragments réalisables, peut-être capables de donner l'idée de l'existence et de l'ordonnancement du tout. La poésie peut prétendre assumer cette tâche en réactivant les pouvoirs de la nomination et de la figuration qui permettent non seulement de susciter ce qu'on a saisi de l'ordre du monde, mais de lui donner figure dans l'espace de la page et les «rythmes» du texte; mais plus encore que Mallarmé se résignant à exécuter un fragment pour «prouver par les portions faites que ce livre existe», Jaccottet nourrit une conscience aiguë des manquements de la poésie, ou des limites de l'homme-poète. Son projet est beaucoup plus modeste, miné par le doute et les incertitudes. Car si le poème s'efforce de manifester, dans telle perception fragmentaire, l'ordre du tout, c'est, dans le sillage de Novalis, moins sur le mode de la «révélation», que de l'entrevision d'un paradis dispersé sur la terre. Le monde n'est pas fait pour aboutir au Livre; c'est le livre qui est fait pour rouvrir l'accès au monde, comme le dit Pierre-Albert Jourdan. Seule la célébration ou l'exaltation du monde, dans ce qu'il a de plus humble et de plus ténu, peut permettre de concevoir quelque chose d'une unité perdue, d'un ordonnancement à peine perceptible dans notre monde lacunaire.

L'inscription du poète dans le monde est à la fois nécessité et condition de la quête. Le poète, selon Jaccottet reste un homme, même s'il se reconnaît *serviteur du Visible*, animé par la soif d'en percer le secret, il ne se conçoit pas séparé de la condition humaine : ni alchimiste, ni mage. Pourtant, ces derniers appréhendent les secrets du monde dans des espaces «sacrés», au sens d'Eliade, c'est-à-dire distincts du monde pragmatique, soustraits au contingent; ce sont des «lieux» où l'on peut pressentir l'ordre du monde et en concevoir l'origine, comme dans la *Prose au serpent* qui déploie l'accroissement de l'espace et le mesure à la conquête qu'en font les oiseaux et les gazelles. Il incombe au poète, pris dans le labyrinthe des signes, de déchiffrer l'inscription secrète — sacrée — qui peut, selon Hölderlin, dormir dans le proche : «si proche, et pourtant si lointain, le dieu». Alors que le mage conçoit une transcription totale, qui lui permet de coïncider exactement avec l'origine, Jaccottet, en accord avec Novalis, ne peut la concevoir que fragmentaire et dégradée. Le mage et le poète partagent toutefois la même patience et consument leur vie dans la recherche et le déchiffrement des signes inscrits dans le monde — «Cette folie de se livrer nuit et jour à une œuvre...» (TS, 318); mais la puissance visionnaire de l'un et de l'autre n'ont rien de comparable : entrevision fugace, partielle, chez l'un, fulgurante et totale chez l'autre.

Il importe avant tout à Jaccottet que le poète reste homme œuvrant parmi les hommes : délivré de la tentation — de l'illusion ? — de formuler l'ordre invisible du monde, il se consacre à une tâche qui confère au monde et à lui-même un supplément d'être — ou simplement l'être : «la vie et la poésie, tour à tour s'efforcent en nous vers une amélioration de nous-mêmes, et une clarté toujours plus grande» (*PSA*, p. 124-129).

Le commentaire de l'apologue d'Attar, qui clôt *La Seconde Semaison* ramène en effet à des proportions humaines le travail du poète : tâche «de cette vieille femme cousant au seuil d'un cimetière [...], tâche quotidienne, comme il en est une autre, si belle, dans l'un des plus légitimement fameux sonnets de Ronsard» (*SS*, p. 231). Il conteste l'épilogue de la fable dans laquelle cette vieille femme, dépassée par le nombre de morts à fixer par des points sur une étoffe, se rebelle contre les limites inhérentes à son humaine condition en réclamant «Qu'il [lui] soit procuré, comme à la sphère céleste, le tournoiement éperdu!». Ce faisant, il rétablit les limites imparties aux poètes, et le domaine de leur tâche — de leur quête —, à savoir «pour nous autres, plus modestement, puisque nous ne dansons plus en derviches, la poursuite de l'écoute du monde et de sa traduction sur le tissu de la page, en laquelle nul ne songerait plus à voir un linceul» (*Ibid*). Ce commentaire appelle à définir le travail de «traduction», mais aussi la conception du tissage des voix.

L'examen de la notion de «traduction» et du champ métaphorique associé permet d'en appréhender plusieurs caractères. C'est d'abord, comme nous l'avons vu, une tâche modeste à la mesure de l'homme : tâche de la vie quotidienne, artisanale ou domestique, comme le suggère la série de références à la vieille couturière d'Attar, à la servante-fileuse d'Hélène ou aux scènes qu'on a souvenir d'avoir rencontrées dans la vie. Toutefois, les deux figures d'Attar et de Ronsard chargent de sens une tâche modeste : en lui donnant une dimension métaphysique chez l'un et mythologique chez l'autre, puisque la vieille d'Attar cherche dans son ouvrage une réponse à son questionnement sur la mort, assez fondamental pour occuper une vie, et que celle de Ronsard, dévidant et filant, incarne au foyer la figure des Parques réunies. Tâche de longue haleine, qui inscrit l'être dans la durée et signe, dans les deux cas, son rapport à la transcendance. Les deux figures ont en commun de « tenir » la relation de l'homme au cosmos. En outre, le travail de la vieille partage avec celui des météorologues — autre image désignant le travail du poète — des activités de mesure, calcul, projection. Mais aux paramètres requis pour dresser une carte du ciel, Jaccottet en ajoute un autre, nécessaire au poète pour dresser la carte de notre « ciel intérieur » : la mort.

Collecte des signes, calcul, projection, définissent ici le travail de traduction du poète : traduction qui ne peut plus être comprise comme simple transcodage, mais comme translation, construction de modèles, puisqu'il s'agit non seulement de convertir dans le code linguistique les signes épars dans le monde sensible, mais aussi de changer de support, de matière, et de les agencer de manière signifiante. Ce travail est régi par la mesure qui permet de faire des hypothèses sur des trajectoires possibles et des modes d'organisation. Mais tandis que la vieille d'Attar s'embrouille et abandonne un travail de translation dont elle ne saisit plus le sens, le poète comme le météorologue poursuit une tâche de déchiffrage, de désenchevêtrement d'indices épars ou superposés, offerts à sa spéculation. Cette conception d'une traduction-translation ou traduction-projection comporte sa part d'incertitude ou d'illusion confirmée par le fait que Jaccottet se reconnaît dans les prisonniers du mythe de la caverne : « Je me verrais bien, quant à moi, au niveau de celui qui ne voit du soleil que *« ses apparitions sur les eaux ou en un lieu où il n'est pas »* (SS, p. 204). Sachant que son humaine condition ne lui permet pas de prétendre accéder à la contemplation directe des Idées, le poète accepte de vivre dans l'entrevision des reflets. Mais la conscience qu'il a de leur statut de reflet le pousse à imaginer pour recomposer — imager — ce dont elles sont le reflet ; il s'occupe bien de la projection d'ombres portées ou de trajectoires, comme la vieille ou les météorologues. Il vit de reconstruire le monde. L'écrivain « cartographie » en poèmes qui, avec leurs rythmes, leurs blancs, leurs traces, indiquent un ordre et ses lacunes. Il s'efforce de déchiffrer les signes, de collecter des traces, pour composer un poème ou une œuvre en accord avec la cohérence du Tout : son inscription sur la page tente de lui donner forme et de la conserver. La vision se fait, comme le dit Jaccottet, à la rencontre de l'œil et du monde — œil humain qui réfléchit la structure intime du monde et le secret de l'ajointement du sujet au monde. C'est pourquoi il ne saurait y avoir, chez Jaccottet, de carte totale ou totalisante, pas de Livre ou de Poème total.

Le commentaire de l'apologue d'Attar, en ouvrant la perspective des textes (Attar, Ronsard...) en accueille le tissage dans la construction du sens qui nous renvoie à cette conception du Livre selon Jaccottet, ainsi qu'à sa contribution au Livre. Pas de Grand Oeuvre absolu et solitaire, mais un métissage éclectique de textes d'écrivains appartenant à des aires et des ères historiques et culturelles très diverses. Cet éclectisme dont témoignent son attitude de lecteur-taducteur et sa pratique d'écrivain œuvrant dans l'intertextualité s'accordent parfaitement à la pensée d'un monde hétérogène que nous habitons de manière elle aussi hétérogène; à l'image du monde tissé de lieux et de non-lieux, la littérature est aussi tissée de lieux et de non-lieux, à l'échelle globale, comme à l'échelle individuelle. Seuls sont appelés à concourir dans LE Livre conçu comme analogon du Centre, les textes où l'on reconnaît des «lieux», en relation avec LE Centre. L'œuvre de Jaccottet n'échappe pas à cette loi : son hétérogénéité témoigne de celle du monde, et elle pourra participer, partiellement, dans ses textes les plus «justes», à l'élaboration de ce Livre, non pas infini, pas davantage fini, mais ouvert. Il nous semble que les publications récentes de textes épars, de chroniques initialement publiées dans des journaux par exemple, constituent un acte de réhabilitation qui procède de la reconnaissance de leur place, de leur nécessité, dans l'ensemble de l'œuvre. De manière complémentaire, on peut comprendre certaines réflexions de Jaccottet sur ses poèmes les plus achevés, ses craintes de voir s'effondrer une poésie aussi exigeante que celle de Bonnefoy par exemple, sa méfiance à l'égard de l'artifice ou du mensonge que voile souvent la «hauteur», l'indice d'une incompatibilité avec la réalité de la vie humaine et du monde où elle se déroule. Prose et vers s'étayent comme blancs et trace écrite dans la page. Il y a moins dans l'hétérogénéité de l'écriture l'aveu d'une impuissance à vivre constamment en poésie que la manifestation d'un art de vivre en poésie qui est un art de vivre, c'est-à-dire d'assumer notre finitude et notre inscription dans l'histoire.

Si nous ne pouvons pas invalider les propos de Jaccottet sur la difficulté d'écrire des poèmes, sur la raréfaction des images, sur la maîtrise défaillante des mots, nous pouvons donc aussi y voir des raisons moins psychologiques que structurelles, inhérentes à une pensée du monde et de l'homme dans ce monde. Toutefois, les deux arguments ne s'excluent pas aussi radicalement qu'on pourrait le croire, et notre lecture ne retourne pas les allégations de Jaccottet en ce que l'appauvrissement, la menace de stérilité découlent évidemment de notre historicité. Mais il s'agit moins de symptômes d'un mal-être existentiel ou d'un mal-être en poésie que du signe tangible de l'acceptation honnête, lucide et cohérente de sa condition d'homme.

Le silence gagne peut-être, mais il se charge de sens, de richesse signifiante; comme le roi Richard II se dépouillant de ses royaux ornements, le poète peut se dépouiller de l'artifice rhétorique, reconnaître le sens et la valeur de la prose et du fragment, faire se côtoyer et se relayer prose et vers. Le blanc de la page, l'espacement du texte, la dé-densification des signes dans l'aire de la page exaltent d'autant plus le silence qu'il est présence, tout comme le sont les figures de «Paysages avec figures absentes».

Bibliographie de référence

ŒUVRES DE PHILIPPE JACCOTTET

A la Lumière d'hiver, précédé de *Leçons* et de *Chants d'en bas* (poèmes), Paris, Gallimard, 1977, 104 p. [versions remaniées pour *Leçons* et *Chants d'en bas*].
A partir du mot Russie, Montpellier, Fata Morgana, 2002, 64 p.
Après beaucoup d'années, Paris, Gallimard, 1974, 105 p.
A travers un verger, suivi de *Les Cormorans* et de *Beauregard et autres textes*, Paris, Gallimard, 1984, 105 p. [eo. Montpellier, Fata morgana, 1975; Marseille, Idumée, 1980; Maeght «Argile», Paris, 1981].
Autriche, Lausanne, L'Age d'Homme, 1994, 128 p. [1966].
Cahier de verdure, Paris, Gallimard, 1990, 85 p.
Carnets 1994-1998, La Semaison III, Paris, Gallimard, 2001, 169 p.
Cristal et fumée, Montpellier, Fata morgana, 1993, 85 p.
D'une Lyre à cinq cordes (Choix de traductions 1946-1995), Paris, Gallimard, 1997, 207 p.
Ecrits pour papier journal (Chroniques 1951-1970), Paris, Gallimard, 1994, 300 p.
Eléments d'un songe, Paris, Gallimard, 1961, 192 p.
Et, néanmoins, Paris, Gallimard, 2001, 94 p.
Haïku, Montpellier, Fata morgana, 1996, 89 p. non paginées.
La Promenade sous les arbres, Lausanne, Mermod, 1961, 153 p. [1957].
La Seconde Semaison (Carnets, 1980-1994), Paris, Gallimard, 1996, 235 p. [Montpellier, Fata morgana,1987 pour les carnets 1980-1984 sous le titre *Autres journées*].
La Semaison (Carnets, 1954-1979), Paris, Gallimard, 1984, 283 p. [1963 pour les carnets 1954-1962; Lausanne, Payot, 1977 pour les carnets 1968-1975 sous le titre *Journées*].
L'Entretien des muses (essai), Paris, Gallimard, 1968, 315 p.
Libretto, La Dogana, Genève, 1990, 79 p.
L'Obscurité (récit), Paris, Gallimard, 1961, 173 p.
Notes du ravin, Montpellier, Fata Morgana, 2001, 64 p.
Nuages, Montpellier, Fata Morgana, 2001, 64 p.
Observations et autres notes anciennes, Paris, Gallimard, 1998, 136 p.
Paysages avec figures absentes (proses), Paris, Gallimard, 1970, 189 p. [*Paysages de Grignan*, 1963].
Pensées sous les nuages (poèmes), Paris, Gallimard, 1983, 80 p. [1976 pour *On voit*; hiver 1978-79 pour *Pensées sous les nuages*; 1982 pour *A Henry Purcell*].
Poésie (1946-1967), Paris, Gallimard, «Poésie», 192 p. [1953 pour *L'Effraie et autres poésies*; 1958 pour *L'Ignorant*; 1967 pour *Airs*; 1977 pour *Leçons*].
Requiem, Montpellier, Fata morgana, 1991, 51 p. [1947].
Tout n'est pas dit (Billets pour *La Béroche* 1956-1964), Cognac, Le temps qu'il fait, 1994, 141 p.
Une Transaction secrète (Lectures de poésie), Paris, Gallimard, 1987, 345 p.

ÉTUDES SUR PHILIPPE JACCOTTET

ANDREUCCI Christine et alii, *Philippe Jaccottet poète et traducteur*, Cahiers de l'université de Pau et des pays de l'Adour, N° 3 (actes du colloque tenu le 2 juin 1984), Pau, 1984, 87 p.

CADY Andrea, *Measuring the Visible, The Verse and Prose of Philippe Jaccottet*, Amsterdam, Rodopi, 1992, 171 p.

CLERVAL Alain, *Philippe Jaccottet*, Paris, Seghers, «Poètes d'aujourd'hui», 1976, 173 p.

DELAS Daniel, *Poétique/Pratique*, p. 99-118, Paris, CEDIC, Paris, 1977

DUMAS Marie-Claire et alii, *La poésie de Philippe Jaccottet*, Paris, Champion, 1986, 223 p.

GIUSTO Jean-Pierre, *Philippe Jaccottet ou le désir d'inscription*, Lille, PUL, 1994, 93 p.

ONIMUS Jean, *Philippe Jaccottet. Une poétique de l'insaisissable*, Seyssel, Champ Vallon, 1982, 175 p.

RICHARD Jean-Pierre, «Philippe Jaccottet», in *Onze études sur la poésie moderne*, p. 315-340, Paris, Seuil, 1979.

SEYLAZ Jean-Luc, *Philippe Jaccottet, une poésie et ses enjeux*, Lausanne, éd. de L'Aire, 1982, 223 p.

SOJCHER Jacques, *La démarche poétique*, Lausanne, éd. Rencontre, 1969, 232 p.

STAROBINSKI Jean, «Parler avec la voix du jour», préface à *Poésie* de Philippe Jaccottet, p. 7-21, Paris, Gallimard «Poésie», 1971.

STEINMETZ Jean-Luc, *La poésie et ses raisons* (p. 247-287), Paris, Corti, 1990, 289 p.

NB : pour une bibliographie exhaustive, on se reportera à :

FERRAGE Hervé, *Philippe Jaccottet, le pari de l'inactuel*, Paris, PUF, 2000, 400 p.

VIDAL Jean-Pierre, *Philippe Jaccottet. Pages retrouvées, inédits, entretiens, dossier critique, bibliographie*, réunion de textes et présentation par Jean-Pierre Vidal, Lausanne, Payot, coll. «Etudes et documents littéraires», 1989, 342 p.

ŒUVRES LITTÉRAIRES

DANTE, *La Divine Comédie*, Paris, Albin Michel, traduction française d'Alexandre Masseron, 1950, 901 p. [1472].
Vie nouvelle, in *Œuvres complètes*, Paris, «Bibliothèque de La Pléiade», traduction française d'André Pézard, 1854 p.

DE QUINCEY Thomas, *Les Confessions d'un opiomane anglais*, Paris, Gallimard, «Idées», 1962 pour la traduction française de Pierre Leyris, 1974 pour la préface, 319 p. [1821].

DHOTEL André, *Rhétorique fabuleuse* suivi du *Vrai mystère des champignons* [1974], Paris, Garnier, 1983, 144 p.

HOLDERLIN Friedrich, *Hyperion ou l'Ermite de la Grèce*, précédé du *Fragment Thalia*, Paris, Gallimard, «Poésie», 1973 pour la préface de Philippe Jaccottet, 204 p. (1957 et 1965 pour la traduction française du *Fragment Thalia* et de *Hypérion* par Philippe Jaccottet) [eo. 1797; 1799].
Odes, Elégies, Hymnes, Paris, Gallimard «Poésie», 1993 pour l'édition de Jean-François Courtine (traductions de Michel Deguy, André du Bouchet, François Fédier, Philippe Jaccottet, Gustave Roud et Robert Rovini), 206 p.

ISSA Kobayashi, *En Village de miséreux*, choix de poèmes (traduit du japonais, présenté et annoté par Jean Cholley), Paris, Gallimard, 1966, 264 p.

MALINEAU Jean-Hugues, *Paroles du Japon*, (Haïkus présentés par), Paris, Albin Michel, 1997, 53 p.

MALLARME Stéphane, *Œuvres complètes*, Paris, Gallimard, «Bibliothèque de La Pléiade», 1945, 1661 p.

MUSIL Robert, *L'Homme sans qualités*, Seuil, Paris, 1957 pour la traduction française de Philippe Jaccottet, vol. I, 425 p. [1930]; vol. II, 466 p. [1933].

NOVALIS, *Œuvres complètes* Paris, Gallimard, «Du monde entier», pour la traduction française d'Armel Guern, vol. I, 425 p.; vol. II, 466 p. [1772-1801].

PONGE Francis, *Œuvres complètes*, Paris, Gallimard, «Bibliothèque de la Pléiade», Vol. I, 1999, 1212 p.; vol. II, 2002, 1856 p.

— *La Fabrique du Pré*, Genève, Skira, «Les sentiers de la création», 1990, 272 p. [1971].

RILKE Rainer-Maria, *Elégies de Duino, Sonnets à Orphée* [1923 et 1934], Paris, Gallimard, «Poésie», 1994 pour la traduction française de Jean-Pierre Lefebvre et Maurice Regnaut, 319 p.

ROUD Gustave, *Essai pour un paradis*, suivi de *Petit traité de la marche en plaine*, Lausanne, L'Age d'Homme, 1984, 136 p. [1932].

UNGARETTI Giuseppe, *Vie d'un homme*, Paris, Editions de Minuit, 1954 pour la traduction de Jean Lescure, Gallimard, 1973 pour les autres traductions de Philippe Jaccottet *et alii*, la préface et les notes de Philippe Jaccottet, 351 p. [1969].

POÉTIQUE ET RHÉTORIQUE

ADAM Jean-Michel, PETITJEAN André, *Le Texte descriptif*, Paris, Nathan, 1989, 240 p.

ANIS Jacques, «Vilisibilité du texte poétique», *Langue française* N° 59, p. 88-102, Paris, Larousse, sept. 1983.

ARISTOTE, *Poétique*, Paris, Seuil, 1980, texte, traduction, notes par Roselyne Dupont-Roc et Jean Lallot, 471 p.

BARTHES Roland, «Littérature et discontinu» [1962], in *Essais critiques*, Paris, Seuil, 1964, 281 p.

BONNEFOY Yves, *Entretiens sur la poésie*, Paris, Mercure de France, 1990, 383 p.

CLAUDEL Paul, *Œuvre poétique*, Paris, Gallimard, «Bibliothèque de La Pléiade», 1961.

COLLOT Michel, *L'Horizon fabuleux*, Paris, Corti, vol. II, 1988, 224 p.

La poésie moderne et la structure d'horizon, Paris, PUF, 1989, 264 p.

DE CORNULIER Benoît, *Théorie du vers*, Paris, Seuil, 1982, 321 p.

DELAS Daniel, «L'inscription du texte poétique», in *Pratiques* N° 20, septembre 1978.

DEGUY Michel, *La Poésie n'est pas seule. Court traité de poétique*, Paris, Seuil, «Fiction & Cie», 1987, 185 p.

FRIEDRICH Hugo, *Structures de la poésie moderne*, Paris, Denoël-Gontier, 1976 pour la traduction française de Michel-François Demet, 303 p. [1956].

GENETTE Gérard, *Palimpsestes* Paris, Seuil, 1982, 576 p.

GIDE André, *Traité du Narcisse* [1891] in *Romans, récits et soties, œuvres lyriques*, Paris, Gallimard, «Bibliothèque de La Pléiade», 1958, 1615 p.

GROUPE µ, *Rhétorique générale*, Paris, Larousse, 1966, 207 p.

Rhétorique de la poésie, Paris, Seuil, 1960, 377 p.

HAMON Philippe, *Introduction à l'analyse de descriptif*, Paris, Hachette, 1981, 270 p.

LE GUERN Michel, *Sémantique de la métaphore et de la métonymie*, Paris, Larousse, 1973, 172 p.

MALLARME Stéphane, *Œuvres complètes*, Gallimard, «Bibliothèque de la Pléiade», 1945, 1661 p.

MAZALEYRAT Jean, *Eléments de métrique française*, Paris, Armand Colin, 1990, 232 p. [1965].

MOLINO Jean, SOUBLIN Françoise, TAMINE Joëlle, «La métaphore», *Langages* N° 54, Paris, Larousse, juin 1979, 126 p.

MORIER Henri, *Dictionnaire de poétique et de rhétorique*, Paris, PUF, 1975, 1210 p. [1961].

MESCHONNIC Henri, *Critique du rythme, anthropologie historique du langage*, Lagrasse, Verdier, 1982, 731 p.

Les Etats de la poétique, Paris, PUF, 1985, 285 p.

Politique du rythme, Lagrasse, Verdier, 1995, 623 p.

RICŒUR Paul, Article «Signe et sens», in *Encyclopœdia Universalis* Paris, 1980, vol. XIV, p. 1014 [1968].

La Métaphore vive, Paris, Seuil, 1975, 417 p.

Introduction aux *Idées directrices pour une phénoménologie* de Husserl, Paris, Gallimard, 1993, p. I-XXXIX).

RIFFATERRE Michael, *Sémiotique de la poésie*, Paris, Seuil, 1983 pour la traduction française de Jean-Jacques Thomas, 257 p. [1978].

La production du texte, Paris, Seuil, 1979, 288 p.

VALERY Paul, *Variété*, in *Œuvres*, vol. I, Paris, Gallimard, «Bibliothèque de la Pléiade», 1957, 1808 p. [1924 à 1945].

LINGUISTIQUE

DUCROT Oswald, *Dire et ne pas dire : principes de sémantique linguistique*, Paris, Hermann, 1991, 326 p. [1972].

Le Dire et le dit, Paris, Minuit 1989, 239 p. [1984].

GREIMAS Algirdas-Julien, *Sémantique structurale*, Paris, Larousse, 1966, 263 p.

Du sens, Paris, Seuil, 1970, 318 p.

JAKOBSON Roman, *Essais de linguistique générale*, Paris, Editions de Minuit, 1963 pour la traduction française de Nicolas Ruwet, 262 p. [recueil d'essais publiés de 1949 à 1963].

RECANATI François, *La Transparence de l'énonciation*, Paris, Seuil, 1979, 217 p.

SAUSSURE Ferdinand, *Cours de linguistique générale*, Paris, Payot, 1990, 289 p. [eo. 1916]

PHILOSOPHIE ET PSYCHANALYSE

BACHELARD Gaston, *La Poétique de l'espace*, Paris, PUF, 1999 [1957], 220 p.

La Poétique de la rêverie, Paris, PUF, 1993, 188 p. [1960].

ELIADE Mircea, *Le Sacré et le profane* Paris, Gallimard «Idées», 1965 pour la traduction française, 191 p. [1957].

FOUCAULT Michel, *Les Mots et les choses*, Paris, Gallimard, 1966, 407 p.

FREGE Gottlob, *Ecrits logiques et philosophiques*, Paris, Seuil, 1971 pour la traduction française de Claude Imbert, 241 p. [recueil de textes publiés entre 1879-1925].

HUSSERL Edmund, *Idées directrices pour une phénoménologie*, Paris, Gallimard «Tel», 1993 pour la traduction française de Paul Ricœur, 567 p. [1913].

Expérience et jugement, Paris, PUF, 1991 pour la traduction française de Denise Souché-Dagues, 499 p. [1939].

LYOTARD Jean-François, *Discours, figure, objet*, Paris, Klincksieck, 1971, 429 p.

MERLEAU-PONTY Maurice, *Le Visible et l'invisible*, Paris, Gallimard, «Idées», 1964, 365 p.

Table des matières

TABLE DES ABRÉVIATIONS 4

INTRODUCTION 5

Chapitre 1
«LA POÉSIE CONTRE LA POÉSIE» 11

1. **Résistance à l'éloquence** 13
1.1. «Cet essai entaché de grandiloquence» 13
1.2. A la recherche d'une éloquence sans grandiloquence 15
1.3. «Parler ainsi, ce qui eut nom chanter jadis» 23

2. **Poétisation des proses** 27
2.1. De la prose au poème 28
2.2. Matrices textuelles 31

3. **Fragmentation et métissage** 34
3.1. *Airs* ou l'assomption de l'éclat 34
3.2. Notations, fragmentation 44
3.3. «Peut-on laisser suspendus [...] ces globes purs?» 46

Chapitre 2
LA FONCTION HERMÉNEUTIQUE DE L'ÉCRITURE 51

1. **L'hétérogénéité du monde : le sacré et le secret** 52
1.1. «Qu'est-ce qu'un *lieu*»? 53
1.2. Lieux de Jaccottet 59
1.3. Dialectique du lieu 67

2. **Le secret du monde** 73
2.1. «Chemin du centre» et horizon externe 73
2.2. L'impossible inventaire 77

3. **L'ajointement du moi au monde** 83
3.1. La sensation d'univers et ses enjeux 84
3.2. De la sensation d'univers à l'écriture 90

Chapitre 3
NÉCESSITÉ ET LIMITES DE LA DESCRIPTION 101

1. **Le visible et le lisible** 102
1.1. Déchiffrer le réel 103
1.2. Servir le visible 105
1.3. Rendre lisible le visible 108

2. **Des textes descriptifs** 110
2.1. Procédures d'expansion 111
2.2. Dynamique descriptive 114
2.3. Cohérence et lisibilité 116

3. **Vers une poétique du descriptif** 121
3.1. La séduction de l'inflation descriptive 121
3.2. Dangers de la clôture et de la littéralité 128
3.3. La leçon du haïku 134

Chapitre 4
LA REDESCRIPTION OU L'INVENTION DU MONDE 143

1. **Les mots et les choses** 145
1.1. Nommer 145
1.2. «Contre et avec les mots» 150
1.3. Faire signe et sens avec le monde 157

2. **De l'ambiguïté des images** 166
2.1. La critique des images 167
2.2. De la nécessité des images 171

3. **La métaphore «redécrit» le monde** 176
3.1. La métaphore relie 176
3.2. Le processus métaphorique comme modèle de la sensation d'univers ... 180
3.3. La métaphore comme modèle cognitif et poétique 184

Chapitre 5
TEXTURE DU MONDE, TEXTURE DE L'ŒUVRE 193

1. **Le texte-textile** 194
1.1. L'étoffe du monde 194
1.2. «Recoudre astre à astre la nuit» 198

2. **Tisser, ajourer** 203
2.1. Au fil des paysages-passages 203
2.2. Ajourement des pages-paysages 210

3. **Textes palimpsestes** 220
3.1. La motion hypotextuelle 221
3.2. Intratextualité 225

CONCLUSION 233

BIBLIOGRAPHIE 239